AI 시대
마케팅의
재구성

AI 시대
마케팅의
재구성

도준웅 지음

MARKETING
RECONSTITUTION

한스컨텐츠

이 책은 마케팅 신기술이나 트렌드를 인용하거나 고찰하려는 목적이 없다. 그런 내용의 책은 이미 충분히 나와 있고 검색만 하더라도 관련 정보를 많이 찾아볼 수 있다.

이 책은 디지털, 빅데이터를 지나 AI 시대로 들어서면서(이 책에서는 '디지털'이라고 통칭해서 언급하기로 하겠다) 마케터가 궁극적으로 경영 성과에 기여하기 위해 실무적 산출물을 내는 구체적인 방법을 주제로 한다.

많은 마케팅 서적이나 컨퍼런스 강의를 들어봐도, 한 시간 정도 멋진 브랜드 스토리와 무용담, 그리고 마케터로서의 다짐(?)은 무수히 되뇌어도 실제 업무를 맡고 당장 첫날부터 어떤 산출물, 어떤 아웃풋 이미지, 어떤 활동을 해야 할지 물으면 당황하는 모습을 많이 보게 된다.

이 책은 제아무리 디지털, 데이터, AI 시대라 해도 변할 수 없는 마케팅의 가치인 소비자를 시작점으로 삼는다. 온라인이나 오프라인 할 것 없이 다양한 채널을 넘나들며 의사결정을 하고, '클릭', '좋아요', '검색' 등을 통해 의사 표현을 하는 소비자의 변화된 커뮤니케이션(소통) 방식을 명확히 이해하기 위해서다.

이와 같이 디지털로 인해 변화된 소비자에 대한 통찰을 바탕으로 마케팅의 본질적인 목표인 소비자의 마음을 효과적으로 사로잡고 설득하는 기술과 방법에 관해 이야기하려 한다.

마케팅의 황금률로 추앙받는 파레토 법칙이 나온 지 100년의 세월이 흘렀다. 그리고 현대 경영학의 창시자인 피터 드러커Peter Drucker, 마케팅의 대부라 불리는 필립 코틀러Philip Kotler 같은 거성들이 디지털에 대한 개념조차 존재하지 않던 시기에 만든 수많은 이론이 아직도 학계나 기업에서 변함없이 활용되고 있다.

그래서 디지털로 인해 소비자의 커뮤니케이션 방식이 바뀌었는데도 기존 이론의 권위와 틀Frame에 대해 그 누구도 반론을 제기하지 않고 디지털 시대에는 적용하기 힘든 개념을 억지로 짜 맞추다 보니 기존 이론들과 융합시키지 못하고 새로운 돌연변이 이론들을 만들어내고 있다.

그런 반면 디지털과 관련된 마케팅은 역사가 짧다. 게다가 광고 에이전시, 구글, 페이스북 같은 이해당사자나 관련 기업이 주도하여 많은 신조어와 트렌드가 만들어졌다. 여기에 대해서는 아직 사회적으로나 성과에 대한 실무적 검증도 이뤄지지 않았다. 그런데도 기업은 소비자를 뒤로한 채 지속적으로 기술과 트렌드만 추종하고 있는 현실이다.

그러다 보니 마케팅과 관련된 신조어와 이론이 범람하고 있다. 소셜 네트워크 마케팅, 입소문 마케팅, 빅데이터 마케팅, 진정성 마케팅, 스토리텔링 마케팅, 트위터 마케팅, 모바일 마케팅, 옴니 채널 마케팅, 트랜스 미디어 마케팅…. 일일이 열거하기도 힘든 형편이다.

그러다 보니 기업의 최고경영자CEO와 마케팅 담당 임원, 마케팅 담당자 그리고 마케팅 에이전시까지 마케팅을 보는 관점이 제각각 인 것이 현실이다.

그리스 신화에 나오는 이카로스는 아무도 탈출한 적이 없는 밀랍으로 된 성에 갇혔다가, 밀랍으로 날개를 만들어 태양 빛을 따라 탈출에 성공한다. 계속 태양 빛을 따라 날아오르던 이카로스는 날개가 그만 태양열에 녹아내려서 그대로 떨어져 죽고 만다. 경영학 에서 '이카로스 패러독스'는 기존의 성공 방식이 지속적인 성공 방식이 될 수 없다는 교훈을 준다.

아직도 마케팅을 생각하면서 '칸 광고제 작품 내듯' 광고 하나 잘 만드는 걸 목표로 삼고 있지 않은가? 아직도 채널별 협업을 고려하지 않고 단독 채널별 성과 지표에 매달리고 있지 않은가? 아직도 옴니 채널Omni Channel이라는 개념을 다양한 채널에 광고를 노출 하면 되는 것이라고 착각하고 있지 않은가? 아직도 디지털 마케팅 이 별도로 존재하는 영역이라고 생각하는가?

그리고….

혹시, 내 소비자의 마음을 얻기보다 내 소셜 네트워크 서비스를 팔로우하는 업계 동료들에게 인정받기 위해 마케팅에 힘을 주고 있는 것이 아닌가?

나는 경영컨설팅사 맥킨지의 디지털 전략 전문가라는 타이틀로 활동하면서 굴지의 글로벌 기업 오너, CEO, 임원, 마케팅 담당자, 마케팅 에이전시와 학생까지 수백 차례의 개인 튜터, 기업 워크숍, 강연, 컨설팅 프로젝트를 진행한 적이 있다.

이후 국내 1호 CDO(Chief Digital Officer, 최고디지털책임자)로서 디지털과 마케팅 부문을 총괄하고 데이터와 인공지능을 다루는 스타트업을 설립하여 운영하고 있다.

이 과정에서 얻은 기업 현장의 실질적인 고민들을 한곳에 놓고 연결해서 풀어보고자 노력한 것이 이 책이다. 그래서 독자들이 실무상 부분적으로 알고 있던 내용들을 전체적으로 파악하고 해결할 수 있도록 방법론Framework을 제공하려 한다. 그리고 디지털의 개념도 없던 시기에 만들어진 기존의 마케팅 이론과 방법론이 소비자와 고객의 변화에 따라 수정·보완되어야 한다는 사실을 이야기하려 한다.

이 책은 내가 이미 썼던 두 권의 책 『디지털 시대 새로운 마케팅의 탄생 COD』와 『DT 시대 마케팅 뉴노멀 10』을 합쳐서 통합적으로 업데이트하고 보완한 개정판이다.

무엇보다 디지털 마케팅이 아니라 디지털이라는 거대한 변화의 산물로 생성된 데이터가 빅데이터를 이루고 이것이 AI 시대로 진화하는 과정의 마케팅 방법론에 있어서 새로운 기준이 되는 '뉴노멀 New-normal'이 무엇인가에 대해 의견을 제시하고 검증하려 한다.

또한 마케팅 관점에서 디지털의 개념부터 플랫폼 운영, 실제 데이터 기반의 성과 평가, 효율적 조직 운영, 향후 디지털 변화에 대한 마케터들의 대응까지 전반적인 내용을 신속하게 파악Quick Scan 하는 데 도움을 줄 수 있도록 구성했다.

이 책은 돈을 벌 목적의 개정판이 아니므로 작가의 인세는 책의 가격에 포함되어 있지 않다.

독자들이 이 책을 통해 마케팅의 근본적인 질문에 대한 대답을 찾길 바란다.

2019년 7월

도준웅

chapter 2 디지털 시대 마케팅의 새로운 흐름, COD

디지털 마케팅은 독립적으로
존재하는 영역인가

디지털이든, 아날로그든 마케팅의 목적은 그대로다. 기업이 마케팅을 통해 설득해야 할 대상은 여전히 소비자와 고객이며, 다만 고객의 행동 양상이 달라졌을 뿐이다. 그들은 클릭을 통해 시공간을 아무런 제약 없이 넘나들고, '좋아요Like'를 누르거나 댓글을 통해 언제든 자신의 의견을 거리낌 없이 표현한다. 이렇듯 고객은 과거에 비해 훨씬 다양한 방법을 통해 자신의 의사를 자유롭고 활발하게 드러내고 있다.

또한 디지털 시대의 고객은 발전한 검색 기술을 이용해 기업이 메시지를 전달하려는 타이밍에 상관없이 그들이 원하는 순간에 정보를 얻는다. 그들은 궁금할 때, 추가적인 정보가 필요할 때, 제품을 비교하고 싶을 때, 그리고 구매 직전 단계에 검색과 클릭 등의 의사 표현 방식을 통해 24시간 내내 실시간으로 원하는 정보를 요구한다. 그리고 자신이 정보를 원하는 바로 그때, 실시간 온디맨드 On Demand 방식으로 꺼내어 쓸 수 있게 되었다. 이것이 가장 큰 변화라고 할 수 있다.

한편 디지털 시대에 들어오면서 소비자들이 갑자기 다른 소비자의 경험과 의견, 추천을 중요하게 받아들이게 된 것처럼 생각하기 쉬운데, 이는 오래전부터 있던 일이다. 디지털이 존재하기 이전의 소비자들도 '컨슈머 리포트Consumer Reports' 등을 통해 다른 소비자와 지인, 전문가의 의견을 소중하게 받아들였으므로 결국 근본적으로 바뀐 것은 없다.

다시 말해 디지털은 고객과 소비자의 커뮤니케이션 방식에 큰 변화를 가져왔다. 매체가 다양해졌지만 '고객과의 커뮤니케이션'을 잘해야 하는 마케팅의 본질은 하나도 변하지 않았다. 그것은 바로 '고객의 마음을 얻어야 상품이나 서비스를 팔 수 있다'는 불변의 명제다. 디지털과 데이터 시대에도 마케팅의 본질은 전혀 바뀌지 않았다. 예나 지금이나 마케팅의 시작과 끝은 사람, 즉 '고객'이다.

그런데도 기업들은 디지털 마케팅이라는 뜨거운 감자를 들고 우왕좌왕한다. 검색엔진 마케팅, 소셜 마케팅, 입소문 마케팅, 진정성 마케팅, 빅데이터 마케팅, 비콘 마케팅, AI 마케팅 등 연구하고 적용할 새로운 이론들이 많은 것 같아 걱정스러워한다. 그러나 이런 이론들은 대부분 대형 인터넷 업체, 마케팅 에이전시, 컨설팅 업체 같은 이해당사자들이 만든 것이다.

이렇듯 난무하는 신조어와 돌연변이 속에서 중심을 잡아야 한다. '아날로그 마케팅'이란 따로 존재하지 않는다. 고객이 디지털 고객, 아날로그 고객으로 나뉠 수 없는 것처럼 말이다. '디지털 마케팅'은 없다. 예나 지금이나 그냥 '마케팅'이 존재할 뿐이다.

그렇다면 마케팅의 본질이라는 큰 틀에서 디지털로 인해 바뀐 소비자와 고객을 이해하지 않고 디지털 마케팅을 독립적인 마케팅 방식으로만 이해한 채 기업의 자원을 투입하는 것은 과연 옳은 방향일까?

마케팅에서 디지털은 무엇인가

마케팅에 있어서 디지털에 대한 이해는 그야말로 중구난방이라 해석의 주체와 틀이 제각각이었다. 그래서 주로 디지털 기술 발전을 선도해온 네트워크 진화를 기준으로 디지털을 설명하거나 스마트폰, 스마트패드 같은 제품 발전을 기준으로 디지털을 이해하는 경향도 있었다. 이와 동시에 검색 포털, 소셜 네트워크, 전자상거래 사업자 등 디지털 트렌드를 주도하는 인터넷 서비스 사업자를 중심으로 그 이해관계에 따라 디지털에 대한 다양한 설명과 이해가 존재한다.

디지털 시대 이전 기업들은 항상 "고객 경영!", "고객 만족!", "고객은 왕이다!" 등과 같이 고객을 최고의 가치로 부르짖었다. 그러다가 디지털을 논하기 시작하면서 갑자기 관점이 바뀌었다. 신기술이나 새로운 디지털 서비스 산업으로 눈을 돌리고 고객을 뒷전으로 미뤄두는 경우가 많아진 것이다.

기술이나 새로운 서비스 트렌드에 관한 내용은 일단 접어두자. 그리고 철저히 마케팅의 본질에만 집중해서 디지털을 다시 생각하고 근본적인 질문을 던져보자. 즉 고객과 소비자의 커뮤니케이션을 원활하게 하는 수단으로서 디지털을 어떻게 해석해야 할까?

디지털에 대한 마케팅적 해석은 결국 고객과 소비자가 시작점이 되어야 한다. 그리고 디지털을 이용해 고객과 소비자에게 마케팅 메시지를 전달하는 커뮤니케이션 방식을 중심으로 이해해야 한다.

디지털로 인해 어떤 부분은 빨라졌고, 어떤 부분은 더는 필요하지 않게 되었으며, 어떤 부분은 훨씬 확장되었고, 많은 부분이 새롭게 생겨났다. 이제 이런 변화와 진화를 촉발시키는 이네이블러 Enabler로서 디지털을 바라봐야 하지 않을까? 디지털, 데이터 같은 이네이블러, 즉 촉진제들로 인해 고객과 커뮤니케이션하는 방법에 변화가 생겼다.

이제 브랜드의 정의 또한 고객 기준으로 새롭게 바뀌어야 한다. 고객이 다양한 온·오프라인 옴니 채널을 불규칙하게 넘나들면서 파편적partially으로 느낀 브랜드 경험의 총합, 그것이 바로 브랜드다.

브랜드의 정의가 달라진 새로운 다채널 교차판매의 마케팅 환경에서 기업들은 기업 생존이라는 명제를 걸고, 다양한 채널을 넘나드는 고객에게 일관된 메시지를 전달하고 계획적인 커뮤니케이션을 전개해야 한다.

기존의 마케팅 이론은
여전히 유효한가

소비자와 고객은 이렇게 변했는데도 기업 현장에서는 디지털의 개념이 생기기 전부터 제시되어 마케팅 바이블처럼 적용되고 있는 다양한 이론과 방법론을 여전히 활용하고 있다. 그리고 대학에서는 기존의 마케팅 원론을 그대로 가르치고 있다.

디지털 시대 이전부터 최근까지 기업은 소비자의 성별, 나이 같은 기본적인 이력과 기업이 보유하고 있는 기존 구매 행태 등의 데이터들을 조합하여 소위 STP(세그멘테이션Segmentation, 타깃팅Targeting, 포지셔닝Positioning) 전략을 기반으로 고객 관계 관리CRM 같은 다양한 방법론을 활용해왔다.

이 같은 예측 데이터를 기반으로 목표 고객을 선정하고 이 고객들을 대상으로 매스미디어를 통해 이벤트나 캠페인을 벌이는 방식이 전통적 마케팅의 주를 이루었다. 그리고 이를 통해 최대한 많은 소비자에게 브랜드나 서비스를 인식시키는 것이 마케팅 활동의 핵심이었다.

그러나 소비자들의 커뮤니케이션이 실시간으로 정보가 필요한 시점에 요구하는 온디맨드 방식으로 바뀐 상황에서 전통적 마케팅 방식이 여전히 유효한지 다시금 생각해봐야 한다. 기존의 방식대로라면 모든 미디어에서 캠페인을 벌이고 고객이 원하는 모든 채널에 정보를 항상 위치시켜놓는 '올웨이즈 온Always on'이 가장 이상적일 것이다. 할 수만 있다면 말이다.

하지만 기업의 마케팅 예산은 한정되어 있다. 관리 채널의 수가 늘어나고 채널의 복잡성까지 높아지면서 기업의 투자 비용과 관리해야 할 대상 디지털 채널의 수는 눈덩이처럼 불어난다. 그래서 기업의 마케팅 투자 대비 효과MROI는 지속적으로 낮아지는 실정이다. 그렇다면 디지털의 개념이 전혀 적용되지 않은 시점에 만들어진 마케팅 이론들을 현재에도 여전히 유효하게 적용할 수 있을까?

현재 기업들의 옴니 채널 마케팅 방식이 정답인가

한때 많은 기업이 '통합 마케팅IMC'이라는 명목하에 소셜 네트워크를 비롯해 다양한 디지털 채널로 진출했다. 이후 트리플 미디어 융합, 옴니 채널 등의 용어들의 등장하기 시작했다. 현장에서도 경영자나 마케팅 책임자를 만나보면 이런 경향을 단번에 파악할 수 있다. 그들은 이렇게 말한다.

"올해 우리 회사는 소셜 네트워크에 진출했고, 핀터레스트Pinterest를 통해 소셜 큐레이션Social Curation을 시작했습니다…."

이 말이 "우리 회사는 올해 ○○방송국에서 TV 광고를 시작했고, ○○스포츠대회에서 이벤트도 했습니다"라는 과거의 이야기와 무엇이 다를까?

'마케팅'이라고 하면 많은 사람이 광고를 먼저 떠올린다. 디지털 시대 이전의 광고는 예술로 불릴 만큼 소비자의 감성을 자극하는 것이 중요했다. 그런데 디지털 시대의 광고는 과학이라고 볼 수 있다. 그만큼 커뮤니케이션이 우선시되고, 데이터에 근거해 소비자들의 정황을 파악하고 그에 맞춰 소통하는 것이 중요하다는 뜻이다.

사람의 마음속에 차별화된 이미지로 브랜드를 포지셔닝시키기 위해 좀 더 창의적이고 감성적인 콘텐츠를 제작하는 것은 여전히 중요하다. 매스미디어 시대에는 TV라는 매체의 영향력이 엄청나게 컸고, 30초짜리 광고로 고객 마음에 포지셔닝하는 것이 중요했다. 그러나 지금의 소비자는 다양한 디지털·아날로그 채널을 끊임없이 넘나들며 느낀 파편화된 브랜드 경험의 총합을 가지고 브랜드를 판단한다.

따라서 기업은 소비자들에게 '일관되면서도 경쟁사에 대해 차별화된 브랜드 경험의 총합'을 제공하기 위해 다양한 채널을 어떤 식으로 운영하고 소통할지 고민해야 한다.

이제는 기존 방식대로 다양한 채널에 광고와 캠페인을 하는 방식을 통합 마케팅이라 불러서는 안 된다. 소통한답시고 유행하는 모든 채널에 진출해서 기업이 하고 싶은 말만 지속적으로 쏟아내는 것이 커뮤니케이션은 아니기 때문이다.

게다가 감성적으로만 포지셔닝이 이뤄지는 경우는 현저히 줄어들었다. 그 대신 실제 사실Fact과 소비자 정황에 근거한 진정성 있는 스토리텔링이 더 중요해졌다. 쌍방향 채널에 진출했다고 해서 기업이 쌍방향 커뮤니케이션을 하고 있다고는 볼 수 없다. 모든 채널에 광고와 캠페인을 하는 것을 통합 마케팅이라고 부를 수 있을까? 디지털 시대에 이 같은 방식으로 '양적 팽창'을 꾀하는 것이 정답일까? 아니면 기업이 서서히 생존의 기회를 잃어가는 '슬로 데스 Slow Death'의 길일까?

B2B 산업 마케팅에도
디지털이 활용될 수 있는가

대개 B2C, B2B라는 개념을 판매 채널이라는 기준으로만 지나치게 도식적으로 이해하는 경향이 있다. 소비자 대상으로 직접 판매하는 회사는 B2C이고 기업 간 거래는 B2B라는 식이다. 그러나 이런 경향이 디지털 시대에 많은 혼선을 일으키고 있다.

실제로 기업 프로세스를 보면 기업 간 거래가 일어나는 지점과 소비자와 직접 대면하는 접점이 서로 중복되거나 통합되는 경우가 늘어났음을 금방 알 수 있다. 몇 가지 예를 들어보자.

자동차 부품을 사는 소비자는 이제 정비소 직원의 말만 듣고 '순정품'을 사지 않는다. 직접 인터넷에서 정보를 찾아본 후에 구매한다. 구체적인 제품명을 대고 요구하는 일도 흔하다. 한편, 예전의 환자들은 처방을 내리는 의사와 약을 조제·판매를 하는 약사를 대부분 신뢰했다. 그러나 현재는 이미 인터넷을 통해 정보를 얻은 후 미리 의사결정을 하고 약국을 찾는 경우가 많다. 소셜 네트워크를 통해 알게 된 의사에게 직접 물어보고 추천받은 병원을 찾아가기도 하고, 심지어는 의사들조차 전문 웹사이트나 커뮤니티를 통해 정보를 얻는 경우가 많다.

이처럼 디지털은 기존의 경계를 허물고 있다. 그래서 B2B, B2C 와 같이 매출이 일어나는 채널을 기준으로 분류하는 낡은 틀에 얽매일 필요가 없다. 따라서 실제 디지털화가 필요한 부분Touch Point 을 명확히 정의하고 그 대책을 성실히 마련하며 진실하게 소통하는 방법을 찾아야 한다.

디지털 마케팅과 전통 마케팅을 관통하는 뉴노멀, 커뮤니케이션 온디맨드

나는 이 책을 통해 '커뮤니케이션 온디맨드COD, Communication On Demand'라는 새로운 화두를 제시하려 한다.

구체적으로는 소비자와 고객이 필요한 시점에 실시간으로 정보를 요구하는 온디맨드 정보 요구 방식과 새로운 의사 표현인 검색, 좋아요, 이동 경로, 유입·유출 경로 등의 '라이프로그Life Log'를 기업이 어떤 식으로 모니터링할지 그 방법을 설명한다.

또한 기업이 실시간으로 대응하려면 다양한 미디어 채널을 어떤 방법으로 결합하여 플랫폼을 구성할지에 대해 살펴보려 한다. 그리고 마케팅 투자 대비 효과를 높이기 위한 효율적인 운영 방안과 성과 평가 방식을 중점적으로 설명한다.

아울러 다양한 산업의 경영자가 의사결정 과정에서 겪는 다양한 사례들에 대한 해법을 조직과 프로세스를 기반으로 설명하려 노력할 것이다.

마케팅을 공부하는 학생이나 현재 마케팅을 업으로 삼고 있는 마케터들에게 이 책이 효과적인 매뉴얼과 참고서가 되기를 희망한다.

마지막으로 '디지털', '데이터', 'AI' 등의 말만 들어가면 두려움을 느끼고 젊은 마케터의 영역이라며 회피하는 '왕년의 마케터'들에게 한 말씀 드리고자 한다.

"디지털 시대에도 소비자와 고객의 마음을 움직이는 기술은 여전히 마케팅의 핵심입니다!"

디지털 마케팅이라는 단어는 잠시 존재할 뿐, 소비자와 고객의 입장에서는 그냥 마케팅의 하나일 뿐이기 때문이다. 즉 디지털이든 인공지능AI이든 모두 소비자가 사는 세상이고, 이것이 바로 마케터인 당신의 영역이다.

chapter 1

디지털 마케팅은 없다

01

디지털은 소비자와 경영 환경의
근본적 변화다

| 디지털은
| 독립적인 생태계가 아니다

　나는 디지털의 개념을 설명할 때면 디지털의 개념도 없던 17세기 초의 그림 형제의 『백설공주』를 인용하곤 한다. 그런데 이 동화에 이런 장면이 등장한다.

　마녀 (거울을 보며) 거울아, 거울아, 이 세상에서 누가 제일 예쁘니?

　거울 백설공주이지요.

[백설공주와 디지털]

거울이 마녀와 대화하는 이 장면에서 음성인식Voice Recognition이 등장하고 있다. 이것은 아이폰이 '시리SIRI'라는 이름으로 상용화해서 큰 화제가 된 기술이기도 하다.

그뿐만이 아니다. 거울이 백설공주와 일곱 난쟁이가 사는 곳을 찾아내는 장면에서는 자동차 내비게이션에서 쓰이는 GPSGlobal Positioning System 기술이 등장한다.

그리고 백설공주와 일곱 난쟁이가 함께 뛰노는 장면이 마녀의 거울로 전송되기도 하는데, 여기에는 무선 데이터 통신 기술이 사용된다. 심지어 거울은 평면 모니터인 동시에 아직도 실현하지 못한 기술인 인공지능을 시현해 보이기까지 한다.

이처럼 디지털은 전혀 새로운 사이버 세상에서만 일어나는 일은 아니다. 얼리어답터와 혁신적인 사람들만의 전유물은 더더구나 아니다. 인간이 태곳적부터 살아온 이 세상에서 이전부터 존재하던 개념이 디지털의 발달로 현실화되기도 하고, 새로운 것이 추가되기도 한다. 지금도 인류는 디지털로 인해 진화하고 있다.

세상에서 가장 예쁜 여성을 찾아내는 '거울'은 동화 『백설공주』속에서만 존재하던 것이었으나 지금은 일상생활 속의 흔한 물건이 되었다. 알렉사나 구글홈 같은 음성인식 스피커가 대표적인 사례다. 음성인식 기술이 데이터와 결합하여 질문을 알아듣고 수많은 데이터를 분석하여 결과를 내놓는다. 시간이 조금만 더 지난다면 이제 질문을 하기도 전에 내 정황을 파악하고 해결책을 추천해줄 것이다.

동화 속의 거울은 백설공주가 왜 가장 예쁜지, 어떤 취향을 기준으로 그렇게 판단했는지 근거를 말하지는 않았다. 거울 혼자만의 취향이었다. 그러나 현재는 다르다. 빅데이터 시대가 도래했기 때문이다. 많은 사람이 '예쁘다'의 다양한 판단 기준이 되는 '아름답다', '청순하다', '섹시하다', '귀엽다' 등의 데이터를 검색, 블로그 등 각종 채널을 통해 남겨왔다. 이제는 이 같은 데이터를 근거로 해서 '증거 기반'으로 다양한 '예쁨'을 말할 수 있게 되었다.

현대의 진화한 거울은 데이터로 무장했다. "누가 세상에서 가장 예쁘냐?"고 질문하면 묻는 사람의 취향을 반영해 입체적인 대답을 한다. 질문자가 원하는 '예쁘다'가 섹시한 것인지 청순한 것인지 귀여운 것인지, 아니면 지적인 것인지에 따라 각각 다른 결과를 제시할 수 있게 되었다. 지금은 이것을 제대로 보여줄 수 있을 만큼 대중들의 데이터가 풍부하게 쌓여 있기 때문이다.

디지털뿐만 아니라 디지털 시대의 산물인 데이터 덕분에 어떤 것은 더 쉬워졌고, 어떤 것은 빨라졌으며, 어떤 것은 불필요해졌다.

[AI 시대의 마법 거울]

질문 접수

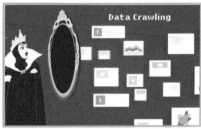
대중이 '예쁘다'를 언급한 데이터 수집

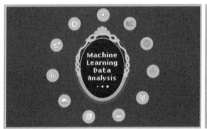
머신이 수집한 데이터 학습

대중의 '예쁘다' 취향을 기반으로 추천

불가능하던 일이 가능해지기도 했다. 하지만 반대로 '잊힐 권리'처럼 더 불편해진 현상도 많이 생겼다. 그러므로 디지털은 이 같은 변화를 일으키는 촉매제인 '이네이블러'라고 이해해야 할 것이다.

이네이블러란 조력자라는 의미로, 도움을 주는 장치 혹은 제도라는 뜻으로 사용된다. 따라서 디지털은 이미 인류에 존재하는 수많은 것과 실체가 없는 개념적인 것까지 현실화시키는 촉매제 역할을 하는 것이다.

소셜 네트워크 서비스라는 새로운 것이 생겼기 때문에 사람들의

사회성이 비약적으로 좋아진 것은
아니다. 마찬가지로 사람들이 어느
날 갑자기 TV 광고보다 페이스북
친구의 추천(입소문)을 더 신뢰하게
된 것도 아니다.

[아담과 이브와 입소문]

때로는 '입소문WoM'이 TV나 라
디오 광고보다 더 영향력이 큰 경우
도 많다. 그런데 입소문의 시작은 태
초로 거슬러 올라간다. 에덴동산의
뱀은 이브에게 선악과를 '추천'했고,
이브는 다시 아담에게 권하지 않았
던가?

예전에는 옆집 영희 엄마가 세탁기를 사면 구경하러 가서 제품
을 직접 확인하고, 어디에서 얼마에 샀는지 등의 정보를 물어보고
그 대리점에 가서 영희 엄마를 언급Refer하며 그보다 더 싼 가격으
로 해달라고 흥정하기도 했다. 그러던 것이 디지털로 인해 페이스
북이나 트위터 같은 소셜 네트워크라는 매체(플랫폼)가 생기고, 그
덕분에 사람들과 관계를 맺기가 좀 더 쉬워지면서 입소문의 확산
범위와 속도가 빨라졌을 뿐이다.

네트워크, 인터넷 등의 디지털 기술이 발전하면서 오프라인에서
있던 현상이 온라인으로 확장되고 속도가 빨라진 것이다. 이런 현
상을 두고 "소셜 네트워크의 탄생 때문에 소비자가 TV 광고보다
지인의 추천을 더 신뢰하게 되었다"고 말하는 것은 주객이 전도된

해석에 지나지 않는다. 또한 소비자들은 원래부터 소비 과정에 매우 참여하고 싶어 했다. 다만 그것을 실행시켜줄 만한 환경이 아니라서 겉으로 드러나지 않았을 뿐이다.

디지털 마케팅을 생각할 때 우선적으로 해야 할 일은 디지털의 정의를 명확하게 이해하는 것이다. 또한 이를 바탕으로 어떤 현상이 생기게 된 근본 원인Root Cause, 인과관계 그리고 선후행 관계 등을 면밀하게 파악할 필요가 있다. 말하자면 무엇이 먼저이고 무엇이 나중인지, 어떤 것이 어떤 것을 불러왔는지에 대해 통찰력을 가지고 살펴봐야 한다는 것이다.

그런데 많은 기업이 디지털 마케팅을 전혀 새로운 것으로 인식한다. 그래서 기존 마케팅 전문가가 디지털 메커니즘에 대해 이해한다면 충분히 해낼 수 있는 일에도 '소셜 네트워크 전략'과 '소셜 네트워크 전문가' 찾기에 부심한다.

또한 기존 마케터들 역시 스스로 디지털 마케팅을 잘 모른다고 생각하고 두려워하는 경향이 있다. 그래서 오히려 문제가 되기도 한다. 다시 말해 디지털을 별개의 가상 세계로 분리해서 생각하거나, 디지털화Digitalization라는 것이 마케팅에만 국한되어 있다고 여기거나, 디지털을 소통이나 마케팅의 도구로만 활용하려는 것이다. 이는 디지털을 잘못 이해하는 것이며, 이런 오해를 바탕으로 한 마케팅 전략은 잘못될 소지가 크다.

앞서 말했듯, 디지털은 다양한 변화와 진화를 촉발시키는 이네이블러. 이것이 우리가 사는 세상 전반에 스며들어 이 세상을 진화시키고 있다. 마케팅에서도 마찬가지다. 디지털은 검색이나 클릭 등의 형태로 소비자가 의사를 표현하는 방식과 의사결정을 내리는 과정을 진화시켰다. 결국 디지털과 데이터는 별도로 존재하는 새로운 생태계가 아니라 변화의 방향일 것이다. 이것이 데이터 역학이다. 디지털과 데이터의 촉진적 속성을 이해하는 바탕에서 STP나 4P 같은 기존 마케팅 방법론을 확장해야 한다. 그것은 데이터 조합으로 파악할 수 있게 된 고객의 '정황'과 '접점'이다. 이것이 옴니 채널 시대에 불규칙하고 예측하기 힘든 소비자를 파악하기 위한 단초가 될 것이다.

소비자에게 제품과 서비스를 팔아야 하는 기업 입장에서는 이같은 소비자의 변화에 민감해야 한다. 이러한 변화야말로 중대한 경영 환경 변화라는 사실을 고민의 시작점으로 삼아야 할 것이다.

섣부른 얼리어답터 CEO가 마케팅을 망친다

"요즘 저도 트위터 계정을 열어서 소비자와 열심히 소통하고 있습니다."

"가장 최신의 디지털 트렌드가 뭡니까?"

"전 직원에게 아이폰을 지급하고, 모든 회의를 아이패드로 진행하고 있습니다."

"전 임원이 AI 스피커를 사용하고 있습니다."

기업을 방문하면 많이 듣는 이야기들이다. 나는 가장 뜨거운 관심이 쏠리고 있는 디지털 전략을 전문으로 해왔고 AI 스타트업까지 창업해서 운영하는 덕분에 기업 오너와 CEO, 임원 그리고 대중과 소통을 원하는 정치인 등 많은 사람과 만나게 된다. 그들이 내게 던지는 말은 대개 '얼리어답터'로서 디지털을 활용하는 방법에 대한 자랑이거나 최신 트렌드 또는 신조어에 대한 궁금증을 충족시키려는 질문이다.

그러나 그들에게서 근본적인 관심을 발견하기는 어렵다. 그들이 가장 중요하다고 주장하는 '소비자'와 '고객'이 디지털에 의해 어떻게 변화되었는지, 변화된 그들과 커뮤니케이션하기 위해서는 어떻게 대응해야 하는지에 대해 질문하는 사람은 거의 없다. 자신들의 고객이 어떻게 변하고 있는지 궁금해하는 사람은 드물다는 말이다.

우리나라 기업의 CEO들이 앞다투어 트위터를 통해 고객과 직접 소통하면서 고객 담당 부서에서는 많은 해프닝이 벌어졌다. 전 직원이 '언제, 어디로 튈지 모르는' CEO의 트윗을 주시하고 그 코드에 맞추느라 부산을 떨어야 했다. 그리고 어떤 고객이 CEO의 트윗 내용을 예로 들며 "왜 나는 그렇게 안 해주냐?"는 불만을 늘어놓아 진땀을 뺀 사례도 있다.

이런 와중에 유명 그룹의 어떤 CEO는 본인이 1인 고객센터임을 자처한다. 또 다른 CEO는 스스로 얼리어답터를 자부하며 사내 회의는 물론 외부 인사와의 미팅 때에도 항상 스마트폰을 만지작거리는 통에 "예의가 없다"는 구설수에 오르내리기도 했다.

나는 디지털 사업에서 가장 피해야 할 리더로 '얼리어답터형' 리더를 꼽는다. 디지털 사업 전략을 담당하는 리더들이 가장 조심

해야 할 부분이기도 하다. 본인이 '얼리어답터'인 것은 개인적인 성향에 그쳐야 한다. 이것을 사업에 그대로 적용하면 많은 문제가 생긴다.

대형 마트를 소유한 대기업의 경험 많은 머천다이저MD를 만난 적이 있다. 그는 "같은 제품의 MD를 오래하다 보면 뭔가 새로운 것을 자꾸 찾게 된다. 그래서 분홍색 프라이팬이라든가 세모난 식기 등을 판매해보지만, 결국 대부분의 소비자는 평범한 일반 프라이팬을 구입한다"고 말했다.

대체로 얼리어답터형 CEO는 디지털이라는 이름만 붙으면 고객이나 경쟁 상황과 같은 시장의 눈높이로 바라보려 하지 않는다. 그 대신 얼리어답터 성향을 기반으로 전략을 펼치려 든다.

그러나 소비자와 고객, 시장은 전혀 준비되지 않았는데 최신의 것을 먼저 도입한다고 해서 성공을 보장하는 것은 아니다. 오히려 소비자와 고객에게 외면받을 가능성이 더 크다. 얼리어답터형 리더가 새로운 것을 이것저것 마구잡이로 도입하는 통에 고객에게 큰 신뢰를 받던 웹사이트가 미로처럼 복잡해지는 경우도 있다. 그로 인해 이미 고객 불만이 폭주하고 있는데도 리더는 한술 더 떠 최신 트렌드인 '소셜 큐레이션' 같은 신규 서비스를 준비하라고 직원들을 다그친다.

물론 산업마다 기술의 발달 속도가 다르다. 새로운 시장을 선도적으로 만들어나가야 하는 처지라면 얼리어답터 전략이 꼭 필요하다. 그런데 소비자를 상대하는 대부분 기업의 경우 혁신적인 것을 먼저 시장에 내놓는 것이 유리하지만은 않다. 시장의 반응을 미리 보여주어 간접 경험을 제공하여 결국 경쟁자들에게 '경험 효과 Experience Effect'를 안겨주는 일이 잦기 때문이다. 나는 이런 식으로 마라톤의 페이스메이커pacemaker 같은 역할만 반복적으로 하는 기업의 사례를 자주 보았다.

한국 최고 포털로 꼽히는 네이버는 신규 사업을 공격적으로 벌이지 않는 편이었다. 오히려 경쟁사들보다 늦게 시작하는 경우가 많았다. 그러나 경쟁자들이 제공한 경험 효과를 안고 늦게 시작한 사업 분야에서 성공을 거두곤 한다. 최근 쇼핑에서도 같은 패턴을 보였다. 선두 주자보다 훨씬 안정적인 서비스를 제공해 사용자들에게 좋은 반응을 얻는 것이다. 반면 모바일 메신저, 위치 기반 정보업 등 대부분의 신규 사업을 네이버보다 먼저 시작한 경쟁자들은 먼저 시장에 뛰어든 만큼의 이점과 지위를 전혀 누리지 못했다.

산업을 이끌어가는 리더에게 개개인의 훌륭한 인격과 총명함은 중요한 요건이지만, 그보다 실적이 우선되어야 한다. 그가 이끄는 조직이 시장에서 살아남아 영속기업Going Concern이 되지 못한다면 부끄러운 일이다. 가장은 우선적으로 가족들이 밥을 먹게 해줄 책임이 있다. 주주의 주머닛돈과 직원의 땀으로 만들어진 회사의 마케팅 비용은 리더 개인의 얼리어답터 성향을 충족시키라고 지급되는 취미생활비가 아니라는 말이다.

또한 리더에게는 회사의 이해관계뿐 아니라 그 산업의 생태계 Echo System를 위한 분명한 역할이 요구된다. 최근에 강조되는 '사회적 가치Social Value'와 '상생'에 대한 소명 의식이 필요하다.

국내 한 대기업의 이미지에 대해 긍정률 및 부정률을 분석한 적이 있다. 그런데 이전에는 전혀 볼 수 없었던 현상이 나타났다. 그룹의 오너가 트위터를 활발히 하기 시작한 2011년부터 그룹 전체의 긍정률이 그룹 회장의 긍정률과 궤를 같이하는 모습을 보인 것이다. 또한 많은 사람이 블로그나 트위터 등에서 그 그룹에 관해 이야기할 때는 항상 그룹 회장을 언급하곤 했다. 이 그룹의 회장은 트위터를 매우 현명하게 운영해왔기 때문에 그룹 이미지에 플러스 요인이 되었던 것이다.

그러나 그룹 브랜딩 관점에서 보면 반드시 긍정적인 현상은 아니다. 이처럼 단일 위험 요인Risk Factor, 즉 하나의 제품이 아니라 그룹 회장과 같은 가변성이 큰 요인에 의해 그룹의 이미지가 영향받을 수 있는 상황은 분명한 리스크다. 회사를 이런 위험에 노출시킬 때에는 좀 더 많은 고민이 필요하다고 본다.

그러므로 고객 개개인과의 접점에 CEO가 직접 나설 때에는 매우 세심한 주의를 기울여야 한다. 그리고 엄격한 규정Policy을 준수해야 한다. 그런데 열심히 소통하겠다는 기업의 오너나 CEO에게 현업의 실무진이 직언을 하기란 쉽지 않다. 그래서 담당자들이 발만 동동 구르는 경우를 여러 차례 보았다.

통합 VOCVoice Of Customer를 다루면서 상세히 언급하겠지만, 고객이 하는 트위터에서의 멘션, 페이스북에서의 포스팅 등은 모두 고객의 소리VOC로 분류해야 하고, 디지털 채널뿐만 아니라 기존 오프라인 채널인 콜센터에서 나오는 VOC와 함께 묶어서 관리하는 체계를 갖추어야 한다.

이유는 간단하다. 마케팅은 항상 소비자와 고객의 관점에서 보아야 하기 때문이다. 채널이 다를 뿐, 고객의 의견인 것은 마찬가지다. 같은 고객이 어떤 때는 콜센터를 통해 이야기하고 어떤 때는 트위터로 의견을 말하는 것이다.

그런데 똑같은 고객의 이야기에 대해 콜센터에서는 훈련된 직원이 명확한 정책에 따라 답하고 트위터에서는 CEO가 개인적인 생각을 펼치거나, 아르바이트생이나 에이전시가 트위터의 멘션에 응답한다면 이런 상황은 비극이라고 할 수 있을 것이다. 내용은 같고 채널만 다를 뿐인데 각각 처리 프로세스가 다르다면 고객 입장에서는 일관성 있는 메시지를 받기 어렵기 때문이다.

고객이 같은 일에 대해 온라인과 오프라인에서 각각 다른 대답을 받아서 혼선을 빚는 현상은 급속히 디지털로 진출한 많은 기업에서 일어난다.

특히 오너가 아닌 고용된 CEO가 기업 핵심 자산인 '고객의 소리'를 개인 계정을 통해 답한다면 그 데이터가 개인 계정에 축적된다는 의미가 된다. 만약 그 CEO가 회사를 나가면 그 고객 데이터는 어떻게 처리해야 할까? 이처럼 소비자와 고객의 접점에 있는 채널은 회사의 명확한 정책과 전략을 근거로 운영되어야 한다.

기업의 리더들이 디지털 시대에 어울리는 얼리어답터가 되려고 노력하는 것은 존중받아 마땅하다. 그러나 그것은 그들의 직무가 아니다. 디지털로 인해 변화한 경영 환경을 이해하고 이를 바탕으로 더 많은 성과를 내는 것이 진정한 직무라는 점을 간과해서는 안 된다.

최근 미국 대통령 도널드 트럼프가 이른바 '트위터 정치'를 한다고 하지만 그 또한 매우 전략적으로 조율된 것으로, 보이는 모습처럼 즉흥적이지는 않다.

디지털 시대에도 마케팅의 시작점은 기술이 아닌 소비자

CEO부터 기업 조직 전체가 디지털 마케팅이라는 새로운 분야에 관심이 쏠려 있다. 그래서 마케터들은 이 새로운 생태계에 대한 지식에 목말라 있다. 이에 부응하듯 많은 전문가가 제각각 새로운 의견을 들고 나온다. 그 결과 디지털 마케팅 세계에 첨단 이론과 신조어가 넘쳐나고 있다.

각종 디지털 마케팅 관련 컨퍼런스에 참석해보면 많은 전문가가 실리콘밸리에서 최근 떠오르는 새로운 서비스와 최신 기술 트렌드를 소개하는 것을 듣곤 한다. 그리고 '빅데이터'와 '소셜 큐레이션'을 지나 5G 시대에 기반한 VR, AR 등과 같은 신조어도 자주 등장한다. 누구나 유튜브 등에서 쉽게 찾아볼 수 있는 광고나 캠페인 영상을 틀어주고 자기 나름의 해석을 하기에 급급한 장면도 볼 수 있다.

얼마 전, 세계 최대 IT 미디어에서 주최하는 디지털 마케팅 포럼에 참가한 적이 있다. 소중한 시간과 30만 원이 넘는 적지 않은 비용을 지불한 500여 명에 이르는 마케터들이 호텔 그랜드볼룸을 꽉 메우고 있었다. 나는 처음부터 끝까지 자리를 지키며 내용을 상세히 들었는데, 소비자와 고객에 대해 이야기하는 사람은 드물었다. 대부분 기술과 트렌드, 신조어에 관해 이야기하기에 바빴다.

빅데이터, 증강현실增強現實, Augmented Reality 등 새로운 기술들을 활용한 재미있는 캠페인을 강의 내내 틀어주며 이를 분석하는 것으로만 시간을 채우는 강연자도 있었다. 그런데 모두 새로운 트렌드에만 집중하다 보니 연사들의 발표 내용이 몇 가지 주제에 국한되었고 내용 또한 비슷했다.

검색엔진이나 유튜브 같은 서비스가 출현하기 이전에는 칸 광고제 정도는 참석해야 볼 수 있는 숨어 있는 광고들을 찾아 틀어주고 이를 분석해주는 강의가 도움이 되었다. 그러나 지금은 누구나 그런 정보를 쉽게 찾을 수 있다. 궁금해하지 않더라도 소셜 네트워크 등을 통해 많은 사람이 포스팅해주기도 한다. 그러므로 이런 형식의 강의는 과거에 비해 전혀 유용하지 않다. 그런데도 고액의 참가비를 내야 하는 컨퍼런스의 강연자가 배당받은 40분 동안 7~8개의 광고 동영상을 틀어주고 블로거들의 분석 수준에도 못 미치는 설명과 함께 강연을 마무리하는 경우가 여전히 많았다.

현업의 디지털 마케팅 담당자들을 만나보면 기존 마케팅 담당자 출신보다는 새로운 트렌드를 잘 이해하는 젊은 직원들인 경우가 많다. 회사에서 얼리어답터로 알려진 직원이라든가 인터넷 포털이나 광고기획사 출신 등이 디지털 마케팅 업무를 맡는 것이다.

오랫동안 고객을 연구하고 마케팅을 진행해온 경험 많은 기존의 마케터들은 디지털 이야기만 나오면 침묵하기 일쑤다. 그러나 그들이 긴 시간에 걸쳐 쌓아온 고객의 마음을 움직이는 기술은 여전히 유효하고 또 중요하다. 이는 얼리어답터가 가지고 있는 새로운 유행 감각과는 비교할 바가 아니다.

디지털 시대에도 가장 중요한 진리는 변하지 않는다. 마케팅의 시작점은 최신 트렌드나 기술이 아니라 소비자, 고객이 되어야 한다는 사실이다. 마케터는 끊임없이 고객에 대한 질문을 던져야 한다. 내가 소통하고 설득해야 할 대상이 디지털의 발달로 의사결정 과정에 어떤 변화가 일어났는가? 그들이 클릭이나 댓글과 같은 새로운 의사 표현 방식을 통해 무엇을 원하고 무엇이 불편하다고 말하는가? 이런 궁금점을 우선시해야 한다.

즉 디지털 시대에도 고객은 감동해야 제품이나 서비스를 구입한다는 것은 불변의 진리다. 이는 마케터로서 절대 간과해서는 안될 필요충분조건이다. 그리고 디지털로 인해 진화된 고객이라도 그 고객의 마음을 움직이는 기술은 여전히 마케터가 갖추어야 할 최고의 핵심 역량Core Competency이다.

데이터 시대의 소비자 변화에 주목하라

현대사회는 ITInformation Technology 시대에서 DTData Technology 시대로 변모했다. 지구상에 존재하는 데이터의 95퍼센트는 최근 3~4년 동안 생성된 것이고, 그중 80퍼센트 이상은 대중이 삶 속에서 만들어낸 수많은 라이프로그이다. 라이프로그란 대중이 삶 속에서 직접 작성하거나 부지불식간에 남기는 수많은 정형·비정형 흔적을 데이터화한 것을 말한다.

즉 검색부터 블로그나 소셜 미디어 등에 포스트하거나 댓글로 남긴 데이터를 넘어 클릭이나 검색 등 온라인상에서 이루어진 불규칙한 이동 경로나 정보 취득, 구매, 정보 공유 등 다양한 행위 전체에서 생성되는 데이터를 포함한다. 현재 소비자는 키워드만 기억했다가 자신이 원하는 시점에 검색 등을 이용해 실시간으로 불쑥불쑥 나타나 까다롭고 구체적인 정보를 요구한다. 그뿐 아니라 정치 뉴스를 보러 포털에 들어왔다가 갑자기 스포츠 방송을 보기도 하고 그러다 어느새 또 다른 행동을 한다. 미리 타깃을 정해놓고 특정한 장소와 시간에 커뮤니케이션을 하던 과거 '예측' 기반의 커뮤니케이션 방식으로는 이 같은 소비자들의 정보 니즈를 맞추기 힘들어졌다.

하지만 소비자는 마케터를 위해 친절을 베풀고 있다. 그들은 디지털 세계에 자신의 흔적(로그Log)을 남긴다. 로그인, 클릭, 검색, 유입Inflow, 유출Outflow, 이탈Bounce, 위치 등의 다양한 데이터를 제공하는 것이다. 그들은 클릭을 통해 명확한 의사를 표현하고 다양한 키워드 검색으로 구체적인 니즈Needs까지 알려준다. 때로는 자신의 현재 위치와 개인적인 상황까지도 자세히 알려준다.

즉 디지털 시대의 소비자는 '데이터'를 통해 마케터와 커뮤니케이션한다. 그러므로 언제 어디로 튈지 모르는 소비자를 버거워할 일만은 아니다. 소비자는 데이터를 통해 매우 구체적으로 말하고 있다. "이런 색깔을 보여주세요." "크기가 훨씬 더 작은 것은 없

[데이터 세상에서 하루 동안 일어나는 일]

나요?" "가성비가 높은 것을 원해요!" 데이터는 마케팅 의사소통을 위한 최고의 단서가 되고 있다.

　하루 생성 데이터가 25억 GB에 달하는 시대에는 데이터를 통해 세상과 사람을 파악하고 이해하고 공감하는 기업만이 생존할 수 있다. AI 시대에 맞는 새로운 표준New Normal이 요구되는 이유가 여기에 있다.

대고객 가치 제안(오퍼링)의 혁신과 어나더 밸류 전쟁

기업의 생존은 고객이 불편해하는 문제를 해결해주거나 그들의 니즈에 맞는 제품이나 서비스를 제공해주는, 소위 '가치Value'를 제안하고 그 대가를 받는 과정의 연속이다. 따라서 기업이 고객에게 어떤 가치를 제공할 것인가와 어떤 방식으로 그 가치를 지속적으로 전달할 것인가, 그리고 그 가치에 대한 대가를 어떻게 책정하고 받을 것인가가 기업 생존의 기본이라고 해도 과언이 아니다.

AI 시대가 되어 다양한 채널과 개인으로부터 쏟아지는 데이터가 축적되고 심지어는 개인과 개인 간의 가치 제안을 통한 거래까지 활성화되면서 기업이 개인과도 경쟁하는 시대가 되었다. 따라서 기업이 고객을 향해 하는 가치 제안Value Proposition(오퍼링)은 매우 다양하고 복잡해졌고 그로 인해 고객 로열티의 생성뿐 아니라 유지 또한 매우 어려워졌다.

과거의 것, 경쟁자가 모두 제공하는 것들을 나도 똑같이 주겠다고 한다면 고객은 눈길조차 돌리지 않을 것이다. 경쟁자가 제공하는 가치는 고객에게는 이미 기본이고 당연한 것이다. 남들이 내놓지 못하는 나만의 새로운 가치, 추가적인 가치, 즉 또 다른 가치(어나더 밸류Another Value)를 내놓아야 한다. 바야흐로 어나더 밸류 전쟁이 벌어지고 있다.

내가 가진 것을 공짜로 내주고 돈을 벌 다른 원천을 만들거나 나만이 줄 수 있는 경쟁력 있는 가치를 고객에게 제안하는 것이 바로 어나더 밸류다. 기본적으로 내가 고객이 원하는 모든 가치를 다 줄 수도 없거니와 줄 수 있는 가치 모두를 한꺼번에 제안하는 것도 불가능하다. 따라서 기업이 어떤 가치를 고객에게 오퍼offer할지와 그것을 옴니 채널을 통해 가장 효율적이고 효과적으로 제공하는 방법을 찾는 것이 기업의 생존 전략이 된다.

그런데 디지털과 데이터 시대에서는 가치 제안이 '개인 간'에 이루어지며 기업에 대한 로열티가 낮아지는 경향을 보인다. 사용자가 자신의 취향대로 정보를 취합하고 가공하여 다른 사람과 공유하는 소셜 큐레이션과 페이스북 등 소셜 플랫폼들이 생방송을 오픈하면서 이른바 퍼스널 브로드캐스팅까지 활성화되었다. 소셜 미디어의 생방송 오픈은 마케팅 관점에서 보면 방송 중계권, 입장권 등을 점유하던 방송국을 정조준하고 있는 것이며 개인 간 가치 제안이 활발히 일어나는 현상이라 할 수 있다. 예를 들어 2016년 페이스북의 생방송 오픈은 가히 폭발적인 영향을 끼쳤다. 특히 리우 올림픽에서 많은 사람이 올림픽의 세부 내용을 현장감 있게 볼 수 있게 되었고 방송 중계권을 엄격히 제한하던 주최 측은 적잖이 당황했을 것이다.

또한 인스타그램이 영상 업로드 시간을 늘려주면서 또 다른 큰 변화가 일어났다. 즉 유명 가수의 콘서트를 방송국이 편집하여 제공하는 것보다 몇십, 몇백 배 더 많은 카메라가 가동되어 이른바 수많은 '소셜 앵글Social Angle'로 보는 효과가 생긴 것이다. 따라서 해시 태그 검색만으로 콘서트장을 빙 둘러싼 현장의 개인 방송국들이 쏟아내는 다양한 각도의 현장감 넘치는 영상들을 볼 수 있게 되

[개인 미디어 시대]

채널이 다양해지고 소셜 미디어가 활성화되면서 개인 간 가치 제안이 활발해졌다.

었다고 해석할 수 있다.

마케터들은 이와 같은 주요 미디어 플랫폼들의 변화를 단순히 기술적·기능적으로 활용하기 이전에 어떤 시사점이 있는지 고민하고 마케팅적 해석을 할 필요가 있다.

고객들은 이제 무수한 콘텐츠 중 내가 관심을 두고 좋아하는 취향의 것들만 선별하여 즐길 수 있게 되었다. 더는 특정 채널이나 미디어에 목맬 필요가 없다. 이처럼 미디어에서 개인 간 활발한 가치 제안까지 시작하면서 소비자의 선택지는 아주 많아졌다. 기업 측면에서는 기업이 원하는 가치를 전달하기에 경쟁률이 급등해버린 셈이다. 이는 곧 고객 로열티(충성도)를 유지시키기가 무척이나 힘들어졌다는 의미다. 미디어가 보유 채널을 무기로 사용자를 묶어두던 시대는 가고 이제 콘텐츠 가치가 중요해지는 시대가 되었다. 최근 몇 년간 '먹방'이 유행하면서 맛에 대한 표현이 많이 늘었고 심지어는 백종원 씨가 "재미있는 맛이네!"라고까지 표현하면서 그것이 유행처럼 번지기도 했다. 이처럼 무엇을 좋아하고 선택하는 이유가 다양해지면서 콘텐츠도 아주 세부적이고 다양한 가치를 추구하기 시작했다.

예를 들어 〈무한도전〉을 즐겨 본다면 MBC가 좋아서, 프로그램 그 자체가 좋아서, 특정 출연진이 좋아서일 수도 있다. 심지어는 PD나 작가, 매니저가 좋아서 본다는 사람이 생겨나고 그 장면만 찾아보기도 한다. 즉 시청자 로열티가 매우 잘게 쪼개지고 분산되었다. 이제 고객은 하나의 콘텐츠를 소비하더라도 각자의 다양한 롱테일 취향으로 선택할 수 있게 되었으므로 마케팅 밸류 체인상 고객 로열티 전략은 상당한 변화가 불가피해졌다. 따라서 미디어든 콘텐츠든 기존의 가치에서 진화된 또 다른 가치를 제안해야 한다. 그러지 못하면 고객은 평범하고 진부한 기업을 즉시 떠나고 말 것이다.

가치에 대한 판단 중 가장 위험한 것이 기본을 가치로 착각하는 것이다. 온라인 쇼핑객을 대상으로 왜 특정 사이트에서 구매를 하는지 물어보았다. 저렴한 가격, 다양한 제품, 훌륭한 서비스, 신속한 배송, 편리한 내비게이션, 반품 용이성, 효율적인 커뮤니케이션, 풍부한 제품 정보, 고객 지원과 제안 등을 이유로 꼽았다. 그런데 그다음 해 같은 질문으로 한 조사는 결과가 달랐다. 저렴한 가격을 빼고는 모든 항목의 응답률이 낮아졌다.

왜 이렇게 되었을까? 소비자들이 더는 가격을 제외한 서비스, 배송, UX, 제품 정보 등의 가치를 중요하게 여기지 않는 것일까? 그렇지 않다. 이 항목들의 중요성은 여전히 높다. 다만 소비자들이 이것들을 거론할 필요도 없는 '당연한 것'으로 여기게 된 것이다. 이제 쇼핑몰에서 '익일 배송' 정도는 내세울 만한 게 못 된다. 그야말로 기본이 되었다.

그래서 '로켓 배송'과 '새벽 배송'을 내세우는 쇼핑몰까지 등장했고 아마존의 '드론 배송' 등 끊임없이 어나더 밸류가 제시된다. 쇼핑몰에서 대부분의 요소가 당연한 것, 기본이 되어버린 가운데 또 다른 가치를 고객에게 제안하려는 전략의 일환이다. 이 시스템을 유지하려면 소싱 정책, 가격 정책, 운영, 백오피스 등까지 매우 유기적인 전략이 필요하다. 그러지 못하고 단순히 로켓 배송처럼 테마나 마케팅적 화두 위주로만 접근했다가는 큰 적자를 감수해야 할 수도 있다. 그럼에도 기업은 또 다른 가치 또는 새로운 가치, 즉 어나더 밸류에서 이익의 원천을 찾아야 한다. 이렇듯 나만의 새롭고 차별화된 가치를 제안하는 것이 고객 가치 제안의 새로운 기준이 되었다.

마케팅에 뉴노멀이 필요한 이유

뉴노멀은 '시대가 변화함에 따라 새롭게 떠오르는 표준과 상식'을 말한다. 2008년 글로벌 경제위기 이후 세계 경제 질서가 완전히 뒤바뀌었는데 이것을 지칭하는 용어로 쓰였다.

마케팅에도 뉴노멀이 대두되어야 할 시대가 이미 지났다. '디지털'과 '모바일' 확산으로 고객과 커뮤니케이션하는 방식이 전면적으로 변화했기 때문이다. 게다가 고객이 스스로 남긴 빅데이터를 통해 기업이 고객의 사소한 니즈까지도 알 수 있는 세상이 되었다. 기술적으로 좀 진보한 것이 아니라 발상과 표준 그 자체가 완전히 달라졌기에 뉴노멀New Normal이라고 쓰는 게 합당하다. 정작 고객들은 달라진 세상에서 마케터가 과거의 방식, 즉 올드노멀Old Normal 방식의 마케팅을 고수하고 있는 건 아닌지 점검할 필요가 있다.

'시대era'라는 단어를 가볍게 받아들여서는 안 된다. 이전에 인터넷 시대가 되자 많은 사업가가 가장 먼저 인터넷 사업이라고 벌였

[AI 시대 마케팅의 변화 방향]

올드노멀

기업 주도 고객 커뮤니케이션
STP(Segmentation, Targeting, Positioning)
CRM(Customer Relationship Management)
가치 제안
채널별 검색 전략
UX 플래닝
채널별 성과
리스크 게재 관리
창의성 기반 콘텐츠 기획
마케팅 에이전시

뉴노멀

실시간 커뮤니케이션(Communication on Demand)
SCP(Semantic, Channel, Preference)
CMR(Customer-Managed Relationship)
어나더 밸류
옴니 채널 검색 최적화와 시맨틱 검색
라이프로그 기반의 서비스 차별화
채널 간 협업적 성과
리스크 확산 대응 관리
집단지성 기반 콘텐츠 기획
SSC(Shared Service Center)

던 것이 전자 카탈로그였다. 기존에 하던 진열display을 과거 방식과 상식을 따라 웹으로 옮겨 나열한 수준이었다.

AI 시대에도 이와 같은 현상들이 반복되고 있다. 단순히 빅데이터를 수집해서 기존의 닐슨, 갤럽과 같은 리서치 업체처럼 사업을 전개한다. 대중의 데이터를 가공해서 기업에 팔고 있는 것이다.

빅데이터, 머신러닝, 인공지능 등 AI 시대에 등장한 수많은 데이터 기반 사업은 기존의 관점, 기존의 업무 조직, 기존의 성과 체계에서 약간의 변화와 편리를 줄 수는 있으나 '시대'라는 표현에 걸맞은 새로운 관점의 사업들은 아직 찾아보기 어렵다. 이제 마케팅뿐만 아니라 기존 사업을 넘어서 새로운 '표준'과 새로운 '노멀'이 대두되고 있는 만큼 기업은 이것을 시대를 살아가는 생존과 직결해서 생각해야 할 것이다.

고객과 마케팅의 본질은 하나도 바뀌지 않았는데 전혀 새로운 세상(생태계)에서 새로운 고객과 새로운 커뮤니케이션이 건너온 것처럼 생각하는 사람들이 있다. 이들은 새로운 기술과 테마에 집착하듯 매달린다. 그러다 보니 고객을 이해하는 마케터보다 기술을 잘 활용하는 얼리어답터들이 마케팅을 주도하는 경향까지 생겼다. 그리고 디지털이나 데이터의 개념도 없던 시대에 마케팅 거성들이 만든 4P, STP 전략 등 다양한 마케팅 방법론을 디지털과 데이터 시대에 맞게 재해석하고 확장하기보다는 기존 법칙은 그것대로 그대로 둔 채 새로운 개념들만 앞다투어 내놓고 있는 현실이다.

앞으로의 마케팅은 본질을 떠나지 않으면서도 그것을 시대에 맞게 적용해야 한다. 디지털과 데이터 기반의 다채널 교차판매 시대에 맞게 수정되고 보완된, 그러면서도 고객 관점을 놓치지 않는 방법론Framework이 필요한 때다.

마케팅은 진화해야 한다. 고객을 포함한 모든 마케팅 환경이 변화했기 때문이다. 하지만 실제로 마케팅은 좀처럼 발전하지 않는다. 기술이 진보하고 채널이 늘어나면서 발전한 것처럼 보일 뿐이다. 과거의 발상과 관행이 현장에 관성처럼 그대로 남아 있다. 이제 과거에 정상이라고 여겼던 것들을 과감히 버려야 한다. 예를 들어 최고의 마케팅 이론가 필립 코틀러는 4P 전략 등 탁월한 개념을 내놓았다. 1931년생인 코틀러가 STP 전략을 담은 『마케팅 관리론Marketing Management』을 출판한 것은 1967년이다. '포지셔닝Positioning'이란 개념도 1969년 잭 트라우트Jack Trout에 의해 탄생했다. 그들이 왕성하게 활동하던 시기에는 '디지털'이나 '데이터'의 개념이 없었다. 디지털과 데이터의 후광을 누리게 된 후세대들은 거성들이 남긴 훌륭한 이론과 방법론을 시대에 맞게 수정하고 확장해야 한다.

우리는 과거로부터 이어온 훌륭한 마케팅 방법론들을 가지고 있다. 이것을 변화된 마케팅 환경과 고객에 맞게 수정하고 보완 또는 재창조해야 한다. AI 시대를 맞아 변화된 소비자 행동 방식에 맞는 새로운 마케팅 방법론을 확립할 필요가 있다.

나는 2017년에 『DT 시대 마케팅 뉴노멀 10』이라는 책을 썼다. 데이터가 범람하고 수많은 기술 또한 새롭게 발전되었고, 이에 따라 소비자 행동이 크게 변화했음을 지적하고 변화된 소비자를 기준으로 기존의 마케팅 방법론이 어떻게 수정되고 보완되어야 할지 10가지 뉴노멀을 제시했다.

02

디지털,
마케팅 바이블에 도전하다

디지털로 인해 기존의 마케팅 개념들이 많이 바뀌고 있다. 나는 대표적인 것 중 하나로 캐즘Chasm을 꼽는다.

캐즘은 초기시장Early Market과 주류시장Mainstream Market을 갈라놓는 지점, 즉 얼리어답터들이 먼저 사용하는 시점과 그 이후 다수 집단이 사용하게 되는 시점 사이의 간극Gap을 의미한다. 아직도 대학 강의나 마케팅 관련 서적에서 많이 언급하는 내용이다.

그런데 디지털로 인해 소비자의 정보 접점이 다양해지고 전파 속도가 획기적으로 빨라진 지금, 아직도 캐즘이라는 틈새가 존재할까? 현실을 떠올려보자.

아이폰이나 갤럭시의 새로운 버전이 나오기도 전에 이미 스파이 샷Spy Shot이 인터넷에 공개된다. 전문가들은 다양한 예측을 쏟아낸다. 그와 동시에 일반 소비자들을 그것을 읽고 동조하거나 반론하고 전파한다. 제품이 출시되는 시점이 되면 박스 포장부터 활용성까지 집단지성集團知性, Collective Intelligence에 의해 수많은 매뉴얼이 등장한다. 검색은 각 소비자의 궁금증을 분야별로 세세하게 해결해줄 만큼 풍부한 정보를 제공한다.

지금은 얼리어답터의 비율이 아주 높아서 '얼리어답터'라는 단어가 무색할 정도다. 예전에는 전자제품에 전혀 관심이 없던 층이 아이폰의 세세한 정보에 관심을 보이고 그 기능을 습득하기도 한다. 갑자기 사람들의 관심사가 전자제품으로 옮아간 것일까? 두 가지 이유를 찾을 수 있다.

첫째, 소비자들이 궁금한 사항들을 바로바로 해결할 수 있는 인터넷이라는 장이 생긴 것이다. 기존 매스미디어 시대에는 기업들이 이런 복잡한 사항들을 알리고 싶어도 TV 광고를 통해 30초 이내에 많은 것을 설명해야 했다. 신문, 잡지나 라디오 광고도 큰 차이가 없었다. 정보 전달에 분명히 한계가 존재했다.

나는 최초의 핸드헬드Handheld 기기였던 팜Palm이 나왔을 때 그 사용법을 익히려고 동호회까지 가입해야 했다. 정기모임에 참석하는 등 많은 노력을 기울인 후에야 얼리어답터들로부터 제대로 된 정보를 얻을 수 있었다. 그러나 이제 그런 과정은 필요 없다. 인터넷이 해결해주기 때문이다.

둘째, 검색이다. 검색을 통해 필요한 정보를 필요한 시점에 바로 알 수 있게 되었다. 소비자가 직접 검색을 한다는 것은 '나는 지금 들을 준비가 되었다Ready-to-hear'는 사인을 보내는 것과 마찬가지다. 그 시점에 제공되는 정보는 길고 복잡하더라도 소비자는 충분히 읽어줄 준비가 되어 있다. 소위 '스토리텔링 마케팅Storytelling Marketing'이 대중적으로 회자되고 있는 것도 같은 맥락에서 파악할 수 있다.

복잡하기 그지없는 스마트폰이라는 제품이 단지 새로운 기술이라서 성공할 수 있었던 것은 아니다. 디지털로 인해 이와 같은 정보 순환 생태계가 생성되어 있었기 때문에 급속한 보급과 확산이 가능했다고 파악하는 것이 균형 잡힌 판단일 것이다.

티저 광고Teaser Advertising가 유행처럼 번진 지 10년도 되지 않았다. 그런데 어떻게 해서 기업들이 티저 광고를 맘 편히 할 수 있는 시대가 되었을까?

예전에는 티저 광고를 본 소비자들이 궁금함을 해소할 수 있는 수단이 많지 않아서 회사에 직접 전화를 걸거나 대리점 직원에게 물어보아야 했다. 입소문의 확산 속도도 느렸다. 그러나 지금은 궁금하면 그 즉시 검색해볼 수 있다. 기업에서도 티저 광고에 맞추어 소비자들의 추가 검색을 예상하고 검색 광고를 동시에 준비하는 경우가 늘고 있다. 궁금해하지 않아도 소셜 네트워크 타임라인에 내 의지와 상관없이 노출되기도 한다. 이처럼 디지털에서 소비자들

[기술 수용 주기 마켓 모델의 변화]

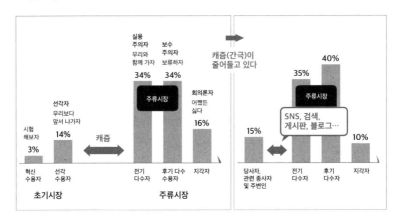

- 숫자는 예시이다.
- 기존의 얼리어답터가 관련 종사자, 주변인 및 전기 다수자 층으로 분산 흡수되었다.

에게 스토리텔링해주는 곳이 많아졌고, 각각의 소비자들이 그 정보를 공유하고 2차적으로 의견을 만들어내면서 수많은 정보가 쌓이기 때문에 티저 광고가 제 기능을 발휘하게 되었다.

예전의 화장품 광고들은 주로 '룩 굿Look Good'을 앞세우고 감성을 강조했다. 소비자에게 정보를 제공하고 설득할 시간과 기회가 부족했기 때문이다. 그러나 요즘에는 화장품 광고나 메시지들이 '리브 웰Live Well'을 표방하며 성분을 강조하는 것을 자주 볼 수 있다. 화장품 성분은 상당히 복잡하다. 그런데도 소비자들은 자신이 필요한 시점에 직접 정보를 검색함으로써 그 길고 지루한 내용을 읽을 준비가 되었음을 밝힌다.

이처럼 디지털 이전의 광고는 감성이고 예술이었지만, 디지털 이후에는 스토리와 과학이다. 복잡한 스마트폰이 성공할 수 있고, 화장품의 콘셉트가 '리브 웰'로 옮아가는 상황과 캐즘을 연관 지어 생각해보자. 이런 현실은 디지털 발전에 의해 캐즘이 사라진 소비자들의 인지 과정 변화의 맥락에서 이해하는 편이 적절할 것이다.

아직도 진화 중인 롱테일 법칙

'20퍼센트의 소비자가 80퍼센트의 매출을 발생시킨다'는 파레토의 법칙은 오랜 세월 마케팅의 황금률로 받아들여졌다. 그러나 2004년 크리스 앤더슨Chris Anderson이 롱테일Long-tail 법칙을 발표하면서 그 권위가 흔들렸다. 여전히 논란의 여지가 있지만, 롱테일 법칙은 웹 2.0 시대를 여는 이론적 기반이 되었다.

나는 CEO 개인 튜터링이나 기업 특강을 진행할 때 강의 수준을 결정하기 위해 종종 롱테일 법칙을 얼마나 이해하는지 질문을 던지곤 한다. 대부분의 사람은 롱테일 법칙에 대해 안다고 대답하지만, 대화를 나누다 보면 파레토 법칙으로 해석되지 않는 몇 가지 산업, 특히 음반이나 서적 분야에서 베스트셀러가 아닌 다양한 제품이 폭넓게 판매되어 80 대 20의 법칙이 깨진다는 사전적 정의 정도로만 이해하고 있는 경우가 많다. 안타깝게도 각자가 마케팅하는 제품이나 서비스에 미치는 시사점을 찾아낼 만큼 롱테일 법칙을 깊이 있게 이해하는 사람은 찾아보기 힘들었다.

아직도 많은 기업에서, 심지어는 경영 컨설팅사조차 인터넷을 단순히 판매 채널 중 하나로 구분하고 있는 것을 볼 수 있다. 그래서 "우리 회사는 오프라인 매장에서 80퍼센트 매출이 나고 디지털 채널에서는 20퍼센트밖에 매출이 없어서 아직 디지털 마케팅에 예산을 배정할 필요성을 크게 느끼지 못하고 있습니다"라고 말하곤 한다.

산업마다 다르기는 하지만 오프라인 매장에서 구매한 사람의 60~90퍼센트가 의사결정 과정에서 검색을 활용하거나 웹사이트를 방문하는 등 디지털의 영향을 받고 있다. 그런데도 판매가 어디에서 일어나는지만 가지고 채널별 활용도를 잘못 해석하는 경우가 많다.

그러다 보니 자동차와 같이 인터넷에서 판매하지 않는 상품에서는 롱테일 법칙이 드러나지 않는다고 생각하는 경향이 있다. 그러나 롱테일 법칙은 소비자와 고객의 니즈와 맞닿아 있는 곳에는 여지없이 적용된다. 소비자들에게 디자인이나 생산의 제약 없이 원하는 자동차의 모델을 그려보라고 하면 수백만 혹은 수천만 가지나 될 것이다. 기업이 여러 비즈니스 여건을 감안하여 소비자의 다양한 니즈를 제어하고 여건에 맞는 모델을 출시하면 소비자는 기업이 규정한 선택의 범위 안에서 의사결정을 할 수밖에 없는 현실 때문에 롱테일 법칙이 적용되지 않는 듯이 보이는 것뿐이다.

산업마다 롱테일 법칙이 적용되는 부분은 다르다. 모든 산업에서 서적이나 음반처럼 수백만 가지 롱테일식 제품이 생산될 수는 없다. 그러나 중요한 것은 실제 소비자의 니즈를 기준으로 롱테일이 존재하는지 살펴보고 실질적인 고객의 니즈를 기업이 어떤 식

[제품 Q의 연관 검색어 예시]

'Q' 관련 검색어					
연관 검색어	총 조회 수	연관 검색어	총 조회 수	연관 검색어	총 조회 수
연관 검색어 QA	254,131	연관 검색어 QAa	425	연관 검색어 QA1	105
연관 검색어 QB	57,148	연관 검색어 QBb	416	연관 검색어 QB2	102
연관 검색어 QC	23,746	연관 검색어 QCc	513	연관 검색어 QC3	99
연관 검색어 QD	18,954	연관 검색어 QDd	512	연관 검색어 QD4	77
연관 검색어 QE	10,255	연관 검색어 QEe	511	연관 검색어 QE5	58
연관 검색어 QF	9,152	연관 검색어 QFf	510	연관 검색어 QF6	52
연관 검색어 QG	8,110	연관 검색어 QGg	485	연관 검색어 QG7	49
연관 검색어 QH	5,110	연관 검색어 QHh	472	연관 검색어 QH8	39
연관 검색어 QI	4,986	연관 검색어 QIi	462	연관 검색어 QI9	25
연관 검색어 QJ	4,786	연관 검색어 QJj	455	연관 검색어 QJ10	33
연관 검색어 QK	3,152	연관 검색어 QKk	350	연관 검색어 QK11	30 미만
연관 검색어 QL	2,984	연관 검색어 QLl	324	연관 검색어 QL	
연관 검색어 QM	2,215	연관 검색어 QMm	312	연관 검색어 QM	
연관 검색어 QN	1,017	연관 검색어 QNn	258	연관 검색어 QN	

> 월간 63개 연관 키워드로 40만 건 이상의 키워드 검색이 이뤄지고 있다.

자료: 네이버 광고주센터 데이터 재구성

으로 수용하고 비즈니스에 활용하느냐 하는 점이다.

우리나라에서만 해도 소비자들은 자동차와 관련해서 월 1억 건 이상을 검색하고 있다. 현대자동차의 아반떼를 예를 들어보자. '아반떼'와 같이 제품명으로 정보를 검색하는 경우도 있지만 '신형 아반떼', '아반떼 동호회', '아반떼 가격' 등 50여 가지 이상의 검색어로 약 200만 건 이상의 아반떼 관련 정보 니즈를 검색을 통해 표출하고 있다. K5의 경우도 2010년 6월 네이버를 기준으로 24개의 연관 검색어로 월간 68만 건이나 검색한 것으로 나타났다.

여기에서 한 가지 의문이 생길 수 있다. 디지털 시대가 되어서야 갑자기 소비자의 니즈가 다양해져서 롱테일을 형성하고 기존에 없던 수요가 생긴 것일까? 그렇지 않다.

디지털 시대 이전에는 기업이나 마케터가 오프라인에서 마케팅하던 방식대로 마케팅할 제품을 선택하고 그것을 매장에 진열Display했다. 그러면 소비자들은 기업이 선택하고 진열한 제품 중에서 구매 의사결정을 할 수밖에 없었다.

그러나 소비자 니즈는 원래부터 다양했다. 그런데 디지털이 발전하면서 검색을 통해 진열되지도 않은 제품을 색인을 통해 찾아내거나 소셜 네트워크에서 지인의 추천으로 모르던 제품이나 기능을 자연스럽게 인지Aware하게 되었다. 이렇게 정보 습득 수단이 다양하게 확장된 데 힘입어 기존 소비 형태의 한계점을 넘어섰다고 해석하는 것이 합리적이다.

책을 예로 들어보자. 예전에 소비자는 서점이라는 한정된 공간에 진열된 책 중에서 선택할 수밖에 없었다. 각 서점은 판매량, 작가의 지명도 등의 가중치에 따라 순서를 매기고 진열할 장소와 방식을 선택했다. 소비자는 그 한계 속에서 제한된 선택을 할 수밖에 없었을 뿐, 결코 소비자 개개인의 다양한 니즈가 한정되었던 것은 아니다. 과거 소비자들은 책을 구매할 때 인문, 교양, 여행 등과 같이 전통적인 카테고리에 따라 서점이나 마케터, 서적과 관련된 저명한 정보원 등을 통해 선택되고 진열된 범위 안에서 선택을 할 수밖에 없었을 뿐이다.

책을 구입하는 소비자에게는 셀 수 없이 다양한 니즈가 예전부터 있었다. 어떤 소비자는 다양한 소재와 주제에 대한 정보를 책을 통해 얻는다. 심지어는 베고 잠잘 목적으로 책을 구매하기도 한다. 어떤 이는 여름 휴가지를 찾으려고 '바다'를 검색하다가 검색 결과로 뜬 헤밍웨이의 『노인과 바다』라는 작품을 우연히 보고 충동적으로 '아, 휴가 때 책도 한 권 읽을까?'라는 생각으로 책을 구입하기도 한다.

그러나 검색과 소셜 네트워크 등 디지털이라는 이네이블러를 통해 지금의 소비자는 원하는 정보를 접하고 구매할 수 있는 여러 가지 대안을 찾았다. 그래서 관심 있는 토픽을 다양하게 검색해보고, 관련 서평도 읽어보고, 비슷한 제목의 책과 비교도 하고, 그 책을 샀던 사람이 읽었던 다른 책도 살펴보는 다양한 방식을 통해 기존의 진열이라는 한계를 넘어서게 되었다. 이런 과정을 거쳐 다양한 롱테일의 수요가 표출될 수 있었던 것이다.

우리나라에서는 하루에 3억 번 정도 검색이 일어난다. 실시간 검색어를 보고 많은 이가 '트윈 클릭Twin Click'을 하지만, 톱 10 검색어는 대개 전체 검색의 5퍼센트를 넘지 않는다.

이제 소비자들의 검색 행태는 알고 싶은 짧은 키워드를 검색하던 것에서 훨씬 더 발전했다. 하나의 완성된 문장을 검색하거나 검색창을 대화 상대로 삼아서 소위 자연어 검색Natural Language Search을 하기도 한다. 따라서 앞으로 롱테일 현상은 점점 더 확산될 것이다. 그렇다면 기업은 소비자들이 직접적으로 표출하는 다양한 니즈를 어떻게 수집하고 활용할 것인지 고민해야 한다. 이 내용은 앞으로 검색을 다루는 장에서 더 자세히 알아보자.

파레토 법칙은 그동안 수없이 회자되었던 '선택과 집중' 전략과

연결되어 있다. 그런데 틈새시장 전략을 가만히 뜯어보면 결국 롱
테일 법칙과 일맥상통함을 알 수 있다. 또한 2000년대 초 기업에
큰 반향을 일으켰던 '블루오션 전략'과도 직결된다. 이런 여러 가지
주장은 각각 새로운 이론으로 인식되는 경우가 많아서 완전히 새
로운 발견이나 전략이 등장한 것처럼 학계와 기업이 호들갑을 떨고
앞다투어 경영 기조로 도입하기도 한다.

나는 늘 경영자와 마케터들에게 이렇게 조언한다. "디지털뿐 아
니라 마케팅에서는 항상 신조어와 새로운 이론들이 생성됩니다. 그
러나 그것이 전혀 새롭다고 생각하지 마십시오. 이전부터 존재하던
것들을 확장이나 통섭하는 등 서로 연관 지어 고민해야 합니다. 그
리고 그 근본 원인을 생각해보는 습관을 들여야 합니다. 이와 함께
내가 속한 산업과 타깃으로 삼은 소비자에게 주는 시사점을 이끌
어내는 훈련이 필요합니다."

STP 전략을
의심하라

STP 전략의 고객을 특정 기준에 따라 분류하고 그들을 타깃으
로 삼아 예측된 행동에 맞는 오퍼링을 하는 전통적 마케팅은 시대
에 맞게 변화시킬 필요가 있다.

STP 전략의 유효성에 관한 오래된 사례 하나를 보자. 미국의 소
매약국 체인인 월그린은 두 가지 세그먼트의 소비자에 주목했다.

한쪽은 고령화에 따라 수요가 늘어난 노령층이고 다른 한쪽은 퇴근 후에 쇼핑하는 워킹맘이었다. 이 세그먼트를 공략하기 위해 월그린은 24시간 영업을 하기로 결정했다. 이 조치를 시행한 후 월그린의 매출은 향상되었다. 그러나 세그먼트와 타깃팅을 명확히 한 덕분은 아니었다. 예측했던 세그먼트 위주로 매출이 향상된 것이 아니라 전체 세그먼트에서 골고루 매출이 늘었다. '24시간 항상 열려 있는 곳'이라는 이미지가 형성되면서 매출 향상을 견인했다는 분석 결과가 나왔다.

[생리대 브랜드별 월간 웹사이트 순방문자 추이]와 같이 국내 생리대 관련 웹사이트의 순방문자Unique Visitor를 분석한 적이 있는데, 순방문자 추세를 보고 예상외로 많은 남성이 방문하는 것을 알 수 있었다. 이뿐만이 아니다. 40대를 타깃으로 활발한 마케팅을 펼치고 있는 국내 화장품 브랜드의 웹사이트를 분석해보니 재미있는 결과가 나왔다. 오프라인 판매는 40대에서 많이 발생하지만, 온라인 방문자는 남성을 비롯해 원래 타깃팅 범위 밖에 있는 세그먼트에서 훨씬 많이 나타난 것이다.

이 밖에도 STP 전략이 적중하지 않는 사례는 대단히 많다. 특히 디지털 채널에서 이런 현상이 흔히 나타난다. 물론 STP 전략을 정교하게 설계하여 실행하면 당연히 적중률은 높아질 것이다. 그렇다고 해서 STP 방식이 디지털 시대에도 바이블이 될 수 있을까?

아직도 대부분의 대학에서 STP를 마케팅의 가장 핵심적인 전략으로 다루고 있다. 컨설팅 회사, 광고 회사, 일반 기업에서도 세그먼트, 타깃팅, 포지셔닝의 STP를 전혀 확장하거나 변형하지 않고 기

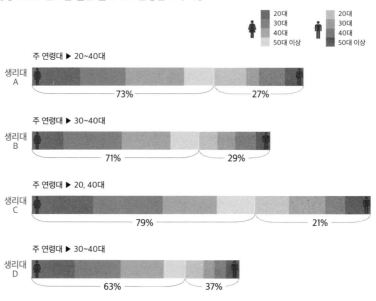

[생리대 브랜드별 월간 웹사이트 순방문자 추이]

주 연령대 ▶ 20~40대
생리대 A
73%　27%

주 연령대 ▶ 30~40대
생리대 B
71%　29%

주 연령대 ▶ 20, 40대
생리대 C
79%　21%

주 연령대 ▶ 30~40대
생리대 D
63%　37%

20대 / 30대 / 40대 / 50대 이상
20대 / 30대 / 40대 / 50대 이상

- 디지털 채널에서 남성의 방문이 나타난다.
- 실제 타깃 연령층과 차이가 나타난다.

자료: 닐슨코리안클릭데이터 분석(2010년 1월)

존 방식 그대로 활용한다.

나는 그간 기업 임원과 대학교수를 대상으로 하는 특강이나 세미나에서 STP 전략이 디지털 시대에 맞게 수정되고 보완되어야 한다고 수없이 주장해왔다. 심지어는 근무했던 컨설팅 회사에서도 STP 전략의 수정 및 보완의 필요성에 대해 수차례 문제를 제기했다. 기업이 여전히 STP 전략을 기반으로 제품을 기획하고 캠페인을 구성하고 있으므로 '디지털 요인'을 반영해서 어떤 부분은 확장하고 어떤 부분은 없애야 하며 또 다른 부분은 새롭게 추가해야 하는 것이다.

특히 '예측 기반'의 마케팅 방식은 '매스커스터마이제이션Mass-customization' 방식으로 바뀌어야 한다. 이는 실제 소비자가 의사 표현과 의사결정 과정에서 남기는 수많은 라이프로그를 기초로 가능한 한 소비자의 니즈에 맞추는 것을 가리킨다.

그러나 마케팅의 바이블처럼 떠받들던 너무 '큰' 이론에 대한 도전이라 구체적으로 실행에 옮기는 데 어려움이 있었다. 내용에 대해서는 이해하고 받아들이면서도 선뜻 나서거나 이미 STP 마케팅에 익숙한 클라이언트를 적극적으로 설득하지는 못했던 것이다. 수십 년간 축적된 STP 기반의 마케팅이라는 권위에 맞서기 위해서는 이론적·정황적·정치적 장벽Hurdle을 뛰어넘어야 하는데, 이것은 결코 쉬운 일이 아니다.

그래서 이 책을 계기로 학계와 컨설팅 업계에서 많이 고민할 수 있기를 바란다. 앞으로 간략하게 설명할 부분이지만, 나는 설득할 만한 논리가 있다고 자신하고 있다.

먼저 세 가지를 함께 고민해보고 싶다. 첫째, STP 전략을 따랐을 때 이전과 달리 적중률이 떨어지는 이유는 무엇인가? (사실 이전에도 잘 맞지는 않았다.) 둘째, STP 전략을 쓸 수밖에 없었던 현실적 상황은 무엇인가? 마지막으로 STP 전략은 어떻게 보완되어야 하는가?

기업의 입장에서 과거의 소비자는 STP 전략을 통해 비교적 예측할 수 있는 대상이었다. 그러나 현재의 소비자는 검색이나 추천, 그리고 소셜 네트워크 타임라인에서 시선이 가는 동선 등을 따라 충동적으로 움직이는 경향이 있어서 과거보다 훨씬 더 불규칙하게 행동한다. 그뿐만 아니라 언제 의사 표현을 하고 어디로 튈지 예측 불가능한Unexpectedly 무빙 타깃Moving Target이 되어버렸다. 즉 과거의 소비자들은 기업이 인지시키려는 상품과 브랜드 정보를 인지하면 비교-평가-구매처럼 규칙적인 선형Linear 프로세스를 거치는 경향을 보였다.

그러나 현재의 소비자는 전혀 그렇지 않다. 키워드만 기억했다가 자신이 원하는 시점에 검색 등을 타고 실시간으로 불쑥불쑥 나타나 정보를 요구한다. 그래서 미리 타깃팅을 해놓고 정해진 구역에서 일시적인 캠페인이나 이벤트를 펼칠 때의 영향력은 이전만 훨씬 못하다.

이뿐만이 아니다. 경쟁자 역시 오프라인뿐 아니라 디지털 멀티채 널Multichannel을 함께 활용하면서 기업이 내보내는 정보의 양이 비약적으로 늘었다. 기존에 기업이 TV와 같은 매스미디어를 통해 불특정 다수에게 정보를 뿌렸을 때 고객에게 메시지가 도달Reach할 확률이 10이었다면 지금은 얼마나 될까? 굳이 분석해보지 않아도 훨씬 더 경쟁적인 상황임을 직관적으로 알 수 있다.

예를 들어 디지털 시대 이전의 소비자들은 원하든 원하지 않든 하루 100개 정도의 메시지를 전달받았다고 치자. 의도적으로 광고를 보기도 하지만, 버스나 택시를 탔을 때 흘러나오는 라디오 광고를 듣거나 길을 지나다가 옥외광고를 보기도 했다. 심지어는 집에서 쉬다가도 "계란 사이소" 같은 동네 장사꾼들이 스피커로 전달하는 메시지에 노출되었다.

그러나 지금은 채널 수와 복잡성이 증가해서 그 메시지 수가 비약적으로 늘었다. 뉴스를 읽기 위해 포털에 들어가도 수십 개의 광고 메시지를 접한다. 한 가지를 검색하더라도 수많은 결과를 접하게 된다. 또한 소셜 네트워크의 타임라인을 통해 전혀 원하지 않던 정보들을 무한대로 접하게 된다. 기업 입장에서는 소비자에게 메시지를 전달하는 것이 너무나 경쟁적인 상황이 되어버렸다.

　게다가 소비자 스스로 광고 페이지를 점점 더 늘려가고 있다. 초기 네이버 '지식iN' 케이스를 예로 들어보자. 소비자가 지식iN에 셀 수 없는 수의 질문을 올리고 그 질문에 소비자가 답하면서 엄청난 양의 페이지를 만들어낸다. 그러면 수많은 페이지가 즉시 검색엔진에 자동으로 등록된다. 그 후 다른 소비자가 관련 키워드를 검색할 때마다 곧바로 관련 정보로 끊임없이 노출된다. 그래서 기업들은 한때 네이버 지식iN을 중요한 광고판으로 활용하려 했다. 관련 검색어를 검색한 소비자에게 직접 노출하는 방식이므로 불특정 다수에게 광고하는 웬만한 오프라인 광고보다 더욱 정확하게 타깃팅을 할 수 있는 장점이 있었기 때문이다. 즉 기업은 스스로 매체 다양성과 복잡성에 대응해야 한다. 이와 동시에 불규칙적으로 움직이는 잠재 고객에게 도달하기 위해 기하급수적으로 증가한 수많은 경쟁자의 메시지와 싸움을 벌여야 하는 상황에 처했다.

　디지털 시대 이전의 매스미디어 시대에는 TV나 라디오 등의 매스미디어를 통해 불특정 다수에게 광고나 캠페인 방식으로 제품과 서비스를 인지시킬 수밖에 없었다. 그리고 쌍방향이 아닌 단방향 미디어를 이용했기 때문에 소비자들로부터 직접 얻을 수 있는 정보는 한정된 표본집단을 통한 여론조사 등이 전부였다.

그러다 보니 나이, 성별, 지역 등 인구통계학적 변수와 지리적 변수 등 가장 기본적인 분류를 기준으로 타깃 소비자층을 세분화할 수밖에 없었다. 기본 데이터들이 구축된 후에는 구매 성향 같은 행동적 변수, 라이프스타일이나 개성 등의 심리적 변수 같은 것을 추가하여 소비자를 세분화했다. 그중에서 타깃을 선정하고 자신의 제품을 포지셔닝하는 식으로, 주로 기본 데이터에 근거를 둔 예측 방식이 마케팅의 주류를 이루었다.

여기에서 디지털 때문에 생긴 소비자의 특징 하나를 살펴보자. 오늘 출근길에 라디오를 통해 흥미로운 뉴스를 듣고, 그 뉴스에 대해 추가 검색을 하기 위해 스마트폰을 통해 포털에 접속했다. 뉴스에 관한 웹서핑을 하다가 자신도 모르게 어느새 연예계와 스포츠 소식을 보고 있거나 걸그룹의 사진을 보고 있기도 하다. 이런 현상은 디지털의 가장 큰 특징 중 하나다. 내가 어디로 움직일지 나 자신도 예측할 수 없다. 이제는 소비자가 불규칙적으로 움직이는 무빙 타깃이 되어버렸고, 이런 소비자가 주류를 이루는 세상이 디지털 시대다.

그러면 디지털 시대의 소비자가 제품을 선택해 구입하는 과정을 구체적인 사례를 통해 살펴보자. 화장품 업계에서 가장 많은 검색량을 보이는 키워드 중의 하나가 수분크림이다. 우리나라 소비자들은 한 달에 500여 개의 연관 검색어를 통해 30만 번 이상을 검색한다. 하나의 검색엔진에서 하나의 키워드로만 검색하는 사람이 있는가 하면, 두세 개의 사이트를 돌며 여러 개의 검색어로 제품을 찾는 사람도 있다. 적절한 제품을 찾았다고 해도 그날로 구매 결정을 내리고 주문을 하는 경우도 있지만, 어떤 경우에는 한 분기 내내 고민하기도 한다. 물건을 사는 시점을 자신도 예측할 수 없는 시대가 된 것이다.

나도 내가 어떻게 움직일지 예측할 수 없는데, 하물며 나를 잘 모르는 기업 마케터가 STP 전략을 통해 내 행동을 예측하는 것이 가능할까?

오프라인에서는 즉각적인 행동 변화가 쉽지 않다. 예를 들어 영화를 보러 가는 도중에 택시 안에서 갑자기 마음이 바뀌어서 "아저씨, 도서관으로 갑시다" 하고 도서관으로 방향을 틀었다가, "아닙니다. 백화점으로 가주세요" 하고 돌연 쇼핑하는 쪽으로 방향을 바꾸는 일은 좀처럼 일어나지 않는다. 그러나 디지털에서는 이런 현상이 다반사다. 시사 뉴스를 읽던 사람이 갑자기 웹툰을 보기도 하고 등산화를 고르기도 한다. 자신조차 자신이 어디로 가게 될지 예측이 불가능해졌다. 오프라인에서는 상상조차 못 하던 고객 행동이다. 그리고 언제 질문을 던질지도 모른다. 한밤중이든 점심시간이든 갑자기 "이것이 궁금해요. 대답해주세요"라고 불쑥 묻는다. 질문의 내용도 개인에 따라 세세하기 그지없다.

디지털 소비자는 어디로 튈지 모르는 럭비공과 같다. 나는 이런 소비자를 '점피Jumpy'하다고 표현한다. 디지털에서 소비자는 클릭 하나로 예측 불가의 움직임을 보인다. 따라서 기업이 기존의 STP를 통해 소비자를 예측하기에는 변수가 상당히 많다. 이러한 마케팅 방법론들은 예측 모델에 집중했다. 한정된 예산을 한정된 미디어에 효과적으로 집행하기 위해 반경을 좁히고 타깃을 정해서 가설을 가지고 예측하려고 해왔다. 그러나 달라진 고객을 과거의 예측 모델을 통해 예측할 수 있을까? 그보다는 고객의 실시간 요구에 충실히 대응하는 게 효과적이다.

앞서 언급했듯 다행히도 소비자들은 마케터를 위해 몇 가지 친절을 베풀기 시작했다. 바로 디지털 세계에 자신의 '흔적'을 남기는 것이다. 소비자는 로그인, 클릭, 검색과 함께 유입, 유출, 이탈 등과 같은 이동 경로Migration Path 데이터를 제공한다. 이런 것들을 '라이프로그'라 부르는데, 빅데이터의 범주 내에 포함시켜 이야기하기도 한다.

소비자는 로그인을 통해 디지털상의 존재가 자신임을 명확히 밝히기도 하고, 자신이 이동한 경로를 고스란히 남기기도 한다. 클릭을 통해 명확히 의사를 표현하고 다양한 키워드를 통한 검색을 통해 매우 구체적인 니즈를 말해준다. 심지어는 동의 절차를 거쳐 자신의 위치 정보를 제공하기도 한다. 이뿐만이 아니다. 소셜 네트워크를 통해 현재 자신의 개인적인 상황과 감정까지도 상세히 들려준다.

예전에는 검색 포털에서 익명으로 검색하던 소비자들의 행태가 바뀌었다. 스마트폰 시대가 되어 개인 페이지인 소셜 네트워크 활용이 늘어나면서 자연스럽게 로그인을 하기 시작한 것이다. 그래서 자신의 이름표를 붙인 채로 무제한의 데이터를 플랫폼에 남긴다. 이것이 바로 라이프로그다.

디지털 시대 소비자들이 만들어내는 라이프로그는 기업이 매스 커스터마이제이션을 할 수 있는 토대가 된다. 이제 본격적인 매스

[화장품 종류별 상위 검색어]

수분크림	아이크림	에센스	파운데이션
수분크림	아이크림	에센스	파운데이션
수분크림추천	아이크림추천	에센스추천	B브랜드파운데이션
지성수분크림	A브랜드아이크림	화이트닝에센스	파운데이션추천
지성피부수분크림	아이크림순위	수분에센스	워터프루프파운데이션
건성수분크림	아이크림바르는방법	모공에센스	오일프리파운데이션
수분크림바르는순서	다크서클아이크림	키엘에센스	촉촉한파운데이션
오일프리수분크림	아이크림1위	에센스바르는순서	미네랄파운데이션
저렴이수분크림	아이크림효과	에센스와세럼의차이	스틱파운데이션
대용량수분크림	성아이크림	미백에센스	크림파운데이션
건성피부수분크림	20대아이크림	수분에센스추천	커버력파운데이션
대용량수분크림	남성아이크림	재생에센스	물광파운데이션
건성수분크림추천	20대아이크림1위	모공수축에센스	고체파운데이션
키엘수분크림가격	아이크림바르는순서	탄력에센스	오일프리파운데이션
10대수분크림추천	남자아이크림추천	에센스바르는법	촉촉한파운데이션추천
여드름피부수분크림	주름개선아이크림	부스터에센스	미네랄파운데이션
헤라수분크림	다크서클아이크림	30대에센스추천	스틱파운데이션
트러블수분크림	40대아이크림추천	트리트먼트에센스	리퀴드파운데이션
에스티로더수분크림	아이크림다크서클	광채에센스	크리니크더마화이
수분크림저렴이	50대아이크림	남성에센스	바비브라운물광파
수분크림영양크림	30대아이크림	여드름에센스	크림파운데이션
⋮	⋮	⋮	⋮

자료: 네이버 광고주 센터 키워드 추천(2012년 8월 26일 기준 월 조회)

커스터마이제이션 시대가 도래했다. 라이프로그를 통해 고객의 니즈를 파악하고 이를 토대로 개별 고객에 맞춰 제품과 서비스를 제공하는 것이 성공의 관건이 된 것이다. 세계 최대 인터넷 쇼핑몰인 아마존의 CEO 제프 베조스Jeffrey Bezos의 언급은 이를 극명하게 보여준다. "만약 6,000만 명의 소비자가 있다면 아마존은 6,000만 개의 숍을 제공하겠다."

지구상에 존재하는 데이터의 90퍼센트 이상은 지난 3년간 생성된 것이라고 한다. 그만큼 매일 숨 가쁘게 데이터가 갱신되고 있다.

어제의 기준은 이미 낡은 것이다. 따라서 마케터들이 STP 전략을 통해 소비자를 '예측'하던 시대는 이미 지나갔다고 보아야 한다. 그 대신 소비자들이 친절하게 제공하는 수많은 라이프로그 데이터에 주목할 필요가 있다. 이는 변화하는 소비자의 구체적 정황을 예측할 수 있는 소중한 단서가 된다. 기업은 소비자가 현재 처한 '정황의 인식Context Aware'을 통해 즉시 반응하고 커뮤니케이션해야 한다. 이것이 디지털 시대 마케팅의 올바른 방향이다.

디지털의 영향으로 소비자가 브랜드를 구매하는 요인KBF, Key Buying Factor이 롱테일화되고 다양해졌다. 예를 들어 예전에는 신용카드 회원으로 가입할 때 혜택을 가장 중요하게 생각했는데, 지금은 그렇지 않다. 소비자의 신용카드 선택 사유를 분석해보면 무수히 다양한 이유가 있음을 알 수 있다.

또한 구매 의사결정에 참여하는 사람과 과정도 달라졌다. 예전부터 TV를 구매할 때 가정주부가 의사결정자였다. 선택의 범위가 좁고 기준이 단순했기 때문이다. 그런데 현재는 PDP TV, LCD TV, 스마트 TV 등 종류와 기능이 다양해졌다. 그뿐만 아니라 부품 하나하나가 장단점을 가지고 있다. 제품 선택이 복잡해진 것이다. 그러다 보니 가정주부가 구매 주도권을 쥐고 있는 것은 변함이 없어 보이지만 그 과정에 다른 변수가 개입하게 되었다. 디지털상에서 검색과 비교하는 데 능숙한 자녀들이 실질적인 영향력을 행사하게 된 것이다. 이처럼 실제 돈을 지불하는 사람과 브랜드를 선택하는 의사결정자가 분리되는 현상이 나타난다.

이런 현상이 일어나는 이유는 디지털의 영향으로 예전에는 미처 생각지도 못했던 다양한 변수가 생성되었기 때문이다. 그래서 기존의 STP 전략으로는 도저히 감당할 수 없는 상황이 되었다.

그렇다고 해서 기업이 TV 광고와 같이 소비자에게 제품을 인지시키는 활동을 멈추라는 이야기는 결코 아니다. 소비자들이 인지한 이후의 의사 표현 방식이 바뀐 데 주의해야 한다는 것이다. 소비자들은 바로 정보가 필요한 그 시점에 검색 등의 다양한 의사 표현 수단을 통해 정보를 온디맨드로 요구하므로 기업은 그에 대응할 수 있는 플랫폼을 갖추어야 한다. 말하자면 소비자들의 의사 표현을 잘 포착Catch하고 이해할 수 있는 인프라를 구축해야 한다는 말이다.

불규칙하고 동선이 복잡해진 고객과 커뮤니케이션하기

이전에는 고객 입장에서 정보의 제약과 전달 채널 등의 한계로 커뮤니케이션이 어느 정도 패턴화되어 있거나 예측 가능한 범위가 컸었다. 그러나 디지털 시대가 되면서 커뮤니케이션 자체가 불규칙하고 이해하기 어려워졌다. 채널이 늘고 고객의 선택지가 기하급수적으로 증가하면서 기업이 고객에게 정보를 전달하기 위한 경쟁률은 수십, 수백 배 증가했다.

AI 시대가 되어 기업이 고객들이 남긴 라이프로그를 볼 수 있게 되면서 기업의 고민은 더욱 깊어졌다. 고객들이 자신의 정황에 따

[소비자의 쇼핑몰 이용 흔적]

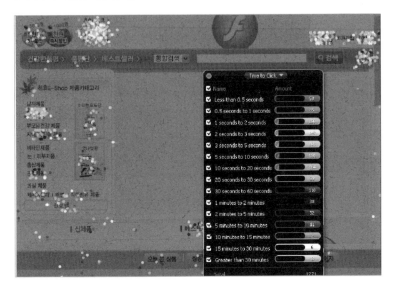

오프라인의 CCTV와 같이 온라인에서의 모든 행동을 상세히 볼 수 있게 되었다.

라 무수한 고려 사항을 따지고 다양한 취향을 충족시키기 위해 예측 불가능한 경로로 움직이기 때문이다. 기업에게 단골의 비율은 현저하게 줄어들었다. 고객들이 다른 선택지를 더 많이 알게 되었고 거기에 접근하는 경로도 선명하게 보이기 때문이다. 시간과 거리의 장벽이 없는 디지털 세계에서 이런 현상은 더욱 심하다.

[소비자의 쇼핑몰 이용 흔적]은 특정 쇼핑몰 이용자들의 이동 경로를 분석한 것이다. 고객들은 검색과 클릭을 통해 순간적으로 불규칙하게 이동한다. 고객의 이동 흔적은 로그를 통해 나타나지만 어떤 '선형 구조'나 '논리적 경로'를 찾기 어렵다. 일관된 경향 대신

다양한 모습을 보인다.

〈무한도전〉을 즐겨 보는 사람 중 일부는 프로그램 구성이 좋아서 그것을 선택한다. 하지만 어떤 이들은 특정 출연진의 스태프나 의상 코디네이션이 마음에 들어서 자주 보기도 한다. 고객들이 접근하고 선택하는 이 무수한 경로를 기업이 모두 해석하고 관리할 수는 없다. AI 시대 고객 커뮤니케이션은 그만큼 어렵다. 데이터 속에 숨어 있는 고객의 속마음을 발견하는 통찰도 필요하지만 다양한 툴tool과 방법론을 통해 이에 대응해야 한다. 그러기 위한 최초 시작점이 바로 고객 커뮤니케이션 데이터다. 홍수에 물이 귀한 것처럼 빅데이터 시대에는 어떤 데이터를 선택할지와 그 데이터 조합을 통해 나온 통찰을 십분 활용하는 역량이 무엇보다 중요하다.

"STP 전략을 의심하라"고 말했지만, STP 전략의 기본 개념은 너무나도 우수하고 중요한 것이다. 없애거나 전혀 별개의 이론을 만들어야 할 이유가 없고 마케팅 환경에 맞게 수정되고 확장되어야 한다. 그런데 STP 전략을 확장하는 가장 쉬운 방법임에도 많은 마케터가 놓치는 부분이 바로 검색어 연동이다. 검색어가 소비자의 다양한 니즈를 반영한다는 것은 누구나 알고 있어서 검색 마케팅이란 명목하에 다양한 검색어와 연동된 광고를 많이 하고 있다

그러나 문제는 검색 광고와 STP 전략이 결합 또는 연동되어야 함에도 별개의 부서가 하거나, 심지어는 별개의 에이전시를 통해 추진하는 경우가 많다는 것이다. STP 전략을 검색어 연동까지 확장하고 수정해야 한다는 개념에 따라 검색엔진 회사들이 만든 '검색엔진 마케팅SEM'이라는 돌연변이를 별도로 학습하다 보니 일어

[KK 웹사이트 유입 채널과 연관 키워드]

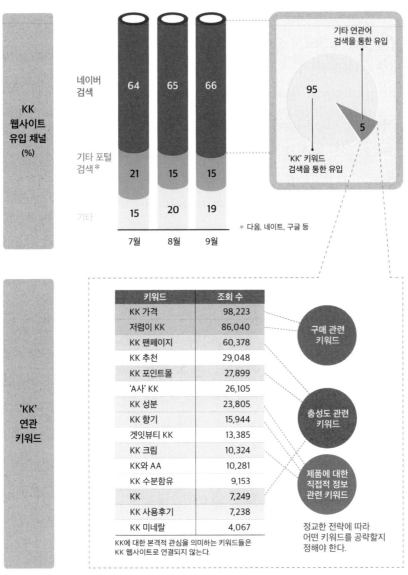

KK 웹사이트 유입 채널 (%)

네이버 검색: 64 / 65 / 66

기타 포털 검색 *: 21 / 15 / 15

기타: 15 / 20 / 19

7월 / 8월 / 9월

* 다음, 네이트, 구글 등

기타 연관어 검색을 통한 유입

95

'KK' 키워드 검색을 통한 유입

5

'KK' 연관 키워드

키워드	조회 수
KK 가격	98,223
저렴이 KK	86,040
KK 팬페이지	60,378
KK 추천	29,048
KK 포인트몰	27,899
'A사' KK	26,105
KK 성분	23,805
KK 향기	15,944
겟잇뷰티 KK	13,385
KK 크림	10,324
KK와 AA	10,281
KK 수분함유	9,153
KK	7,249
KK 사용후기	7,238
KK 미네랄	4,067

KK에 대한 본격적 관심을 의미하는 키워드들은 KK 웹사이트로 연결되지 않는다.

구매 관련 키워드

충성도 관련 키워드

제품에 대한 직접적 정보 관련 키워드

정교한 전략에 따라 어떤 키워드를 공략할지 정해야 한다.

자료: 예시

나는 현상이다. 즉 고객 관점의 접근이 아닌 테마와 기술 관점의 접근을 한 산물이다. 그렇다면 고객 관점에서 고객의 롱테일 니즈(검색어)와 STP를 어떻게 연동해야 할까?

[KK 웹사이트 유입 채널과 연관 키워드]는 한 화장품 브랜드의 'KK'라는 제품에 대한 사용자 검색량을 예로 든 것이다. 우선 가장 중요한 시작점은 소비자의 검색 키워드들을 인지, 비교, 구매, 충성도 등으로 그룹핑하는 것이다. 물론 검색어 그룹핑은 산업에 따라, 기업 전략에 따라 다양한 카테고리화가 가능하다.

'KK 가격', '저렴이 KK' 같은 검색어는 3개월간 9만 8,000회, 8만 6,000회나 된다. 이것들은 구매로 이어질 확률이 매우 높은 검색어다. 그다음으로 '팬페이지'나 '포인트몰' 등은 충성도와 관련이 높은 검색어다.

기업은 이런 검색 데이터를 전략적으로 고객 커뮤니케이션에 연동함으로써 구체적인 목표를 달성하는 데 큰 도움을 받을 수 있다. 예를 들어 매출을 높이는 전략일 때는 구매 가능성이 높은 키워드를, 제품 인지도를 높일 때는 제품 정보 관련 키워드를, 충성 고객을 확보하려 할 때는 고객 충성도 관련 키워드를 집중적으로 광고하는 식으로 관리하면 된다.

그렇지만 효율적인 검색 광고 전략을 실천하지 못하는 기업이 의외로 많다. 단순히 검색량이 많거나 전환율이 높다는 이유만으로 비싼 키워드를 구매해서 광고하는 경우도 많고, 검색 광고대행사에 맡겨놓고 아예 관심을 꺼버린 경우도 있다. 검색어 STP 전략과 연동해서 검색어 광고 선택을 해야 하고 주도적이고 전략적으로 소비

[프리미엄 세그먼트의 채널별 쇼핑 수]

%: 연간 평균 쇼핑 수

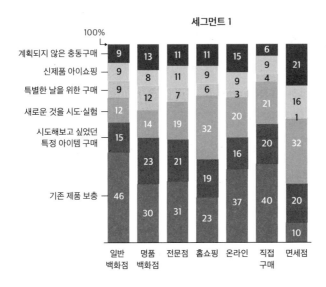

세그먼트 1

100%

계획되지 않은 충동구매
신제품 아이쇼핑
특별한 날을 위한 구매
새로운 것을 시도·실험
시도해보고 싶었던 특정 아이템 구매
기존 제품 보충

일반백화점 / 명품백화점 / 전문점 / 홈쇼핑 / 온라인 / 직접구매 / 면세점

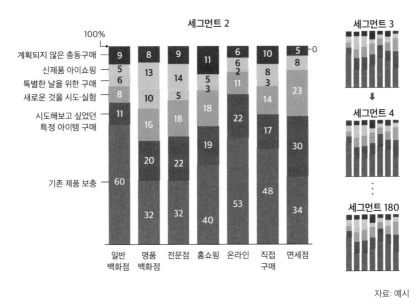

세그먼트 2

세그먼트 3

세그먼트 4

세그먼트 180

자료: 예시

78

자 검색에 대응할 필요가 있다. 소비자는 검색을 통해 기업에게 말을 걸고 질문을 하는 셈이다. 이만한 마케팅 기회는 없다.

STP에서
SCP(정황, 접점, 취향)로

STP 전략이 만들어질 당시 수집될 수 있는 데이터는 한정적이었다. 그런데 사회가 복잡해지면서 소비자를 나이, 성별, 직업, 수입, 정서, 교육 수준 등의 인구통계학 기준으로 세분화시킨 데모그래픽 데이터로는 소비가 일어나는 정황을 파악할 수 없게 되었다. 예를 들어 20대 대졸 전문직 여성이 어디에서 무엇을 살지 예측하기 어렵다. 분석 결과도 정확하지 않다. 그래서 현장의 마케터들은 다양한 소스로부터 데이터를 수집해서 모델링을 통해 소비자의 정황Context을 파악하려 노력해왔다.

다양한 데이터를 통해 소비자의 정황을 파악하고 그룹핑할 수 있게 되면서 이것이 기업의 STP 전략에 적용되기 시작했다. [프리미엄 세그먼트의 채널별 쇼핑 수]는 화장품 소비에 관한 것이다. 나는 실제 모 브랜드의 기존 11개의 단순한 세그먼트를 180개로 늘려서 적용한 적이 있다. 이런 분석은 '디지털 환경'이기 때문에 가능한 것이다. 디지털과 데이터가 없이는 이 많은 분류를 하기도 어렵거니와 적용해서 각각의 오퍼링에 반영하여 실행하는 것도 불가능하다. 계획되지 않은 충동구매 상황에서는 어디서 사는지, 기존 제품을 보충할 때는 어디서 사는지 등 정황에 따라 무수한 경우의 수가 있음을 알 수 있다. 따라서 기업은 고객의 채널별 방문 정황을 다양하게 정의하고, 이에 따른 채널 목적별 고객 커뮤니케이션 메시지와 상품 전략을 수립할 필요가 있다.

이제 데이터 분석 렌즈는 소비자를 인구통계, 소비 태도, 소비 형태를 분석하는 과정을 뛰어넘어 니즈, 정황Context, 취향Preference, Taste을 파악하는 쪽으로 진화하고 있다.

기존 분석 렌즈에 정황별 니즈 분석을 덧붙임으로써 소비자에 대한 이해 확장과 효과적인 커뮤니케이션이 가능해졌다. 정황에 따른 소비자 니즈를 파악할 때 마케터가 가장 널리 활용하는 기준이 TPOTime, Place, Occasion이다.

시간Time은 소비자가 처해 있는 시간적 환경을 말한다. 소비자는 '퇴근길'이나 '짜증 나는 오후', '졸린 새벽녘'과 같은 구체적인 '시간'에 따른 니즈를 갖는다. 장소Place에 따라서도 구체적인 니즈가 있다. '여름 바닷가', '조용한 도서관', '전통시장' 등 소비자가 위치를 둔 장소에 따라 니즈가 세분화된다. 그리고 상황Occasion에 따라서도 구체적인 니즈가 생긴다. 예를 들어 울적할 때, 으스스할 때, 가족 여행을 떠날 때 등과 같이 각각의 상황에서 원하는 것이 다 다르다.

마케터들이 마케팅 전략을 수립할 때 귀가 따갑게 들어온 말이 'TPO 전략'이기도 하다. 그런데 마케터들이 고객 세그멘테이션을 할 때는 TPO를 제대로 활용하지 못하는 경우가 많다.

'20대 미혼 여성' 등과 같이 이제는 일반화하기가 불가능해진 인

[소비자 분석 렌즈의 발전: TPO]

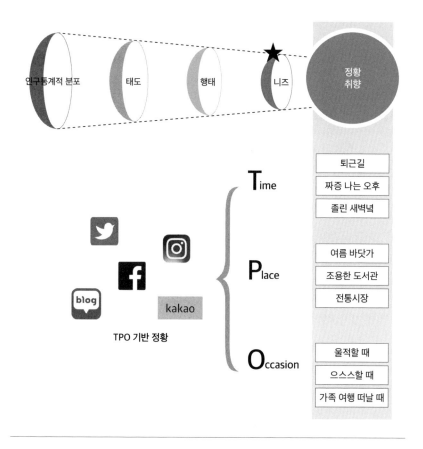

구통계학적 분류 기준만을 가정하고, 데이터 분석 없이 특정 고객의 행동을 무리하게 예측하려 한다. 이런 태도는 마케팅 전략이 실패하는 중요한 원인이 되곤 한다. AI 시대가 되면서 고객의 분석은 데이터를 기반으로 정황과 니즈를 파악하는 것이 다양한 정황 모델링을 통해 가능해졌으므로 그 방향으로 진화해야 한다. 예를 들면 퇴근길에 울적한 사람을 타깃으로 삼는 것이다. 그것도 지금!

이제 STP가 아니라 S$_{Semantic}$(고객 정황), C$_{Channel}$(고객 접점), P$_{Preference}$(고객 취향)만이 존재한다.

데이터 기반 타깃팅, 정황과 니즈를 넘어 취향까지

데이터 시대는 타깃팅에도 새로운 전략을 요구하고 있으며 다양한 데이터 기반의 타깃팅 광고 또한 선보이고 있다. 소비자는 다양한 채널을 불규칙하게 넘나든다. 이른바 '무빙 타깃'을 정교하게 조준해야 한다. 지금 소비자도 이런 서비스를 접하면서 기대 수준이 무척 높아져 있다. 기존의 무성의한 타깃팅은 이제 안 하느니만 못하다. 따라서 옴니 채널 시대 소비자 행동에 맞게 메시지를 조합하고 연동시키며 적중률을 높이려는 노력이 필요하다.

현재 여기에 대한 구체적인 사례들도 쉽게 찾아볼 수 있다. 예를 들어 모바일 쇼핑몰에서 특정 제품을 장바구니에 담았는데 페이스북에 들어가자마자 "20% 할인"이라고 뜨는 식이다. 옴니 채널에서 소비자 행동을 기반으로 기존 타깃팅에 타 채널까지 연계하여 리타깃팅하는 방식을 쓰는 것이다.

AI 시대의 마케터는 옴니 채널 타깃팅을 마케팅 전략에 구체적으로 담아야 한다. 각 채널과 스토어마다 파편적인 마케팅을 할 것이 아니라 일관되고 계획된 전략과 메시지로 옴니 채널 타깃팅을

[리타깃팅 광고 메커니즘]

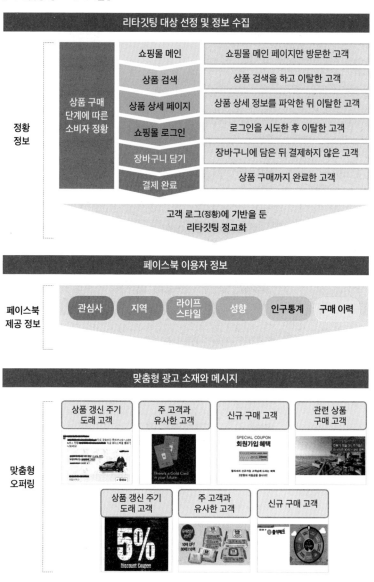

자료: 예시

[마이셀럽스의 취향 중심 타깃팅 사례]

현재 대중의 '병맛 스타'라는
언급과 동시 언급되는 표현들
을 머신이 큐레이션해준다.

사용자들이 대중의 취
향과 다른 본인의 취향
을 찾을 수 있다.

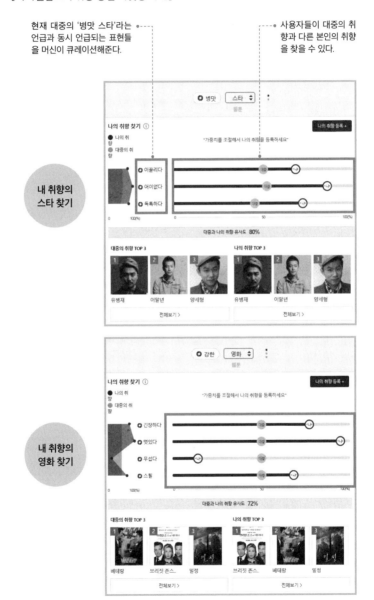

내 취향의
스타 찾기

내 취향의
영화 찾기

**내 취향의
옷 찾기**

**내 취향의
웹툰 찾기**

전개하는 게 바람직하다. 예를 들어 페이스북의 DRDirect Response 광고 등 옴니 채널과 연동된 다양한 리타깃팅 광고가 출시되었는데, 이는 쇼핑몰과 페이스북 로그인을 통한 데이터 연동 방식 등과 같이 결국 데이터에서 시작하고 있다.

제품 광고의 메시지가 각종 미디어와 온라인 채널, 콜센터 상담원, 홈쇼핑 호스트, 마트 판매원의 대화까지 고객에게 일관된 경험으로 제공되고 채널 각각은 자신의 전략적 역할에 충실하도록 다양한 방법이 존재하는 시대가 되었다.

〈취향 저격〉이라는 노래가 큰 인기를 끌었었다. 현대는 취향의 시대다. 소비자는 자신의 취향에 딱 맞는 선택을 할 때 가장 큰 만족감을 느낀다. 그런 점에서 '취향 저격'은 타깃팅의 최고 경지라 표현할 수 있다.

하지만 특정 고객의 취향을 찾아내는 일은 거의 불가능하게 여겨졌다. 과거 인구통계학적 분류나 예측 모델을 이용해서는 아무리 많은 데이터를 조합하더라도 고객의 세밀한 취향에 접근할 수 없었기 때문이다. 더욱이 같은 사람도 정황에 따라서 취향이 달라지기 때문에 움직이는 타깃의 움직이는 취향에 도저히 다가설 수 없었다. 또한 고객도 자신의 취향을 정확하게 표현하기 어려웠고 제대로 알지 못하는 경우도 많았다.

AI 시대에 들어서면서 이런 상황은 달라졌다. 대중이 자신의 정황과 그 속에서 이루어진 자신의 선택을 데이터로 남기기 시작했다. 이 데이터들이 방대하게 축적되면서 대중이 취향을 어떻게 표현하는지, 그 기준이 무엇인지를 짐작할 수 있게 되었다.

'인공지능이 운영하는 취향 검색 포털'을 표방한 마이셀럽스 mycelebs.com는 취향 타깃팅의 새로운 가능성을 보여준다. 인공지능이 고객의 정황과 선택 데이터를 실시간으로 방대하게 수집하고, 머신러닝과 딥러닝을 거쳐 취향 데이터를 추출한 다음 이를 사용자에게 검색 선택지로 제공하는 것이다. 현재 내가 처한 상황에서 나는 어떤 영화나 웹툰, 미술 작품을 원하는지, 어떤 와인이나 맥주를 마시고 싶어 하는지를 대중의 취향과 비교하여 나타낸다. 나의 스타 취향이 어떤지도 알 수 있다. 고객의 정황과 니즈를 넘어 취향에 맞춘 타깃팅을 전개하는 것이야말로 AI 시대 마케팅이 저격해야 할 타깃팅일 것이다.

기업 주도의 CRM에서
고객 주도의 CMR로

CRMCustomer Relationship Management이라는 단어는 마케터들뿐 아니라 기업에 종사하는 사람이라면 모르는 이가 없을 정도로 완전히 정착된 말이다. CRM은 단어의 뜻 그대로 고객Customer의 관계Relationship를 관리Management한다는 의미다. 여기에는 고객의 관계를 관리하는 주체가 기업이라는 뜻이 내포되어 있다. 즉 기업이 고객의 나이, 직업, 지역 등 기본 정보부터 현재까지 고객이 보여주는 소비자 행동(구매, 문의) 등의 내외부 정보를 수집·통합하여 얻은 통찰력을 기반으로 마케팅 활동을 전개한다는 말이다.

그런데 디지털 시대에 어디로 튈지 모르는 고객과의 관계를 기업이 관리하는 것이 가능할까? 그래서 나는 이 CRM 방법론이 상당 부분 수정되어야 한다고 주장해왔다.

디지털의 발달로 고객은 아주 방대한 활동을 하며 엄청난 데이터를 생산하고 있다. 게다가 디지털에서의 소비자 행동 특성은 예측할 수 없다. 뉴스를 보려 했다가도 갑자기 옆에 보이는 광고를 클릭하고, 다시 연예인 사진을 보다가, 생각지도 않게 물건을 구매하고 소셜 네트워크를 통해 공유하는 등 종잡을 수 없을 정도로 다양한 이동성을 보인다. 이와 같이 소비자와 고객은 다양한 채널을 넘나들며 얻은 파편화된 브랜드 경험의 총합을 분석하고 의사결정을 내린다.

기업이 소비자 개개인이 활용하는 모든 정보 소스를 파악하기도 힘든 상황인데 기업 주도로 고객과의 관계를 통합적으로 관리하겠다는 발상은 현실성이 없어 보인다. 오히려 관계 관리에 대한 재량권Discretionary Power을 고객에게 내주고 이양Empowerment하여 소비자들이 직접 자신의 관계를 관리할 수 있도록 지원하는 편이 바람직할 것이다. 특히 마이크로소프트가 모바일 운영체제OS, Operation System 시장에서 성과를 거두지 못한 이유, 애플과 안드로이드 진영이 모바일 OS를 두고 경쟁하는 상황, OS 내에서의 런처Launcher(스마트폰 초기화면 구성 도구) 경쟁 사례 등은 시사하는 바가 크다.

애플 iOS와 구글 안드로이드 진영은 치열한 OS 경쟁을 벌이고 있다. 그중에서도 iOS와 안드로이드 내에서도 런처를 장악하기 위한 치열한 전투가 전개되고 있다.

그런데 마이크로소프트의 윈도우Window는 PC 운영체제의 독보적 강자이면서도 모바일 세계에서는 영향력이 약화되었다. 마이크로소프트는 왜 모바일 OS의 주도권을 확보하지 못했을까? 많은 이들은 폐쇄성이 주된 이유라고 지적한다. 말하자면 이용자는 마이크로소프트가 만들어놓은 운영체제에 변화를 주어 개인화할 수 없다. 프로그램 소스를 개방하지 않아서 윈도우 메뉴를 바꿀 수 없기 때문이다. 기껏해야 바탕화면 배경이나 아이콘 같은 간단한 옵션만 조정할 수 있을 뿐, 취향에 따라 메뉴 구성을 바꾸는 등 개인화된 설정은 불가능하다. 따라서 컴퓨터 이용은 획일화되었고, 마이크로소프트가 제공하거나 윈도우 OS에 호환되는 프로그램만 사용할 수 있다.

그러나 애플과 구글의 운영체제에는 '개방성Open API'이 있다. 스마트폰의 다양한 애플리케이션을 보면 쉽게 이해할 수 있다. 특히 안드로이드폰 사용자는 어떤 런처를 쓰느냐, 혹은 런처를 어떻게 구성하느냐에 따라 스마트폰의 모습을 얼마든지 바꿀 수 있다. 내가 원하는 대로 개인화된 기기로 만들어 사용할 수 있다는 말이다. 예를 들어 페이스북에 최적화된 페이스북 폰을 만들거나 카카오톡이 중심이 된 카카오톡 폰을 만들어 사용할 수 있다.

게다가 앱을 이용하면 스마트폰의 쓰임새가 확장된다. 음악을 좋아하는 사람은 이퀄라이저, 신시사이저, 각종 악기 등의 앱을 깔아서 스마트폰을 밴드처럼 사용할 수도 있다. 실제로 스마트폰으로만 연주하는 가수가 등장하기도 했다. 사진을 좋아하는 사람은 각종 사진 관련 앱을 깔아서 스마트폰 내에서 사진과 관련된 모든 것을

A to Z로 모두 실현할 수 있게 되었다. 이처럼 내가 상상하는 어떤 기능이든 애플의 아이튠즈나 구글의 안드로이드마켓에서 구할 수 있다.

이런 디지털의 개방성이 처음부터 실현된 것은 아니다. 중간 과정의 시도로 구글의 'iGoogle'이 대표적인 사례다. 구글은 사용자가 직접 초기화면을 구성하고 꾸밀 수 있도록 서비스를 제공했다. 그러나 이는 큰 반향을 일으키지 못했다.

처음의 개인화Personalization 시도는 '증권'과 '날씨' 정보만 성공했다는 혹평을 들어야 했다. 소비자들에게 '나만 개인화했다가 다른 사람들이 모두 보는 정보를 놓치지는 않을까?' 하는 불안감이 존재했기 때문이다. 소위 디폴트Default에서 벗어나는 막연한 공포심이 형성되었던 것이다. 자동차를 구입한 사람들 대부분은 자동차 오디오 시스템의 다양한 스피커 조정 옵션을 이용하지 않는다. 이와 비슷한 심리로 볼 수 있다.

또한 개인화 자체의 주변 기술 및 환경에 한계가 있었다. 페이지를 구성하는 것은 내 마음대로 할 수 있지만, 그 안에 들어가는 콘텐츠와 서비스는 결국 기업이 제공하는 범위 내에서만 쓸 수밖에 없었다. 예를 들어 달력으로 양력보다는 페르시안력을 쓰고 싶다면 구현이 자연스럽지 못한 점이 많을 것이다.

이렇듯 서비스를 제공하는 기업 역시 소비자의 롱테일 니즈를 인정하더라도 비즈니스의 제한 때문에 구현할 수 없었던 측면이 많았다. 소수의 니즈 때문에 기업 자원을 투입해서 모든 서비스를 제공할 수는 없기 때문이다.

그러나 위젯 시대를 거치고 아이튠즈와 안드로이드마켓이 본격적으로 형성되면서 개인화는 급진전되었다. 소비자가 직접 참여해 만드는 공동 창조 생태계Co-creation Echo System가 조성되었기 때문이다. 소비자는 자신이 원하는 것을 얻을 수 있다는 안정감을 느끼게 되었다. 그러면서 '누군가 만들어줄 것이다. 그렇지 않으면 내가 만들어 쓰겠다'는 생각이 자리를 잡았고, 그 결과 실질적인 개인화가 이루어졌다.

이처럼 개인화를 불러일으킨 개방성의 핵심은 바로 소비자에게 많은 권한을 이양하는 데 있다고 언급한 바 있다. 산업마다 차이가 있겠지만 개방성을 추구하는 기업이라면 지금까지 자신이 직접 제어해오던 생산 단계까지도 소비자와 공조Co-work해야 한다. 그러려면 많은 고민이 필요할 것이다.

지금까지 기업은 STP 전략, SWOT 분석 등을 통해 소비자의 움직임을 예측하고 고객 관계를 규정하려 했다. 예를 들면 '이번 모바일폰은 실버층을 겨냥해서 자판을 크게 만들겠다'거나, '이번 제품은 18~28세의 신세대를 타깃으로 삼아 디지털카메라 기능을 대폭 향상시켜 판매하겠다'와 같은 식이었다.

그러나 iOS와 안드로이드의 등장에서 알 수 있듯, 개방성이 비약적으로 높아지면서 제품과 서비스 활용에 관한 소비자 니즈도 엄청나게 확장되었다. 그러므로 디지털 시대의 기업은 이를 인정하고 이를 바탕으로 마케팅을 해야 한다. 예를 들어 스마트폰이나 모바일 OS를 공급하는 기업은 이렇게 말할 수밖에 없다.

"우리는 지금까지 다양한 전략을 통해 고객을 예측했지만 잘 들

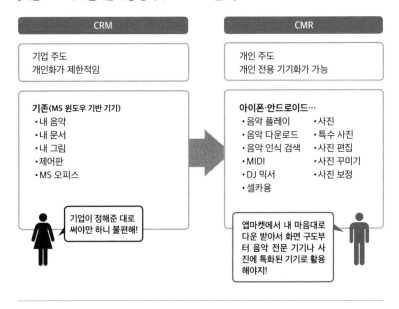

[기존 CRM에서 실시간 대응 방식의 CMR으로 변화]

어맞지 않았습니다. 더구나 고객 개인마다 매우 다양한 롱테일의 니즈를 규칙성도 없이 가지고 있습니다. 그래서 운영체제를 완전히 오픈하겠습니다. 카메라를 좋아하시면 카메라 위주의 앱을 깔아서 쓰시고, 음악을 좋아하시면 음악 관련 앱을 깔아 음악 기기로 활용하십시오." 즉 메뉴, 앱 등 고객 관계 자체에 대한 재량권을 고객에게 모두 이양하는 것이다.

그러면 소비자들은 자기 취향에 따라 앱스토어나 안드로이드마켓에서 원하는 앱을 다운 받아 설치하고 개인화된 스마트폰을 사용하게 된다. 그리고 필요할 때는 스마트폰 용도를 바꿔 트랜스포머처럼 활용할 수도 있다.

이런 상황인데도 아직 기업이 주체가 되어서 고객의 관계를 관리해주는 CRM 방법론이 유효할까? 이제는 CRM이라는 단어보다는 CMRCustomer-Managed Relationship이라는 표현이 적절해 보인다. 즉 소비자가 스스로 관계를 관리하게 하고 그 과정에서 생성되는 내외부의 데이터들을 기업에서 활용하는 것이 고객의 니즈에 훨씬 근접한 타깃팅이다.

CRM과 함께 마케팅의 핵심 모듈로서 많은 컨설팅 회사가 클라이언트로부터 거액의 비용을 받아 프로젝트를 진행하는 CLMCustomer Lifecycle Management과 같은 방법론도 마찬가지다. CLM은 기업이 소비자 라이프사이클을 통계적으로 유추하여 마케팅하는 것이다. 예컨대 26~35세 사이의 소비자를 대상으로 결혼 적령기에 적합한 주택 보험을 권하는 식이다. 이렇듯 고객 라이프사이클을 기준으로 CRM과 연계된 활동을 많이 전개하곤 했다. 예를 들어 소비자들의 결혼 적령기가 통계적으로 26세에서 34세라면 그 범위 내에 있는 사람들이나 카드사에 전화해서 주소 정보를 바꾸는 사람들을 대상으로 혼수 할인권을 제공하는 등으로 타깃팅을 했다.

그러나 이제는 결혼 적령기라는 것이 모호해졌다. 실제로 결혼을 준비하는 사람들이 '신혼여행지', '예식장', '결혼 비용'과 같은 수많은 결혼 연관 검색어들을 통해 정보를 얻거나, 소셜 네트워크에서 지인들에게 문의하기도 하고, 결혼 준비 업체 홈페이지를 방문하기도 한다. 다시 말해 소비자의 나이로 결혼 적령기인지 판단하기보다는 그들이 단서Clue로 남기는 '신혼여행지', '예식장'과 같은 검색어와 소셜 네트워크의 포스팅 등을 통해 남기는 단서를 통해 마이크로 타깃팅이 가능해진 것이다.

이와 같이 소비자들이 클릭, 이동 경로, 좋아요, 페이지뷰, 위치 정보, 이전 구매 정보 등 총체적 '라이프로그'를 생산하고 있는 시대에 과연 CLM과 같이 정형화된 예측 방법론을 통해 변화된 소비자를 제대로 타깃팅할 수 있을까?

일부 컨설팅사가 이를 디지털-CLM 등으로 부르며 디지털 채널만 별도로 분리한 새로운 방법론을 기업에 적용하려 하기도 한다. 똑같은 소비자가 온라인과 오프라인을 넘나들며 의사결정을 내리는 것뿐인데, 기업은 온라인과 오프라인을 분리해서 전략을 세우려는 것이다. 나는 이런 발상 자체가 디지털을 제대로 이해하지 못하는 대표적인 사례라고 생각한다. 앞서 언급한 CRM과 함께 CLM 같은 방법론도 디지털 시대의 소비자 행동에 맞추어 삭제·수정·확장될 부분이 많으며, 검증을 거쳐 보완해야 할 것이다.

AI 시대,
추천을 다시 생각한다

많은 사람이 디지털 시대를 맞아 사람들의 취향이 다양해졌다고 하는데, 나는 조금 생각이 다르다. 인간의 취향은 원래 다양했다. 그것을 깨닫고 취향에 맞는 제품이나 서비스를 추천해주는 방법 자체가 다양성을 못 맞춰주거나 깨우쳐주지 못한 것일 뿐이다.

추천이라는 방법은 초기 개인 간 추천 방식에서 '진열Display'이라는 방식으로 진화했다. 이후 검색이 등장하여 진열되지 않은 것들에 대해서도 사람들이 찾아낼 수 있게 되었다. 소셜 미디어의 등장으로 인해 진열과 검색으로 추천되던 것들이 개인들에 의해 분산 추천Cascading(분수처럼 다양한 줄기로 분산 추천)됨으로써 개인들의 다양한 취향은 어느 정도 실현되기 시작했다.

AI 시대에는 어떤 방향으로 변화해야 할까? 대중이 남긴 무수한 데이터를 통해 세상의 모든 제품을 대중의 정황과 언어로 재분류할 수 있게 됨에 따라 대중의 취향을 기반으로 추천할 수 있게 되었다.

이 추천을 놓고 볼 때 우리나라와 선도국은 큰 차이를 보인다. 그래서 세계 주요 전자상거래 업체나 검색엔진들이 우리나라에 진출하지 않거나 국내시장에 정착하지 못하는 경우가 많다. 옳고 그름의 문제는 아니지만, 그중 추천 철학 차이를 설명하고자 한다.

우리나라에서는 어릴 때부터 정답 찾기Finding Answer식 교육을 해왔다. 이러한 부분이 주는 반대급부는 정답이 아닌 나머지는 오답처리가 된다는 것이다. 이러한 점들이 이분법이 되고 '다름'과 '다양성'을 인정하기보다 '옳고 그름'으로 귀결되는 많은 사회적 반대급부를 낳고 있다고 생각한다.

선도국의 교육은 이미 많이 알려졌듯이 '문제 해결Problem Solving' 방식이다. MBTIMyers-Briggs Type Indicator가 존재하듯이 '다름'을 받아들이고, 정답과 오답은 합법과 상식이라는 형태로 존재할 뿐이다. 롱테일 법칙이나 블루오션이라는 철학도 이런 바탕 위에서 탄생한 것이다. 이와 같은 철학들이 AI 시대로 접어들어 대중의 다양한 취

[추천 방식의 진화와 방향성]

디지털 기술의 발전과 함께 인간의 다양한 취향을 추천해줄 수 있는 시대가 도래하고 있다.

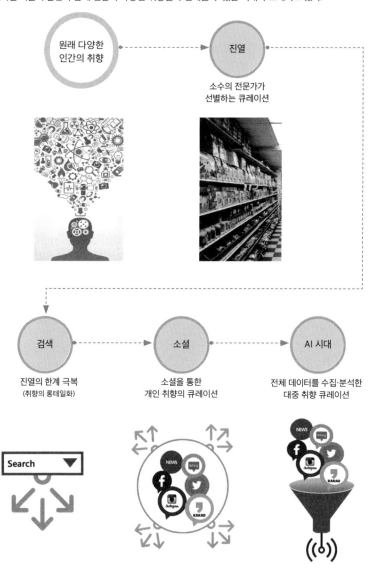

향을 데이터의 힘을 빌려 참고하고 제시할 수 있게 되고, 또한 IoT 시대가 되어 음성 검색으로 발전함에 따라 기존에는 정답 찾기 방식과 문제 해결 방식, 이 두 가지 중에서는 느끼지 못했던 괴리가 발생하기 시작했다.

우리도 "너 이거 맞지?", "아니야?", "그럼 이건 맞아?"와 같이 정답을 찾아내는 식의 기존 검색엔진들의 추천 철학에서 대중의 데이터를 바탕으로 함께 문제 해결을 하는 철학으로의 전이가 필요해졌다.

기업은 제한된 데이터 기반의 예측을 바탕으로 고객에게 무엇인가를 '추천'하려는 경향이 존재한다. 심지어는 인공지능 시대에도 이런 추천 철학이 유지되고 있다. 많은 기업이 앞다투어 출시하고 있는 인공지능 스피커를 예로 들어보자.

만약 이용자가 "나 오늘 우울해"라고 말하면 스피커는 "신나는 음악을 틀어줄게요" 등으로 말한다. 예측 또는 짜인 시나리오에 맞추어 답을 내놓고 있는 경우가 대부분이다. 담당자들 업무 방식 또한 데이터에 기반하기보다는 아이디어를 내고 그것을 단순히 맵핑mapping시키는 정답 찾기 방식을 택하고 있는 경우가 아직은 대부분이다. 그렇지만 그 사용자는 신나는 음악이 내키지 않을 수 있다. 아니, 음악 그 자체가 싫을 수도 있다. 그렇다면 추천을 할 때 결과에 대한 반발을 최소화하는 철학과 문제 해결 방식은 무엇일까?

첫째, 대중이 남긴 방대한 데이터를 기반으로 "다른 사람들은 이럴 때 이렇게 한다"고 말하는 방식이다. 이미 아마존 같은 곳에서는 '이 책을 산 사람들이 봤던 책'과 같이 '다른 사람들'에 대한 데

[고객이 주도하는 추천 모델: 마이셀럽스]

현재 구글에서 최우선으로 추천되는 마이셀럽스 웹페이지

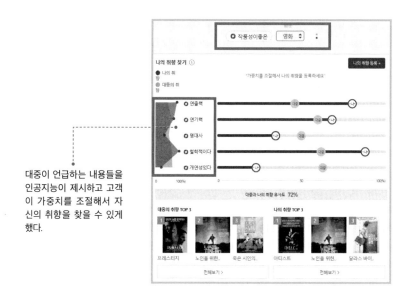

대중이 언급하는 내용들을 인공지능이 제시하고 고객이 가중치를 조절해서 자신의 취향을 찾을 수 있게 했다.

이터 활용이 이뤄져왔으며, 이에 사람들은 '다른 사람들이 이러는 구나'라는 사실에 관대해지는 경향이 크다.

둘째, 고객을 의사결정에 참여Co-creation시키는 것이다. 펩시콜라의 블라인드 테스트 캠페인 등 고객 참여 캠페인들을 상기해보자. 자신이 참여한 브랜드에 대해서는 관심과 애정이 커짐을 알 수 있다. 디지털에서도 마찬가지다. 직접 선택하거나 가중치를 매기는 식으로 직접 참여시켜 선택의 여지를 주는 방식이다.

셋째, 작은 취향이라도 존중하는 추천 철학이 반영되어야 한다. 데이터를 보면 적은 수이긴 하지만 달콤한 것이 먹고 싶을 때 에스프레소를 찾는 사람도 있다. 이런 롱테일 취향조차 존중받는 철학을 추천에 반영해야 한다. 이 어려운 부분들이 AI 시대가 되면서 적용이 가능해졌다.

넷째, 최신 트렌드나 취향이 반영된 선택지여야 한다. 이 부분 또한 추천에 대한 신뢰를 주는 중요한 부분이다. 이 부분은 상당히 중요하다. 롱테일 시대에 몇 가지 선택지만이 늘 상위를 점하고 있는 것은 말이 안 된다.

아직도 인공지능 스피커를 설계할 때 작가 등을 참여시켜서 특정 질문에 대한 대답 시나리오를 미리 작성해두었다가 그것을 활용하여 이용자의 질문에 대답하면서 이를 인공지능 스피커라고 말하는 기업들은 소비자를 기만하는 것이다. 고객을 예측하여 기업의 틀에 가두는 것인데도 대부분의 인공지능을 표방한 IoT 기구들이 이런 방식을 쓰고 있다.

인공지능이 운영하는 취향 검색 서비스인 마이셀럽스는 "나 오

[마이셀럽스의 취향 추천 사례]

인공지능이 실시간으
로 상세한 정보를 제
공한다.

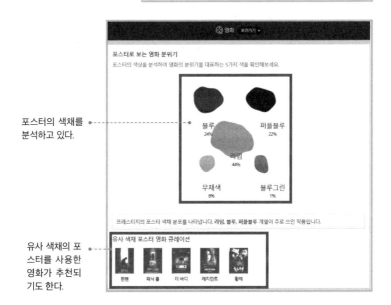

포스터의 색채를
분석하고 있다.

유사 색채의 포
스터를 사용한
영화가 추천되
기도 한다.

늘 우울해"라고 말하는 이용자를 향해 대용량의 대중 데이터 분류를 기반으로 "다른 사람들은 이때 음악을 듣거나 운동을 하고 간식을 먹는다"는 식으로 데이터를 기반으로 해서 '다른 사람'의 행동에 대해 힌트를 주는 방식에서 출발한다. 이용자가 "어떤 음악을 듣느냐?"고 더 자세히 물으면 "신나는 음악을 주로 듣지만 매우 슬픈 음악을 듣는 사람도 있다"고 제시할 수 있다. 이런 대화를 주고받으며 이용자는 롱테일한 취향 선택에 참여하고 자신의 취향을 데이터로 남긴다. CMR 시대의 추천은 이렇듯 고객이 주도하는 가운데 이루어져야 한다.

마이셀럽스의 추천 메커니즘을 더 자세히 살펴보자. 우리는 과거 '작품성이 좋은 영화'를 추천받으려면 전문가를 자처하는 사람들이 정한 랭킹을 참고로 했다. 이후 기사나 개인 블로그, 소셜 미디어 등을 통해 '작품성이 좋은 영화'에 대해 다양한 관점의 포스팅이 쌓여왔다. 마이셀럽스 추천 엔진은 이와 같은 수많은 문서들을 수집해서 좀 더 고차원적인 취향 추천을 하고 있다.

① 먼저 구글에서 '작품성이 좋은 영화'를 검색해보자. 그러면 마이셀럽스는 검색 결과를 통해 "인공지능이 수집한 작품성이 좋은 영화에 대한 대중의 취향은 '연출력, 연기력, 명대사, 철학적이고 개연성이 있다'로 이루어져 있습니다"라고 답한다. 대중이 판단하는 '작품성이 좋은 영화'의 기준을 제시하는 것이다.

② 대중이 생각하는 작품성이 좋은 영화의 기준과 순위가 제시된다. 그리고 이 기준에 직접 가중치를 매겨서 내 기준에 따른 작품성 좋은 영화의 순위를 알 수 있다.

[프로그래매틱 광고]

사용자들이 직접 선택하고 저장한 취향 데이터 기반 타깃팅을 통해 광고 전환율을 증가시킬 수 있으며 광고 성과에 대해 실시간 모니터링이 가능한 대시보드를 제공할 수 있다.

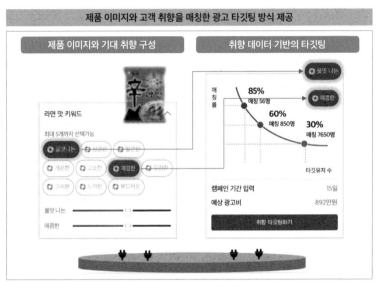

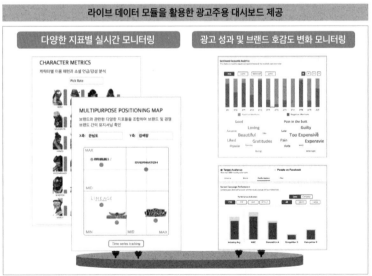

③ 선택한 영화에 대해 위키피디아Wikipedia 이상의 정보가 인공지능에 의해 실시간으로 제공되고 있다.

④ 더 자세하게는 포스터 색깔 분석기들을 통해 포스터가 제시하는 분위기와 유사한 분위기의 영화가 추천되기도 한다. AI 시대라서 가능해진 방식이다.

이렇듯 대중이 어떻게 생각하는지를 확인하고 스스로 참여하여 미세한 취향까지도 고려하는 방식을 통해 추천의 공감 능력을 높일 수 있다. 이것이 AI 시대 CMR의 힘이다.

AI 시대 네 가지 추천 철학이 반영되면 현존하는 많은 프로그래매틱 광고Programmatic Advertising가 좀 더 정교해질 것이다(기존 프로그래매틱 광고에 대해서는 검색만으로도 많은 자료를 접할 수 있으므로 설명은 생략한다). 앞서 이야기했듯이 광고주들은 마케팅 전략을 짤 때 TPO 기반으로 수립한다. 이때 광고의 성과 측정 시 광고주들이 아쉬워하는 부분은 광고 성과와 관련해 제공되는 데이터들이 대부분 TPO와 관련 없는 조회 수, 좋아요 수, 클릭 수, 페이지뷰 등과 같은 자료들이라는 점이다.

마이셀럽스가 대중에게 무료 공개한 취향 검색은 이에 대한 향후 방향성을 제시하고 있다. 대중의 TPO 데이터를 바탕으로 조합하여 취향 검색 선택지를 제공하고 있기 때문이다.

이를 통해 제공되는 광고주 페이지를 예로 들어보자. 농심 신라면 광고주가 라면 맛 키워드 중에서 '불맛 나는'과 '매콤한' 라면을 선호하는 타깃팅을 설정했다고 가정하면 사용자들 또한 같은 선택지로 검색하게 되고 광고주는 프로그래매틱 광고 플랫폼으로부터 명확한 매칭률 기반의 결과를 제공받을 수 있게 된다.

모든 데이터가 실시간으로 수집되고 업데이트될 수 있기 때문에 광고주는 실시간 데이터 기반의 대시보드도 제공받을 수 있도록 설계되어 있다. 이와 같이 AI 시대를 맞아 기존 기술로는 상상하지 못했던 전혀 새로운 개념과 방식의 변혁이 눈앞에 있다.

UX 플래닝에서
라이프로그 활용을 통한 서비스 차별화로

IT 업계에서 일하는 사람들에게 'UI'와 'UX'는 제품이나 서비스의 성패를 가르는 매우 중요한 개념으로 받아들여진다. UIUser Interface는 '사용자 인터페이스'라고 하는데 '이용자가 컴퓨터 시스템 등을 편리하게 사용할 수 있도록 환경을 제공하는 설계 내용'을 말한다.

UI에서 한 발 더 나간 확장된 개념이 UX이다. UXUser Experience는 '사용자 경험'으로서 사용자가 어떤 시스템이나 제품, 서비스를 직간접적으로 이용하면서 느끼는 총체적 경험을 말한다. 단순히 말하자면 사용자가 제품과 서비스를 최대한 편리하게 쓰면서 좋은 경험을 하도록 설계한다는 의미다.

그런데 최근에는 UI와 UX에서 기존의 기획 방법론에 대한 회의적인 부분이 많다. 그것은 디지털 시대 이용자들이 계획된 UI와 UX에 따라 행동하지 않으며 심지어 그 행동을 예측조차 할 수

[실제 UX와 디자인된 UX]

없다는 현실에서 비롯되었다. 애초 설계한 사람들의 의도와는 달리 다양한 채널을 종횡무진 누비며 언제 어디서든 불쑥 나타나 뜻밖의 요구를 하는 이용자가 어떤 행동을 할 것이라고 예측하거나 기획자가 목표한 반응을 유도한다는 것은 매우 어려운 일이다.

그런 점에서 UI와 UX는 최대한 단순화하여 이용자가 그것을 의식하지 못하는 단계, 즉 'No UI, No UX'가 이상적일 수도 있다. 그뿐 아니라 디바이스를 의식하지 않고 평상시 말투 그대로 인공지능 스피커와 대화하는 IoT 시대 음성 검색이 벌써 시작된 상황에서 인위적인 UI나 UX는 찾아볼 수 없다. UX는 더는 디자이너가 리딩하고 기획하는 분야가 아니다.

이제 마케터 입장에서 고객의 다양한 경험을 설계해내야 하며

[라이프로그 분석을 통한 서비스 차별화]

플랫폼별 사용자 로그 분석	온드 미디어 내부 이동 경로 등 분석

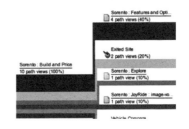

- 방문자들이 플랫폼에서 사용하는 다양한 로그 데이터를 API를 통해 오픈
- 온드 미디어(owned media) 내부의 방문자의 유입·유출 경로를 심층 (예: ~15단계)까지 파악하여 세부 이동 행태를 이해

소셜 데이터 분석	센서 데이터

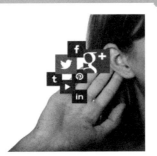

- 블로그, 뉴스, 소셜 미디어 등의 다양한 소셜 데이터 수집 및 분석
- 음성, 모션 인식 등으로 획득한 다양한 센서 데이터 수집 및 분석

그 이동 경로상에서 다양한 브랜드 경험을 주기 위해 단계에 맞는 가치 제안(오퍼링)을 함께 고민해야 하는 상황이다. 고객 행동을 예측하여 UX 플래닝을 하는 데서 더 나아가 고객의 요구에 실시간으로 반응하는 체계를 갖추어야 한다.

고객은 디지털 공간에서 라이프로그를 통해 그들의 다양한 행동 궤적을 남긴다. 이런 대중의 다양한 라이프로그 데이터에 대해 실시간으로 반응하고 이를 빠르게 반영하여 서비스를 차별화하는 것이 고객 경험 관리의 뉴노멀이다.

AI 시대 소비자들은 고객 서비스에서도 예전과 다른 형태를 원하고 요구한다. 물론 과거 고객 서비스 방식을 부정하는 것은 아니다. 기존의 서비스에 부가하여 더 세밀하면서도 개인화된 서비스를 제공해야 한다는 것이다.

이러한 고객 서비스 차별화는 고객들이 온·오프라인에서 남기는 다양한 데이터, 즉 라이프로그에 의해 뒷받침된다고 했다. 우리는 세상을 살아가면서 검색, 로그인, 채널로의 유입·유출 등뿐만 아니라 앞서 언급한 다양한 센서 기술까지 가세하여 생산되는 수많은 흔적 데이터를 남긴다. 마케터는 이 라이프로그에 주목할 필요가 있다.

라이프로그 분석을 통한 서비스 차별화를 전개할 때 데이터의 역할은 매우 중요하다. 그런데 마케터 입장에서 라이프로그는, 첫째 다양하면서도 불규칙한 사용자의 경험 패턴을 잘게 쪼개서 분류하고 최대한 빠른 시간에 적절한 커뮤니케이션을 하기 위한 것이며, 둘째 마케팅 성과에 대한 빠른 모니터링 및 개선을 위해 쓰

[에러 페이지 방문자의 행동 패턴]

메인
제품 A
제품 B, C

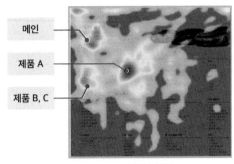

마우스 이동

마우스 클릭

설명	웹페이지 방문자가 마우스를 어떤 위치에 더 오래 올려놓고 있는지를 파악하여 열 분포 형태로 나타낸 히트맵(heat map)	방문자가 웹 페이지 내에서 어떤 위치를 클릭했는지 빈도를 열 분포 형태로 나타낸 히트맵
방문자 행동 패턴	방문자 대부분이 메인 페이지, 제품 A, B, C 페이지의 링크 버튼을 가장 많이 클릭한다.	방문자가 웹페이지의 특정 부분 이하로 스크롤을 내리지 않을 때

스크롤 도달 범위

설명	웹페이지 방문자들이 스크롤을 내리는 분포를 나타내는 히트맵
방문자 행동 패턴	웹페이지 방문자 대부분은 화면 아랫부분까지 스크롤을 내리지 않고 페이지 이탈

• 방문자에게 필요 없는 정보를 줄이고 그들이 원하는 정보 위주로 보기 쉽게 구성해야 한다.
• 원하는 정보를 찾지 못해 바로 다른 페이지로 이동하는 경우, 그 페이지로 즉시 이동할 수 있도록 링크 구조를 재검토해야 한다.

인다. 라이프로그는 이 두 가지 의사결정을 위해 활용된다.

예를 들어 한 회사가 야심차게 웹사이트를 열었다고 하자. 대대적인 광고를 통해 많은 사용자가 유입되었다. 1,000만 명이 접속했는데 유입되자마자 대부분이 첫 페이지에서 이탈하거나 특정 부분 아래로는 아무도 스크롤을 내리지 않았다. 그렇다면 데이터를 분석해 소비자가 왜 스크롤을 내리지 않았는지 파악하고 그 경계 지점에서 어떤 장애물hurdle이 있었으며 어떤 부분을 개선할지를 결정해야 한다. 이제 이와 같은 세부적인 라이프로그를 모두 모니터링할 수 있게 다양한 도구tool가 지원되고 있다.

TV 방송에 빅데이터 전문가들이 출연해 "사람의 마음을 읽는다", "욕망을 읽는다", "미래를 예측한다", 심지어는 "주가를 예측한다" 등의 이야기까지 하는 것을 볼 수 있다. 나는 개인적으로 이것이 위험한 행동이라 생각한다. 데이터의 본령은 그 업에 종사하는 전문가들에 대한 의사결정 지원에 있는 것이다. 업 전문가도 아닌 데이터 전문가가 자꾸 '예측'이라는 범주로 언급하는 것은 마치 인공지능으로 인해 기계들이 곧 인간을 지배하게 될 것이라는 설익은 이야기를 하는 것과 같다.

데이터는 마케터와 제작자, 디자이너 등 각 담당자들이 본연의 업무를 잘할 수 있게 의사결정을 지원하는 데 활용되어야 한다. 어떤 경우는 시간을 줄여주고, 어떤 경우는 아이디어를 창출하는 데 힌트를 제공하며 그들이 좀 더 전략적인 의사결정을 할 수 있게 지원하는 혁신적인 도구로 활용할 수 있다. 그런데 그 차원을 넘어서 소셜 데이터를 긁어모아 그 결과를 보며 "소비자들의 마음은 이렇다"고 단정하는 것은 경계해야 할 행동이다. 예를 들어 "김수현이 훔쳤다"고 하면 이것이 지갑(부정)을 훔쳤는지, 마음(긍정)을 훔쳤는지, 눈물(중립)을 훔쳤는지 각각 다양한 해석이 존재하기 때문이다.

서비스 차별화를 위해 소비자의 라이프로그와 잘 연동하여 그들이 원하는 정황에 필요한 답을 주기란 참 어렵다. 특히 옴니 채널 시대가 되면서 더욱 복잡해졌다. 앞서 홍수에 물이 귀하듯이 빅데이터 시대에 어떤 데이터를 수집하고 활용할 것인지가 매우 중요하다고 이야기했다. 데이터 소스를 잘못 정의하면 그야말로 전혀 상반된 결과 값이 나오기도 한다. 게다가 다채널 교차판매의 옴니 채널 마케팅에서는 자사 홈페이지, 페이스북 팬페이지와 같이 단독 채널별 데이터만으로는 옴니 채널을 불규칙하게 넘나드는 옴니 채널 소비자의 전체 라이프를 연결해서 볼 수 없다. 따라서 다양한 부분에 대해 정교한 대응을 해야 한다. 기본적으로 세 가지 상황에 대해서는 전략적인 접근과 고려가 필요하다.

첫째, 데이터의 볼륨이냐 전문성이냐와 같이 무엇을 규명할지에 대한 사전 정의가 중요하다. 둘째, 옴니 채널 협업 관점의 데이터 소스를 정의해야 한다. 셋째, 크로스 디바이스Cross Device 사용에 대한 대응이 고려되어야 한다.

먼저 데이터 볼륨과 전문성은 데이터의 수집과 활용에서 이루어지는 전략적 선택과 활용을 말한다. 예를 들어 자동차를 마케팅하면서 데이터를 수집한다고 하자. 선호도를 조사할 때는 데이터의 볼륨이 중요하다. 여러 이용자의 블로그나 카페 등이 고려된다. 그

[페이스북이 자체적으로 제공하는 비디오 포스트 분석 매트릭스 예시]

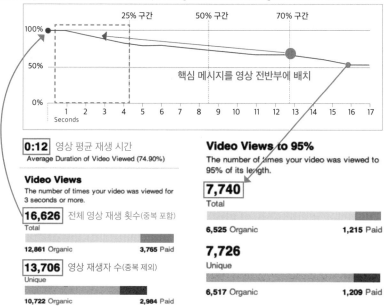

각 채널별 제공하는 라이프로그 분석 툴 또한 부분별 활용 가치가 있다.

런데 만약 자동차 사양에 관한 내용이라면 회사 홈페이지의 설명서가 최적의 데이터 소스가 되고 데이터의 양은 중요하지 않다.

다음으로 옴니 채널 데이터 소스 정의는 각 채널의 특성을 충분히 고려하는 동시에 채널별로 제공하는 데이터 활용을 고려해야 한다는 것이다. 같은 순방문자 수라 하더라도 채널별로 각기 다른 알고리즘을 가지고 있고 심지어는 로그 분석 툴에 따라 다른 수치가 나오기도 한다. 따라서 이를 하나의 지표로 치환하기 어려운 부분들도 있으므로 부분별 모니터링 지표를 참고해야 할 때도 있다.

예를 들어 페이스북이 제공하는 비디오 포스트 분석 매트릭스를 활용하면 영상 마케팅 성과를 다양한 기준으로 측정할 수 있다. 3초 이상 영상을 본 사람의 수, 이용자의 평균 재생 시간, 영상 구간별 재생 수, 중복을 제외한 실제 재생자 수 등을 파악함으로써 인사이트를 도출하고 페이스북에 반영할 수 있다. 만약 영상 후반부에 사용자 이탈률이 높다면 핵심 메시지를 앞부분에 배치하고 반대로 초반 이탈률이 높다면 후킹 포인트Hooking Point(가장 재미있는 부분)를 영상 앞부분에 구성하는 방안을 세울 수 있다.

마지막으로 크로스 디바이스는 디바이스의 특징에 따라 다양한 고객 데이터를 하나의 행동으로 연결해서 보기 위한 것이다. 이를 위해 많은 분석 툴에서 디바이스에 대한 정보를 제공하는 부분들을 잘 매치시켜서 디바이스별 최적화된 UX로 서비스를 제공하는 데 활용될 수 있다. 이와 같이 디테일한 고객 대응이야말로 서비스 이용자들의 불편을 최소화하고 차별화하기 위한 시작점이다.

AI 시대에는 '시대era'라는 말이 적용되는 만큼 각종 디바이스와 애플리케이션이 제공하는 사용자 경험UX이 혁신적으로 진화한다고 했다. 사용자 경험은 사용자의 기기에 최적화된 디스플레이를 제공하는 반응형 UXResponsive UX, 대화형 UXConversational UX를 거쳐 자연형 UXNatural UX로 진화하고 있다.

즉 앞서 말한 인간의 본질적 속성, 즉 'No UX'를 향하고 있다. 특히 음성 UXVoice UX의 경우는 눈에 보이지 않는 UXInvisible UX이

[데이터 볼륨과 전문성(자동차) 산업 예시]

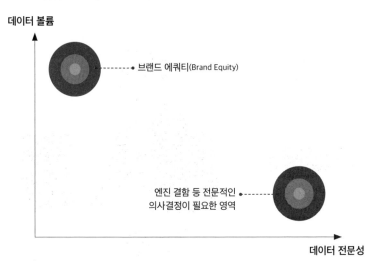

데이터 볼륨

브랜드 에쿼티(Brand Equity)

엔진 결합 등 전문적인
의사결정이 필요한 영역

데이터 전문성

- 반드시 많은 데이터가 필요한 것은 아니다.
- 무엇을 어떤 목적으로 볼지에 따라 사전에 전략적인 데이터 소스 정의가 필요하다.

기 때문에 또 다른 제약 사항이 있다. 예를 들어 IoT 시대에는 말 그대로 주위 모든 사물에 인터넷과 음성인식이 가능해지고 사용자의 음성 검색 결과를 모바일 기기로 전송해서 알려줄 수도 있지만 음성으로 추천해주어야 할 상황이 많이 생길 것이다. 이때 가령 두 가지나 세 가지 이상의 추천을 나열하듯 들려준다면 인간 기억력의 한계 탓에 먼저 들은 것은 잊어버리고 다시 "처음 게 뭐였지?"라고 물어보게 될 것이다. 현재 모바일 기기와 같이 피드_feed를 쭉 내리면서 선택하는 UX는 음성에서는 지원되지 않기 때문이다. 이와 같이 UX가 인간 본질의 UX를 추구하게 되면서 기존에 존재하

[IoT 시대의 UX와 챗봇 활용]

인공지능 챗봇

IoT 시대의 UX

IoT 시대 UX는 인간 본연의 눈으로 보고 귀로 듣고 입으로 말하는 방식을 지향하고 있다.

메신저 UX 형태의 핵심은 창을 이탈하지 않는 것이다. 이 말에는 많은 의미가 포함되어 있다. 즉 사용자가 다른 서비스로의 이동이 필요하지 않다는 것이다.

지 않던 메커니즘과 맞닥뜨리게 되는 경우가 많아질 것이다. 즉 음성인식, 사물인터넷, 인공지능 기술의 비약적 발전으로 사용자들은 별도의 인터페이스를 거칠 필요 없이 자연스러운 일상생활 그 자체 속에서 원하는 정보를 얻으며 실시간 커뮤니케이션을 할 수 있게 되었다.

이런 맥락에서 향후 사용자가 가장 많이 접하게 되는 UX는 메신저상의 UX와 음성 UX다. 기업들은 이런 사용자 경험의 진화에 따른 커뮤니케이션 전략을 고민할 필요가 있으며, 이것은 기존과 전혀 다른 체계가 될 것이다.

디지털, 기술과 트렌드를 넘어 휴머니즘으로

'디지털'이 본격적으로 사람의 입에 오르내리기 시작한 지 그리 오랜 세월이 지나지 않았다. 마케팅에서는 소비자와 고객이 남긴 '로그'를 통해 소비자의 세부적인 행태에 대한 가시성Visibility이 생긴 것이 디지털의 큰 수확이라고 볼 수 있다.

그러나 파레토 법칙 등과 같은 기존의 이론에 비해 아직 디지털 마케팅 이론과 방법론은 확고하게 정립되지 않은 상태다. 그러다 보니 수많은 검증되지 않은 가설이 홍수처럼 쏟아지고 있다. 한 예로 소셜Social이 유행할 때는 ○○소셜연구소, ○○소셜컨설팅 등 소셜을 앞세운 사업체들이 우후죽순처럼 들어섰고, 온갖 소셜 마케팅 이론이 쏟아져 나왔다.

이처럼 디지털 마케팅을 둘러싼 갖가지 이론과 신조어가 난무하면서 스토리텔링 마케팅, 진정성 마케팅, 입소문 마케팅, 유비쿼터스 마케팅 등 끝도 없이 새로운 단어가 등장했다. 그런데 그 논리적 근거를 살펴보면 편협하거나 앞뒤가 맞지 않는 경우도 많다.

게다가 이론의 중립성도 자주 도마 위에 올랐다. 디지털 마케팅과 관련된 새로운 이론과 용어가 대부분 그 서비스를 제공하는 기업이나 컨설팅 회사, 마케팅 에이전시 등과 같은 이해당사자들에 의해 만들어졌기 때문이다.

대표적인 예로 검색엔진 마케팅과 검색엔진 최적화를 들 수 있다. 이는 구글, 야후, 네이버 같은 검색 회사들이 확산시킨 용어다. 검색엔진에 비용을 들여 키워드 광고를 하는 것을 SEMSearch Engine Marketing이라고 하는데, 엄밀히 말하면 SEM이 아니고 검색 광고SEA, Search Engine Advertisement라고 하는 편이 옳을 것이다. 또한 검색엔진 최적화SEO도 검색엔진 마케팅의 일환인데, 이것을 광고를 기준으로 나누는 것은 옳지 않다. 물론 이와 같은 과정이 부정적이라는 의미는 절대 아니다. 수많은 선각자의 노력을 바탕으로 시장에서의 시행착오를 거쳤으니, 이제는 디지털과 마케팅에 대한 해석이 정립되어야 할 시기라는 것이다.

디지털의 변화는 기존의 다른 변화와는 분명히 차별화된다. 특히 기업의 입장에서는 소비자와 고객이 변했다는 점에서 매우 중대한 경영 환경의 변화로 인식된다. 따라서 마케팅 방식에 큰 영향을 끼치게 된다.

디지털 시대가 되면서, 소비자들의 니즈가 다양해지면서 맞추기가 어려워졌다는 이야기를 많이 듣는다. 그러나 디지털 시대가 되어서 갑자기 소비자의 니즈가 다양해진 것은 아니다. 잠재되어 있던 소비자들의 다양한 참여 욕구를 구글, 페이스북, 트위터, 핀터레스트, 인스타그램 같은 매체들이 충족시키고 있다는 것이 정확한 분석일 것이다.

웹 2.0 시대의 기본 가치는 참여, 공유, 개방이다(이미 웹 3.0, 4.0이 언급되고 있지만, 나는 그와 같은 실체 없는 말 만들기에 동의하지는 않는다). 많은 사람이 다양한 방식을 통해 직접 기업의 경영 과정에 참여Co-creation하고 싶어 한다. 그리고 지식iN, 핀터레스트, 인스타그램 등의 매체에 자신의 다양한 아이디어와 영감을 테마별로 올려놓고 그것들을 다른 사람들이 참고하고 활용할 수 있게 하기도 한다.

이 같은 소비자 참여 욕구 분출로 정보량이 비약적으로 증가했다. 페이스북에만 하루 3억 장의 사진이 업로드되고, 이미 핀터레스트의 트래픽은 유튜브에 육박할 정도다.

디지털의 많은 부분이 다양한 방식으로 기업에서 활용되면서 기존 업무를 편리하게 해주고 있지만, 가장 중요한 부분은 아니다. 그보다는 '소비자와 고객'이 디지털에 의해 어떻게 변화되었느냐가 기업이 디지털을 통찰하는 핵심이 되어야 할 것이다. 그러므로 디지털 시대의 기업은 고객이 다양하게 표출하는 관심사와 니즈를 어떻게 자신의 비즈니스와 매치시킬지 끊임없이 고민해야 한다.

나는 세계 최대 전략 컨설팅사인 맥킨지에서 디지털 전략 전문가로 근무했다. 이때 많은 이가 "도대체 '전략'이 무엇이냐?"고 물어보았다. 그래서 거창한 표현보다는 "목표를 정하고 차별화된 방법을 찾는 것"이라고 답하곤 했다.

대부분 기업의 목표는 단순하다. 지속적 성장을 위해 재화와 서비스를 많이 파는 것이다. 그렇다면 많이 팔겠다는 목표를 달성하기 위해 어떻게 차별화할 것인가가 과제다. 가격, 제품의 품질 등 여러 측면이 있지만, 문제는 이미 대부분의 요소가 평준화되었다는 것이다. 그래서 지금은 소프트웨어, 디자인 등이 핵심적인 차별화 요소가 되고 있다.

어쨌든 기업은 목표와 차별화의 근간을 관통하는 최고의 가치, 즉 사람을 붙잡아야 한다. 최신 트렌드나 기술은 고객과 소비자에게 다가가기 위한 수단이지, 그 자체로 목적이 될 수 없다. 이것은 아무리 강조해도 절대 지나치지 않는 진리다. 그러니 마케터들은 새로운 이론이나 그럴싸한 신조어에 목말라하기보다 고객을 향해 눈을 더 크게 떠야 할 것이다.

내가 소통하고 설득해야 할 대상인 소비자가 디지털 발전의 영향으로 의사결정 과정상에 어떤 변화를 일으켰는가? 그리고 그들이 클릭, 댓글과 같이 새로운 의사 표현 방식을 통해 무엇을 원하고 불편해하는가? 이 질문에 대한 답을 찾기 위해 노력해야 한다.

마케팅의 핵심은 사람이다. 그러므로 고객과 소비자를 기반으로 하는 휴머니즘이 우선시되어야 한다. 이것은 디지털 시대에도, 디지털 다음 시대에도 결코 변하지 않을 것이다.

03

디지털 시대를 맞아
마케팅을 왜곡하는 돌연변이들

| 경계가 사라진
| ATL, BTL

　마케터가 매체를 분류하는 가장 기본적인 기준은 ATL과 BTL
이다. 학교에서도 그렇지만 기업 마케팅 현장에서도 ATL과 BTL을
구분해서 다룬다. ATLAbove The Line은 TV, 라디오, 신문, 잡지의 4대
매체를 말하고, BTLBelow The Line은 그 외의 이벤트, 전시, PPL, TM
등을 말한다.

　이런 ATL과 BTL의 구분은 기업 마케팅 현장에 깊숙이 뿌리내리

고 있으며, 특히 회사의 조직 구조에까지 영향을 끼친다. 기업의 조직 구조를 보면 이 기업이 어떤 사업에 주력하고 있고 역할 구분을 어떻게 하는지, 자원을 배분하고 투입하는 방식이 어떤지 잘 알 수 있다. 광고기획사 대부분은 아직도 ATL과 BTL을 기준으로 조직을 구분하는 경우가 많으며, 디지털을 BTL의 하위로 두고 디지털마케팅팀, 소셜마케팅팀 같은 식으로 구분하는 경향이 있다. 혹은 디지털과 관련된 미디어를 모두 묶어서 뉴미디어팀 등으로 명명하고 역할을 부여하기도 한다.

과연 디지털을 BTL의 하위 단위로 보는 것이 합리적일까? 아니면 디지털을 뉴미디어로 따로 구분하는 편이 효율적일까? 그렇다면 디지털 TV는 어떻게 구분해야 할까? 종이 매체로만 발행하던 잡지를 아이패드로 서비스한다면 이 잡지는 ATL인가, BTL인가?

ATL과 BTL의 전통적 조직 구조는 일선에서 혼란을 가중시킨다. 예를 들어 A라는 광고주가 오프라인 잡지 광고에 대해 광고기획사의 ATL 담당자와 협의하는 경우를 가정해보자. 그런데 A광고주는 똑같은 잡지의 디지털 캠페인을 진행하기 위해서는 같은 광고기획사의 BTL 담당자와 별도로 제작을 협의해야 할 수도 있다. 최근에는 통합마케팅팀이 따로 꾸려져 있는 경우가 많고 통합적으로 관리하는 경향이 있지만, 막상 실무로 들어가 보면 또 모호하게 나뉘곤 한다.

기존에는 고객을 담당하는 사람이 영업대표든 AEAccount Executive든 관계없이 ATL과 BTL을 통틀어 관리하며 협상 테이블에 나서는 일이 잦았다. 그런데 디지털이 출현한 후 갑자기 이들이 위축되었다. 그래서 인터넷 포털 출신의 직원들을 영입해서 디지털 전담 팀을 꾸리고 그 부분에 대해서는 따로 클라이언트와 협의를 진행하게 하는 경우가 많다.

이런 종류의 혼란은 기본적으로 디지털을 이네이블러로 보지 않고 새로운 채널과 독립된 생태계로 간주하기 때문에 일어난다. 현업의 직원들과 대화를 나눠보면 경영진을 포함한 고위층에서는 익숙한 방법을 바꾸지 않고 기득권을 고수하려는 경향이 강하다고 한다. 마케팅 에이전시나 기업, 컨설팅 회사 등의 고위층도 그동안 해오던 방식에서 좀처럼 벗어나려 하지 않는다. 그래서 그들은 새로운 디지털을 기존의 마케팅 방식과 통합하는 것을 거부하거나 주저하고, 이 때문에 디지털이 별도의 세계에서 맴도는 일이 생기는 것이다.

앞서도 여러 차례 언급했지만, 다시 한 번 강조하자면 디지털의 시작점은 기술이나 매체, 트렌드가 아니라 소비자와 고객이다. 그러므로 ATL과 BTL 역시 고객을 중심으로 바라봐야 한다. 요즘 고객들은 ATL과 BTL을 불규칙하게 넘나든다. 예를 들어 TV로 아침 방송을 보다가 출근을 위해 집을 나선다. 그리고 방송의 뒷부분을 지하철에서 스마트폰으로 이어서 본다. 점심시간에는 회사 PC로 다시 보기도 한다. 그뿐 아니라 소셜 네트워크 타임라인에 인상 깊은 장면들이 짧은 동영상 클립으로 편집되어 잊을 만하면 나타나는 것을 또다시 접하게 된다. 이처럼 같은 사람이 똑같은 방송을 보더라도 여러 채널을 넘나드는 것이다. 그러나 기업에서는 채널별로 담당자가 다르고 캠페인도 별도로 제작하고 있다.

이럴 때 소비자 입장에서는 같은 기업의 여러 채널로부터 일관되지 않은 메시지를 전달받을 수 있다. 소비자가 TV 광고를 보고 기업이 강조하는 내용에 관심을 갖게 되어 검색하거나 웹사이트 또는 매장을 방문해서 추가 정보를 얻으려고 할 때, 그 내용에 일관성이 없는 경우가 발생한다는 말이다.

컨설팅 회사도 마찬가지다. 멀티채널 운영 전략을 세울 때 TV, 라디오, 신문, 잡지, 디지털 등으로 채널을 분류함으로써 디지털을 TV나 라디오와 같은 수준의 또 다른 채널로 인식하고 전략을 수립하는 사례가 흔하게 나타난다. 그러나 이것은 소비자와 고객 관점으로 볼 때 어이없는 구분이다.

지금은 TV, 라디오, 신문, 잡지를 모두 디지털로 볼 수 있는 세상이다. 즉 모든 매체에 디지털이 스며들어 한 몸이 되어 있다. 그런데도 전략을 짤 때 각각의 독립 채널로 보고 캠페인 전략을 세워 따로 놀게 한다면 좋은 성과가 나올 수 없다. 특히 운영 과정에서 부서와 담당자가 다르고 에이전시도 제각각이면 중구난방이 된다. 그러다 보면 소비자 입장에서는 계획적이고 일관된 기업의 메시지를 전달받기 어려워지고 불편함을 느끼게 된다.

나는 ATL, BTL이란 구분은 없애야 한다고 생각한다. 그리고 채널을 구분할 때도 디지털을 별도의 항목으로 두어서는 안 된다고 본다. 굳이 필요하다면 TV의 디지털 파트, 잡지의 디지털 담당 같은 식으로 편의상으로만 구분하다가 최종적으로는 디지털이라는 단어는 따로 사용하지 않는 것이 옳은 방향이라 생각한다. 소비자와 고객 기준에서 채널과 디바이스Device는 큰 의미가 없으며, 그때

그때 상황에 따라 다르긴 하지만 결국 하나의 기업에서 하나의 메시지를 받은 것이기 때문이다. 고객은 '이 광고는 반드시 오프라인 TV로 봐야지', '할인 쿠폰은 웹사이트에서 받을 거야', '스마트폰은 가격 정보를 꼭 비교해봐야지' 등과 같이 채널에 따라 별도로 인식하여 행동하지는 않는다. 소비자는 그들이 처한 그때그때의 상황에 따라 그리고 다양한 의사결정 과정에서 자연스럽고 불규칙하게 행동한다.

디지털 마케팅이라는 단어도 결국 디지털의 중요성을 인식하고 그 방식에 익숙해지는 과정에서 잠시 등장한 단어일 뿐이다. 결국 마케팅은 마케팅일 뿐이다. 그런 점에서 기업은 조직의 운영 체계를 디지털 시대에 맞게 대대적으로 개편하는 것을 심각하게 고려해야 하는 시점을 맞이했다.

통합 마케팅에 대한 그릇된 해석: 캠페인 시대의 종말

많은 마케터라면 누구든 통합 마케팅IMC을 이야기해왔다. 물론 이것이 최근 옴니 채널 마케팅이라는 용어로 변하기도 했지만 결국 내용을 들어보면 크게 다른 이야기는 아닌 것 같다. 'Integrated Marketing Communication'의 약자인 IMC는 최근 몇 년 동안 마케팅 관련자들 사이에서 큰 원칙이자 목표로 다뤄졌다.

이 용어를 하나하나 풀어보자. 먼저 'Integrated'는 '통합적'이라는 뜻의 단어이고 'Marketing Communication'이 뒤를 따른다. 즉 소비자와 고객이 기업에서 운영하는 멀티채널을 불규칙적으로 이동하면서 커뮤니케이션하는 상황에서, 기업 역시 멀티채널상에서 통합적인 마케팅 커뮤니케이션을 하겠다는 의미다.

커뮤니케이션의 사전적 정의를 보자. "서로의 생각, 느낌 따위의 정보를 주고받는 일. 말이나 글, 그 밖의 소리, 표정, 몸짓 따위로 이루어진다"고 기록되어 있다. 듣고 말하고 읽고 쓰고 몸짓으로 나타내는 것에 주안점을 두고 있는 것이다.

그러나 현대인이 소통하는 방식은 이와 다르다. 친구나 동료와 대면하여 대화하거나 통화하는 것보다 메신저를 이용하는 게 훨씬 더 편하고 내용도 잘 전달된다고 말하는 사람들이 많다. 그뿐 아니라 앞으로는 알렉사(아마존), 구글홈(구글) 같은 음성인식 기능을 장착한 기기들이 가족끼리 스치듯 나누는 대화까지도 엿들을 수 있게 되었다. 이제 곧 인공지능으로 무장한 기기들이 사물인터넷IoT, Internet of Thing 시대를 맞아 우리가 따로 묻지 않아도 우리의 대화에 참여할 태세다. 이렇듯 커뮤니케이션 방식은 과거와 완전히 달라지고 있다.

이처럼 디지털의 확산과 발전은 기존에 존재하던 개념까지 바꾸어놓았다. 그러나 근본적이고 본질적인 변화를 살피는 과정은 생략된 채 급격한 디지털 혁명이 진행된 것이 현실이다.

마케팅에서도 이런 일이 일어났다. IMC라는 명목으로 실행되고 있는 마케팅 활동의 양상을 들여다보면 기존의 마케팅 캠페인을 여러 채널에서 펼치는Marketing Campaign to Multichannel 것에 지나지 않

[소비자 커뮤니케이션 방식의 확장]

기존 커뮤니케이션의 정의

서로의 생각, 느낌 따위의 정보를 말이나 글, 그 밖의 소리, 표정, 몸짓과 같은 의사 표현 방식으로 주고받는 일

서신 왕래와 같이 시공간의 제약을 받거나 상대방과 대면한 상태에서 커뮤니케이션이 성립되는 경우가 대부분이다.

디지털 시대 커뮤니케이션의 확장

서로의 생각, 느낌 따위의 실시간 정보를 말, 글, 소리, 표정, 몸짓뿐만 아니라 검색을 통한 실시간 정보 요구, 클릭, 사이트 이동 및 이탈, 좋아요, 공감, 댓글 등을 통한 의사 표현 방식의 확장

시공간을 초월하여 실시간 연결성을 부여하는 디지털의 특성으로 인해 반드시 상대방과 대면하지 않아도 커뮤니케이션이 가능하다.

음을 발견하게 된다. 즉 기업이 자원을 투자해서 양방향 채널을 활용하려 하지만 커뮤니케이션 행태는 과거와 다를 바 없다. 말 대신 글을 사용하고, 선물을 줄 테니 댓글을 달아달라고 요구한다. 내가 하고 싶은 이야기만 늘어놓는 기존의 캠페인 방식으로 커뮤니케이션을 하고 있을 뿐이다. 그러니 채널만 다양화되었을 뿐 알맹이는 그대로다. 소비자와 고객의 커뮤니케이션 방식에 맞춰 소통하지는 않는다.

많은 마케팅 에이전시와 컨설팅 회사들은 클라이언트 기업에 이렇게 제안한다. "이제는 IMC 시대이니 TV, 라디오, 신문, 잡지, 옥외물 외에도 채널을 확장해야 합니다. 디지털 사이니지Digital Signage(디지털 옥외광고), 페이스북, 핀터레스트, 트위터 등에도 전부 캠페인을 하셔야 합니다. 그리고 모바일 시대에 부응해서 모바일 앱과 모바일 사이트도 만드셔야 합니다."

기업들 역시 커뮤니케이션 채널을 선정할 때 명확한 잣대를 두지 못하는 경우가 많다. 명확한 성과 측정에 기반을 둔 예산 배분 기준도 찾아보기 힘들다. 그래서 에이전시의 제안이나 유행을 따라 IMC를 실행할 때가 많다.

단지 소셜 네트워크와 소셜 큐레이션이 급부상하고 있기 때문에 페이스북과 핀터레스트에 회사 페이지를 만들고 열심히 포스팅하며 캠페인을 펼치는 것뿐이다. 때로는 이것이 맞는 방식인지 의문이 들지만 마땅한 대안도 없다. 그러는 사이에 기술 발전이 계속되고 새로운 트렌드가 형성된다.

마케팅 커뮤니케이션에서 주목해야 할 핵심 사건은 디지털의 영향으로 소비자의 커뮤니케이션 방식이 바뀐 것이다. 소비자들은 의사결정의 전 과정에서 실시간Real Time 커뮤니케이션을 원한다. 그래서 원하는 시점에 즉시 적절한 정보를 가지고 기업이 자신과 의사소통해주길 기대한다.

특히 모바일 시대가 열리면서 거의 모든 곳에 와이파이Wi-fi가 깔렸다. 검색이라는 새로운 디지털 교통수단이 생기면서 소비자들은 언제, 어디에서든 원하는 정보를 취득할 수 있는 접근성을 갖게 되었다.

그러나 기업의 커뮤니케이션 방식은 소비자의 실시간 커뮤니케이션에 대한 기대치를 따라가지 못하고 있다. 그 대신 과거에 캠페인을 통해 마케팅하던 구태를 계속 보여주고 있을 뿐이다.

물론 기업에 마케팅 예산이 넘쳐난다면 ATL, BTL을 막론하고 모든 채널에 24시간 캠페인을 하고 '올웨이즈 온Always On'을 실행할 수 있겠지만 이것은 꿈같은 이야기다.

기업은 한정된 예산을 효율적으로 쓰기 위해 노력한다. 그래서 타깃팅 정확도를 높이기 위해 기존의 STP 분석을 바탕으로 캠페인을 추진한다. 그런데 이런 방식은 실시간으로 정보를 제공받고 싶어 하는 고객의 커뮤니케이션 기대치와 점점 간극을 넓힌다.

그리고 주변 기술의 발전에 따라 커뮤니케이션 접점이 엄청난 속도로 늘고 있다. 스마트폰, 태블릿 PC, 심지어는 냉장고 같은 가전 제품까지 고객은 거의 모든 지점에서 실시간으로 커뮤니케이션을 하고 싶어 한다.

게다가 '저렴한 립스틱', '마일리지가 높은 신용카드', '혜택이 많은 자동차 보험' 등 소비자들은 다양한 롱테일 검색어를 통해 새로운 검색 결과 페이지를 기하급수적으로 생성하고 있다. 이런 검색 결과 페이지 하나하나는 똑같은 검색어를 입력하고 들어온 같은 니즈를 가진 소비자들이 참고할 수 있는 정교하게 타깃팅된 광고판이 된다.

그러다 보니 기존 마케팅 체계에서 기업이 매체를 구매Buying하여 캠페인을 벌이는 방식은 한계에 부딪혔다. 불규칙적으로 생성되고 소멸되는 어마어마한 수의 커뮤니케이션 접점에 대응할 수 없기 때문이다.

매스미디어 시대에는 말 그대로 불특정 대중Mass에게 30초의 짧은 광고 프레임 내에 임팩트 있는 메시지를 전달한다거나, 다양한 이벤트나 캠페인을 통해 소비자들에게 제품이나 서비스 내용을 인지시키는 데 집중했다. 이 시대에는 소비자들의 구매 행위 역시 단순하고 획일적이었다. 인지-친숙-고려-구매에 이르는 구매 깔때기 Buying Funnel의 규칙적인 의사결정 과정을 거쳤다.

그래서 디지털과 데이터 시대 이전의 기업들은 소비자들의 의사결정 과정을 인지부터 구매 이후 행동까지 단계별로 나누어 대응해왔다. 그리고 선형 프로세스를 따라 인지 단계부터 구매 단계로 진행했다. 기업은 트래픽Traffic을 견인하고 판매를 성사시키기 위해 구매 깔때기Funnel 양 끝인 인지와 구매 단계에 마케팅을 집중했다. 이후 온라인 채널이 생기면서 깔때기 모양의 구매 의사결정 방식은 오프라인과 온라인으로 터치 포인트를 나누어서 대응해왔다.

그러나 이 같은 과거 구매 깔때기 형태를 고수하면서 그것을 오프라인과 온라인으로 나누어 대응하는 방식은 잘못된 접근이다. 고객은 '나는 오프라인으로 인지하고 온라인으로 구매해야지'와 같이 항상 채널 관점으로 정해놓고 행동하지 않는다. [소비자 구매 의사결정 과정의 변화]처럼 고객 관점으로 보면 고객의 구매 과정은 하나의 원형 프로세스가 되어야 바람직하다.

이 과정에서 소비자들은 끊임없이 그리고 불규칙적으로 각 브랜드를 고려 대상에 넣고 빼기를 되풀이한다. 의사결정 과정은 원형의 과정 위에서 이루어지는데, 이때 구매 이후의 경험과 공유 과정이 추가되면서 다음 과정에서 고려할 브랜드를 결정하거나 다른 사람이 구매를 결정하는 과정에 큰 영향을 끼치게 되었다. 소비자들의 구매 의사결정 과정 전체에 걸쳐 브랜드가 소비자를 터치하는데, 온라인과 오프라인의 터치 포인트는 인지-친숙-고려 등의 단계

[소비자 구매 의사결정 과정의 변화]

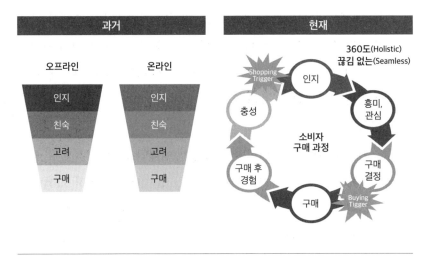

적 과정이 아닌 하나의 종합적 과정으로 통합된다.

이 커뮤니케이션 과정에서 마케터가 잊지 말아야 할 단어가 2개 있다. 첫째가 '360도holistic'이고 둘째가 '끊김 없는seamless'이다. 소비자가 어디에서 어떤 접점에 있든, 언제 정보를 요구하든 브랜드 경험을 제공할 수 있어야 한다. 소비자의 정보 접점이 이전과 비교되지 않을 만큼 다양해졌고 검색과 같은 새로운 정보 탐색 기능 또한 생긴 결과 소비자들은 360도 끊김 없는 커뮤니케이션을 추구하기에 이르렀기 때문이다. 앞서 브랜드 개념을 재정의했듯, 이제는 고객이 온·오프라인을 불규칙하게 넘나들며 부분부분 경험한 모든 경험의 총합이 브랜드이기 때문이다. 결국 고객이 어떤 접점에서 어떤 정황을 갖고 접근했느냐를 알아내는 것이 관건이다.

그런데도 기업은 N스크린 전략과 싱글 사인 온Single Sign On 등을 내세우며 여전히 채널과 기술, 디지털 기기에만 집중해서 마케팅 전략을 수립하고 있다. 컨설팅 회사와 광고기획사 역시 광고주에게 "IMC 시대가 왔으니 온라인과 오프라인의 모든 채널에 캠페인하라"는 그들만의 IMC를 부르짖으며 양적인 팽창만을 꾀하고 있다.

이처럼 IMC가 '멀티채널에 다양한 캠페인을 하는 것'으로 좁게 정의되고 있는 현실이다. 최근에는 소셜 네트워크까지 가세해서 TV, 검색 광고, 유튜브 광고, 페이스북 광고, 트위터 캠페인 등 모든 채널에 진출했느냐, 그렇지 않느냐를 기업 디지털 마케팅 성과의 중요한 척도로 삼는 경우도 허다하다.

기업 마케터들과 광고기획사 실무자들을 만나보면 상당수가 이런 잘못된 방식을 따르고 있다. 기존에 해오던 뿌리 깊은 캠페인 방식을 어떤 식으로 바꾸어야 하는지 명확한 해답을 갖고 있지 않은 경우가 많아서 안타까울 따름이다.

게다가 새로운 기술과 트렌드에 목말라 있는 광고주에게 새삼스럽게 검색, 웹사이트, 블로그 등을 언급하고 기존 매체와의 통합적인 커뮤니케이션을 강조하면 시대에 뒤떨어진 사람으로 오인되는 경향도 있다고 한다. 이때 설득력 있게 대응할 논리가 없어 답답함을 느끼는 사람들 또한 많다. 즉 소비자들은 실시간 온디맨드 커뮤니케이션을 하는 상황에 기업이 STP 전략을 기반으로 디지털 채널에 진출해서 기존 방식에 따라 멀티채널 캠페인만 일삼는 것을 IMC라 불러서는 안 될 것이다.

디지털에서
불친절한 기업들

디지털에서 소비자들이 가장 불쾌하게 여기고 싫어하는 두 가지가 있다면, 바로 막히는 것Stuck in the Middle과 낚이는 것Fishing이다. 그런데 소비자들은 기업의 제품이나 서비스를 인지한 후 추가 정보를 얻거나 비교, 구매 등을 하기 위해 정보를 검색할 때 이런 종류의 불쾌감을 느끼며 불편을 겪는다.

소비자들은 진정한 디지털 커뮤니케이션을 원하며 360도 끊김이 없는 소통을 추구한다. 그런데 이 희망은 번번이 좌절당하곤 한다. 예를 들어 소비자가 회사명이나 브랜드명, 그리고 주요 서비스명을 검색했을 때 웹사이트나 추가 정보로 연결되지 않고 막혀 있는 경우가 있다. 소비자가 TV 광고를 보고 관심을 느껴서 광고가 강조한 내용이나 키워드를 검색했는데 웹사이트로 바로가기조차 등록되어 있지 않을 때 막힘의 불편함을 느낀다. 그리고 제목에는 상세한 정보가 있는 것처럼 표현되어 있는데 정작 클릭해서 들어가 보면 자사 홍보만 하고 있을 때에는 낚임의 불쾌감을 느낀다.

나는 100여 차례 이상의 기업 워크숍 및 특강을 진행하면서 항상 그 회사가 디지털에서 소비자들을 불편하게 만드는 사례를 수집해서 제시한다. 그런데 단 한 번도 해당 기업의 문제점을 찾는데 어려움을 겪은 일이 없을 만큼 몇 번의 클릭만으로도 문제점은 허다하게 드러난다. 그만큼 현재 우리나라 기업의 디지털 커뮤니케이션은 불친절하다.

[카드사 A, B 사례]

•카드사 A 네이버 검색

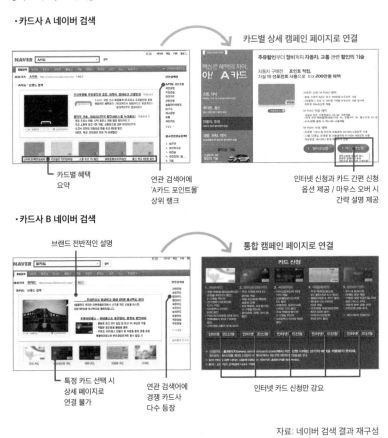

카드별 상세 캠페인 페이지로 연결

카드별 혜택 요약

연관 검색어에 'A카드 포인트몰' 상위 랭크

인터넷 신청과 카드 간편 신청 옵션 제공 / 마우스 오버 시 간략 설명 제공

•카드사 B 네이버 검색

브랜드 전반적인 설명

통합 캠페인 페이지로 연결

특정 카드 선택 시 상세 페이지로 연결 불가

연관 검색어에 경쟁 카드사 다수 등장

인터넷 카드 신청만 강요

자료: 네이버 검색 결과 재구성

[카드사 A, B 사례]는 몇 년 전 검색 포털 네이버에서 두 신용카드 회사를 검색한 결과를 캡처한 것이다. 지금은 A사와 B사 모두 정상적이고 대등한 수준의 광고를 하고 있지만 그 당시에는 편차가 심했다.

[카드사 A, B 사례]에서 보는 바와 같이 두 카드사는 같은 시간대에 같은 비용으로 네이버 브랜드 검색 광고를 실시했다. 그런데 얼핏 보면 큰 차이가 없어 보이는 이 브랜드 광고는 소비자 입장에서 볼 때 몇 가지 근본적인 차이점이 있다.

첫째는 카드 종류별 이름 표기(레이블링Labeling)다. 카드사 A는 자사의 다섯 가지 카드 밑에 핵심적인 '카드 혜택'을 하나씩 표기해놓고 있다. 반면 카드사 B는 자사의 카드 밑에 각각의 카드 명칭만 표기했다.

카드 가입 고객이 카드를 새롭게 신청하는 가장 핵심적인 이유 KBF, Key Buying Factor는 바로 혜택이다. 일부 고객은 카드 이름이 궁금하겠지만, 카드 정보를 검색하는 소비자 대부분은 혜택에 대한 관심이 많다. 따라서 카드 이름보다는 핵심 혜택을 표기한 A사가 훨씬 고객의 니즈에 부합한다고 볼 수 있다.

두 번째는 관심 있는 카드를 클릭했을 때 연결되는 페이지다. '검색'과 '클릭'은 디지털에서 소비자들의 가장 주요한 의사 표현 방식이다. 그런데 카드사 A, B의 광고 페이지에서 각각 첫 번째 카드를 클릭해보면 큰 차이점을 발견할 수 있다.

A사의 경우 맨 왼쪽에 위치한 '카드 ㄱ'을 클릭하면 카드 ㄱ의 캠페인 페이지로 이동한다. 그 페이지에서는 해당 카드에 대한 혜택 위주로 친절하게 설명되어 있고, 특히 오른쪽 하단에 '인터넷 신청' 버튼과 '카드 간편 신청' 버튼 두 가지가 있다. 카드 간편 신청 버튼 위에 마우스 오버(마우스를 올려놓음)를 하면 "전화번호를 남기면 콜센터에서 전화를 주겠다"는 친절한 메시지가 뜬다.

B사의 경우 다섯 가지 카드를 모두 클릭해도 똑같은 캠페인 페이지로 이동한다. 그리고 아래 버튼을 보면 5개 모두 '인터넷 카드 신청' 버튼이다.

이 상황을 오프라인 대리점으로 옮겨놓고 상상해보면 흥미롭다.

점원 도와드릴까요?
고객 네, ㄱ카드 좀 보여주실래요?

여기까지는 똑같다. 그런데 ㄱ카드를 원하는 고객의 요구에 대한 반응이 다르다.

카드사 A 네, 이것이 ㄱ카드입니다. 그 혜택은 이러이러합니다. 인터넷으로 바로 신청하셔도 되고, 일일이 정보를 입력하시기 불편하거나 추가 질문이 많을 때에는 전화번호를 남겨주십시오. 그러면 저희 콜센터에서 연락을 드려서 친절히 설명해드리겠습니다.
카드사 B (고객이 카드 ㄱ을 보고 싶다고 지정했는데도 다섯 가지 카드 모두가 진열된 진열대로 안내하며) 여기에 찾으시는 게 다 있습니다. 신청은 인터넷으로만 하십시오.

디지털이나 오프라인이나 고객은 똑같다. 똑같은 고객이 채널만 이동할 뿐이다. 그리고 고객은 검색과 웹사이트 같은 온라인 채널뿐 아니라 콜센터, 매장, 창구 등의 오프라인 채널까지 넘나들며 여러 가지 정보를 수집하는 과정을 거친다. 스마트폰이라는 도구로

[화장품 A사의 웹사이트 끊어진 링크 및 방문자 유출입 영향 분석 사례]

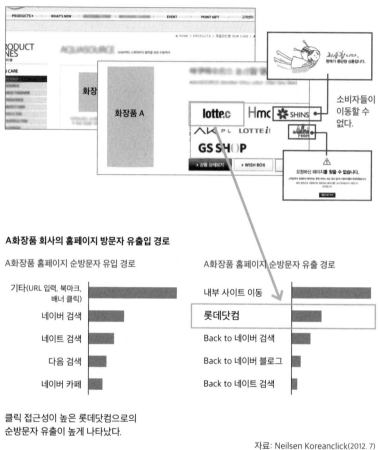

A화장품 회사의 홈페이지 방문자 유출입 경로

A화장품 홈페이지 순방문자 유입 경로

- 기타(URL 입력, 북마크, 배너 클릭)
- 네이버 검색
- 네이트 검색
- 다음 검색
- 네이버 카페

A화장품 홈페이지 순방문자 유출 경로

- 내부 사이트 이동
- 롯데닷컴
- Back to 네이버 검색
- Back to 네이버 블로그
- Back to 네이트 검색

클릭 접근성이 높은 롯데닷컴으로의
순방문자 유출이 높게 나타났다.

자료: Neilsen Koreanclick(2012. 7)

이동성까지 갖춘 고객이 어느 채널에서 구매하거나 계약할지는 예
측할 수 없다.

따라서 기업의 모든 채널에서 똑같이 친절해야 하고 일관된 메
시지를 전달해야 한다. 온라인에서 비용을 들여 광고를 하고 안 하

고의 문제가 아니라 각 채널별로 매우 정교한 전략과 운영이 필요한 것이다.

신규로 카드를 가입하려는 잠재 고객들은 정보나 혜택에 대해서는 인터넷으로 알아보려 하지만, 가입할 때는 콜센터를 통해 궁금한 것을 확인해가며 신청하고 싶어 하는 경우가 많다. 기업의 입장에서도 콜센터로 유입되는 전화 상담이 카드 가입을 위한 것이라해도 대출 상품 판매 등 부가적인 수익 기회를 얻을 수 있다.

실제로 한 국내 신용카드사의 경우, 콜센터로 유입되는 신규 카드 가입 문의 중에 해당 카드의 대출 한도를 묻는 잠재 고객들에게 카드사의 대출 상품을 푸시 마케팅Push Marketing했을 때 계약 체결률이 40퍼센트대에 이른 사례도 있었다.

그러므로 아무리 디지털 채널을 활성화시키려 하더라도 카드사 B처럼 고객을 인위적으로 디지털 채널로 이동시키려는 전략은 효과적이지 못하다. 고객에게 큰 불편함을 끼치는 동시에 채널 고립으로 추가 영업 기회를 잃어버리기 때문이다.

멀티채널을 넘나드는 소비자와 일관된 커뮤니케이션을 하기 위해서는 기업이 운영하는 모든 채널이 서로 협업하는 구조를 이루어야 한다. 이를 위해서는 멀티채널을 운영할 때 어떻게 '통합적인 운영 방식Governance'을 취할지 깊이 고민하고 면밀한 시행 지침을 세워야 한다.

현재 많은 기업에서 디지털 채널 담당과 오프라인 채널 담당을 구분하여 운영하는 체계를 택하고 있다. 그러다 보니 각 운영 채널이 소비자와 고객을 기준으로 전체적으로 성과를 내려 하기보다 부서별 채널 성과에 집중하곤 한다.

디지털에서 고객을 불편하게 만드는 또 다른 사례를 살펴보자. [화장품 A사의 웹사이트 끊어진 링크Broken Linkage 및 방문자 유출입 영향 분석 사례]는 글로벌 톱클래스 화장품 회사의 웹사이트 사례로, 중요하기 이를 데 없는 구매 페이지다. 구매 가능한 인터넷 쇼핑몰과 연동되어 있는데, 테스트 당시 그림과 같이 링크가 끊어진 'Broken Linkage'가 떴다.

소비자가 구매 페이지와 연결된 쇼핑몰을 클릭할 때는 실제 구매할 가능성이 매우 높다. 그런데도 이런 중요한 링크 연결이 끊겨 있는 경우는 모든 산업에서 흔히 접할 수 있다. 물론 소비자의 문의나 담당자들에 의해 바로 복구되는 경우도 많지만, 소비자는 끊어진 링크를 만나면 당황스럽기 그지없다.

이 웹사이트 이용자들의 이동 경로를 나타내는 유출입 경로 데이터를 보면 소비자들이 다양한 경로를 거쳐 이 회사 사이트로 유입되는 것을 알 수 있다. 그리고 쇼핑몰 연결 창의 왼쪽 상단에 위치한 롯데닷컴으로 가장 많이 이동한다. 그런데 이용자 중 상당수가 네이버 블로그나 검색으로 다시 돌아가는 것을 발견할 수 있다.

이런 상황을 해결하려면 사용성 평가Usability Testing를 꼼꼼히 할 필요가 있다. 특히 구매와 연결되는 핵심 페이지들은 상시적으로 모니터링하고 실제 데이터를 기초로 문제점을 해결해야 한다.

다른 사례를 한 가지 더 살펴보자. 같은 시간대에 보험사 두 곳의 보험 상품을 검색하고 그와 링크된 홈페이지(랜딩 페이지)의 일관성을 비교한 것이다.

[끊어진 링크 사례]

링크 관리를 하지 않아서 소비자를 불편하게 하는 사례는 모든 사업에서 무수히 많다.

[검색 페이지와 랜딩 페이지의 내용 불일치 사례]

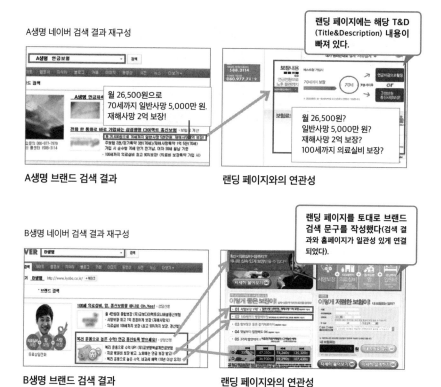

위 그림을 보면 포털 사이트에서 검색한 내용을 클릭했을 때, 홈페이지에서 동일한 내용을 찾을 수 없고 단순히 상품 설명 페이지만 연동했다는 것을 알 수 있다. 반면 아래 그림에서는 캠페인 페이지를 별도 구성해 포털 사이트와의 일관성을 유지했다.

    A생명을 검색한 결과 광고는 월 2만 6,500원, 70세까지 보장 등 소비자의 눈길을 끄는 핵심 정보를 나열하고 있다. 그러나 그 정보를 클릭한 소비자들이 접하는 웹페이지에서는 혜택에 대한 내용을 찾아볼 수 없다. 있다고 하더라도 전혀 다른 단어로 표현되었다. 반

[신문 광고와 인터넷상의 정보 단절 사례]

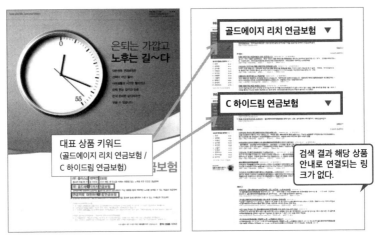

'C생명' 연금보험 신문 광고(2010년 7월)   네이버 키워드 검색 결과

면 B생명은 검색 결과에서 강조하는 내용들과 단어들이 랜딩 페이지Landing Page(도착 페이지)에 일관되게 반영되었고 추가 설명도 일목요연하게 제시되어 있다.

그래도 이 정도는 간단한 실수에 속한다. 훨씬 심각한 사례도 있다. 최근 한 국내 자동차 회사는 같은 차종의 가격 정보를 홈페이지와 모바일 웹사이트에서 200만 원 이상 차이가 나게 제공하기도 했다.

왜 이런 일이 발생할까? 대기업들과 세미나, 워크숍 등을 진행하면서 대부분의 우리나라 기업들이 이런 세심한 부분에 여전히 소홀하다는 것을 느끼곤 한다. 담당자의 단순한 실수, 에이전시에 위

임한 후의 관리 부실 또는 웹사이트와 모바일 사이트의 운영 부서가 다른 경우 등 다양한 이유를 발견할 수 있는데, 이에 대한 대비책이 잘 마련되어 있지 않기 때문에 큰 문제를 일으킨다.

이유를 막론하고 소비자는 제품에 대한 기본 정보를 획득하는 과정에서조차 큰 불편을 겪을 때가 많다. 그러므로 소비자의 입장이 되어 자신이 속한 조직의 핵심 페이지들을 살펴보며 어떤 문제가 있는지, 개선할 방향이 있는지 고민해야 할 것이다.

디지털에서 소외받는 마케팅 ROI

기업에서 기존의 마케팅 조직의 기능은 가치 사슬Value Chain에 따라 광고, 세일즈, 가격Pricing, 상품 기획, 로열티 등으로 세분화되고 많은 자원이 투입되었다. 그런데 디지털은 [디지털 마케팅은 독립적인 가치 사슬이 아니다]의 디지털마케팅팀처럼 하나의 부서가 업무 전체를 총괄하는 경우가 많다. 그러다 보니 디지털 부서는 항상 바쁘고, 업무의 내용도 디지털 채널에서 새로운 캠페인과 이벤트를 진행하는 데 집중하곤 한다.

소비자 입장에서는 같은 사람이 TV도 보고 잡지도 보고 소셜 네트워크도 보며 온라인과 오프라인을 넘나드는 크로스 채널Cross-channel 현상을 보이고 있는데, 기업은 채널별로 담당자를 나눠서 캠페인을 집행한다. 그러면 소비자는 같은 기업으로부터 온라인과 오

[디지털 마케팅은 독립적인 가치 사슬이 아니다]

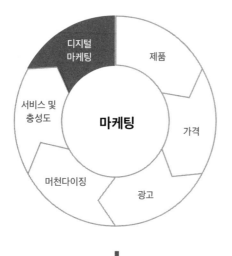

- 디지털 마케팅이 마케팅과 별도의 독립적인 부서로 분리되어 있다.
- 디지털 마케팅 부서에서 디지털 채널 내의 모든 마케팅 관련 업무를 전담하고 있다.
- 실제로는 디지털 채널 내 캠페인에만 집중하는 경우가 많다.

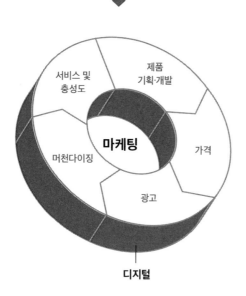

- 디지털은 마케팅 전체 가치 사슬에 스며들어 있다.
- 디지털 마케팅은 독립적인 가치 사슬이 아니다.

[A기업의 2012년 모바일 관련 투자 계획 재구성]

2012		모바일 웹	모바일 앱	태블릿 PC 앱
30억 원	커뮤니케이션팀	●	●	●
13억 원	국내마케팅팀	●	●	
4억 원	브랜드관리팀		●	●
9억 원	해외마케팅팀	●	●	
4억 원	IT팀		●	

· 같은 회사의 5개 마케팅 관련 부서에서 모두 모바일 앱에 대한 투자를 계획하고 있다.
· 디지털 채널에 대해 소비자 관점보다 기술과 유행에 따라 중복 투자를 하는 경우가 빈번하게 발생하고 있다.

프라인에서 일관되지 않은 메시지를 받곤 한다. 그리고 기업은 기업대로 예산을 허비하게 된다.

최근 한 글로벌 톱클래스 기업의 디지털 마케팅 예산 편성을 보고 놀란 적이 있다. 한 회사의 5개 부서에서 모두 스마트폰 앱을 만들겠다고 예산을 짜놓았고, 동시에 3개 부서가 태블릿 앱 개발 예산을 세워두었던 것이다.

그런데 정작 그 회사의 문제는 따로 있었다. 산업 특성상 고객이 가장 많이 활용하고 신뢰하는 웹사이트에서조차 여러 가지가 미비해 고객이 불편을 겪는 상황이었다. 그런데도 디지털 마케팅 매니저는 기업 홈페이지에서 검색 연동성을 강화하고 편의성을 높이기보다는 앞으로 패드Pad와 스마트 TV 시대를 대비해서 스마트 TV 전략에 우선순위를 두고 있다고 말했다.

도대체 무엇이 우선순위일까? 결국 소비자와 고객의 관점으로 돌아가 생각해볼 수밖에 없다. 다음 연도에 애플의 앱스토어와 안드로이드마켓에는 기존의 3개 앱에 신규 5개를 더해 각각 7개씩 총 15개나 존재하게 된다. 이렇게 부서별로 앱을 개발할 필요가 있을까?

나는 디지털 시대 마케팅 전략을 컨설팅하면서 현업 마케터들의 고민이 '디바이스별 전략'에 쏠려 있는 것을 보고 적잖이 놀라곤 한다. 전략을 짜기 전에 고려하는 중요한 사항 중 하나가 한정된 자원을 어디에 우선적으로 투자할지 '전장Battleground'을 정의하는 것이다. 전장을 잘못 정의하면 불필요한 곳에 자원을 낭비하거나 끊임없이 추가 자원을 투입해야 하기 때문이다.

[산업·제품별 소비자 의사결정 시 디지털 채널의 영향도와 매출 비중에 따른 전략 예시]를 통해 간단한 예를 살펴보자. 가전제품은 구매 과정에서 디지털 채널의 영향력이 크고 디지털 채널을 통한 판매(매출) 비율도 높다. 이 경우에는 마케팅 가치 사슬 중에서 커뮤니케이션, 세일즈, 가격 전략 등에 집중해서 차별화하도록 자원을 투입해야 한다. 그러나 자동차 산업처럼 소비자들이 구매하는 과정에서 디지털 채널의 영향력이 매우 크지만 디지털을 통한 판매는 일어나지 않는 경우에는 판매Sales 가치 사슬보다는 커뮤니케이션을 잘하기 위해 더욱 투자해야 한다. 한편 꽃배달의 경우에는 디지털 채널로 판매되는 비중이 높다. 그러나 인터넷에 "국화가 예

[산업·제품별 소비자 의사결정 시 디지털 채널의 영향도와 매출 비중에 따른 전략 예시]

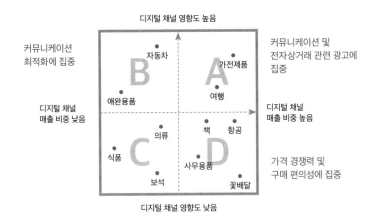

영역	대표 산업	특징
A	가전제품, 여행	디지털의 영향도와 온라인 매출 또한 높으므로 디지털 내의 커뮤니케이션 및 전자상거래 관련 검색 광고 등에 투자 우선순위
B	자동차	디지털에서의 판매는 일어나지 않으나 판매 영향도는 크게 나타나므로 검색 광고, 블로그, SNS 등의 채널을 통한 커뮤니케이션에 집중
D	꽃배달	주로 디지털 채널을 통한 판매만이 일어나므로 전자상거래 편의성에 집중하여 투자하고, 가격 경쟁력을 지속 유지하는 전략

쁜가요, 장미가 예쁜가요?" 등의 질문은 등장하지 않는다. 디지털이 소비자의 의사결정에 미치는 영향력이 미미하기 때문이다. 그러므로 검색 광고를 통한 e커머스 채널에 예산이 집중되어야 한다.

이처럼 전략을 구사할 전장을 정의할 때는 '요즘 최고의 디지털 트렌드가 뭐지?'라는 고민은 일단 접어두어야 한다. 그 대신 인지, 고려, 평가, 구매, 구매 후 로열티, 재구매로 이어지는 소비자 의사결정 과정에서 우리 회사가 경쟁사에 비해 부족한 단계가 어디인지 파악하는 것이 우선이다. 그리고 그 단계 안에서 소비자의 여러 활동 중에 디지털과 연관된 부분Touch Point을 찾아내고 그 부분을 어떻게 차별화할 수 있는지 고민해야 한다.

　은행이나 마트를 방문할 때 사람들은 자동차를 타기도 하고 지하철을 이용하기도 하며 걸어서 찾아가기도 한다. 또 어떤 사람은 지팡이를 짚고 들어가기도 하고 또 어떨 때는 휠체어를 타기도 한다. 그렇다면 마케팅에서 소비자가 활용하는 스마트폰, 스마트패드와 같이 다양한 기기는 자동차, 지하철, 지팡이, 휠체어에 비유해서 생각할 수 있다.

　각각의 소비자들은 각자의 상황에 따라 여러 수단을 통해 마트나 은행을 찾는 것인데, 기업은 여러 경로를 통해 방문한 소비자들이 필요한 물품을 쉽게 찾는다거나 종업원들이 친절하게 고객을 대응하게 하는 등의 기본 문제에 우선적으로 집중하지 않는다. 그러면서 자동차를 타고 온 고객은 어떻게 대할지, 걸어온 고객을 어떻게 대할지에 대해 고민하는 형국이다.

　기업이 각각의 디바이스에 따라 개별 전략을 수립하다 보니 소비자는 기업으로부터 잘 계획되고 통일된 메시지를 전달받지 못한다. 어떤 경우에는 회사의 채널로부터 "우리 회사 제품 사세요!"라고 구매를 강요받는다. 이와 반대로 페이스북 같은 곳에서 시종일관 "잘 지내세요? 날씨 좋지요?" 같은 가볍고 일상적인 메시지만 전달받을 때도 있다.

　많은 기업이 고객의 디지털 활용 정도와 디지털 접점에서 고객

[정보 탐색 및 구매 단계에서 소비자들의 디바이스 활용 비중(여행 산업)]

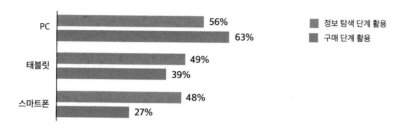

- 채널 투자 우선순위 고려 시 투자 대비 효과(ROI)를 간과해서는 안 된다.
- 디지털 채널 투자 시 기술 및 유행에 따르기보다 실제 소비자들의 활용도를 기준으로 경쟁사와 차별화할 수 있는 방안을 고민해야 한다.

자료: JiWire, "Mobile Audience Insights Report"(2013. 10)

이 느끼는 불편함은 고려하지 않는다. 그리고 경쟁사보다 떨어지는 부분을 보완하고 우월성을 확보하는 것이 경쟁의 포인트라는 점을 간과한다. 그래서 자사의 디지털 수준에 대한 잣대를 포털이나 최고의 하이테크 회사에 맞추고는 새로운 디바이스가 출시되는 시점에 맞추어 가장 빨리 관련 서비스를 만들어 내놓는 데 혈안이 된다. 디지털 담당 임원은 부임하자마자 해당 기업의 고객 라이프로그를 분석하기보다는 실리콘밸리에서 열리는 각종 컨퍼런스에 참석하고 구글과 페이스북의 벤치마킹을 위해 출장을 다녀오기 바쁘다. 이런 활동은 마케팅 ROI 관점에서는 과도한 투자이며 효율적이지 않다.

전략에서 가장 중요한 요소 중 하나가 바로 '우선순위화Prioritization'다. 가장 먼저 각 디지털 요인이 우리 산업에 주는 시사점을 파악하고 소비자와 고객의 정보와 니즈를 파악해야 한다. 그리고 해당 기업의 고객 니즈를 바탕으로 기업이 취할 수 있는 여러 옵션 중에서 '선후행 관계'를 따져보아야 한다. 그 후 각각의 고객 세부 접점MOT, Moment Of Truth에서 경쟁사보다 원활하고 차별화된 커뮤니케이션을 전개할 수 있도록 자원을 투입하는 우선순위가 결정되어야 하는 것이다.

조회 수가 마케팅 성과의 지표는 아니다

기업 CEO들이 마케팅 활동에서 가장 궁금하게 여기는 것은 두말할 나위 없이 '성과'다. 현대 기업들은 명분이나 과정보다는 성과에 몰입하는 체제로 변모했기 때문이다.

특정 기업의 디지털 마케팅 컨설팅을 할 때 가장 먼저 열람을 요청하는 자료가 CEO와 CMO가 보고받는 성과 리포트다. 그 기업이 어떤 기준으로 성과를 측정하는지, 특히 마케팅 성과는 어떤 방식으로 측정하는지 분명하게 알 수 있기 때문이다. 그런데 마케팅 성과 리포트의 경우 담당 마케터가 직접 작성하는 경우도 있지만, 에이전시가 제출한 리포트를 활용하는 비중도 꽤 높다.

글로벌 톱 기업들의 CEO, CMO들과 자리를 함께할 기회가 있었다. 그런데 그 자리에서 한 CEO가 "이번에 우리 회사 유튜브 광고 조회 수가 500만을 넘었다"고 뿌듯하게 이야기하는 것을 들었다.

그렇다면 유튜브 캠페인의 성과는 과연 '조회 수'일까? 이 질문에 답하기 위해 기업이 캠페인을 하는 목적이 무엇인지부터 살펴보자. 기업 이미지를 좋게 하려는 목적, 제품이나 브랜드, 서비스 등의 출시를 알리고 인지시키려는 목적, 회사 제품이나 서비스의 장점을 알려주려는 목적, 구매를 시키려는 목적 등 다양하고도 세부적인 목적이 있다. 그런데 '조회 수'가 높으면 이 모든 목적에서 성과를 거두었다고 볼 수 있을까? 가수 싸이의 〈강남스타일〉처럼 제품이나 서비스의 인지도를 높이려는 목적이라면 조회 수와 공유 횟수가 가장 중요한 성과일 수 있다. 그러나 '공감'과 '재미Fun'는 분명히 구별되어야 한다. 높은 조회 수 자체가 높은 공감을 이끌어낸다는 증거는 되지 못한다.

페이스북도 마찬가지다. 대부분 기업의 초기 페이스북 캠페인 방식은 팬페이지를 열고 '좋아요'를 늘리고 댓글이 많이 달리게 하는 것이었고, 지금도 큰 변화는 없다.

또한 고객 관점에서 마케팅 성과를 측정할 때 하나의 매체만 기준으로 삼거나 그 매체에서만 제공하는 데이터를 살피는 것만으로 충분할까? 소비자들이 다양한 채널을 불규칙적으로 넘나드는 '크로스 채널링' 현상을 상기해본다면, 각 매체나 단일 채널의 성과만 가지고 캠페인의 성과를 판단하는 것은 적절하지 못함을 알 수 있다. 그런 식으로 캠페인을 진행하면 고객이 커뮤니케이션을 할 때 불쾌함과 불편함만 가중된다.

이처럼 기업 캠페인의 성과는 단편적인 지표로 측정해서는 안 된다. 그렇지만 복잡하고 다양한 지표를 많이 본다고 해서 되는 것도 아니다. 소비자와 고객을 우선으로 여기고 캠페인의 목적과 부합Align하는지를 기준으로 생각해야 한다. 즉 그 캠페인으로 인해 촉발되는 여러 가지 소비자의 행동과 연동되는 지표가 정의되어야

한다. 결국 기업의 핵심 목표인 매출과의 연동선상에서 성과를 측
정해야 한다는 것이다. 더 자세한 내용은 뒤에서 성과 지표KPI를
다룰 때 다시 이야기하겠다.

24시간 대응 체계
방향성

고객은 시간을 정해두고 의사소통하지 않는다. 그래서 언제 어디
서든 즉시 다양한 관심사를 해결하려는 고객들과 원활한 커뮤니케
이션을 진행하기 위한 기업의 대응 체계로 온·오프라인 협업적 커
뮤니케이션 플랫폼 구축을 해야 한다.
이 또한 AI 시대가 되면서 진화하기 시
작했다. 학습을 통해 고객 커뮤니케이
션 능력을 갖춘 인공지능 '봇'들이 24시
간 커뮤니케이션 체계를 갖추기 시작
했다. 특히 페이스북 등 선도 기업들은
메신저 APIApplication Programming Interface
를 공개함으로써 기업이 '챗봇Chabot'을
통해 24시간 고객과 커뮤니케이션할
수 있는 기반을 제공하기 시작했다.
　현대 소비자들은 IoT로 연결된 환
경에서 살기 시작했고 이는 순식간

[페이스북 메신저 API 활용 사례]

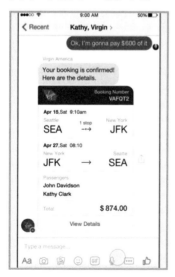

에 확산될 것이다. 주방에서 요리하면서 중얼거린 말이 이른바 4S(Speaker&#65534;Shaped Sponsored Spy, 광고를 장착한 스피커 모양의 인공지능 스파이라고 재미있게 표현해보았다)를 통해 전달되고, 이것이 검색과 결합됨으로써 적절한 해답을 내놓는 24시간 커뮤니케이션 대응 체계가 가능해졌다. 이제 가족의 말을 엿들을 수도 있는 인공지능 스파이들이 이런 분석을 내놓을 날이 머지않았다.

'이 집 둘째 아들은 내일 여자친구와 1박 2일 여행을 가기로 해놓고, 어머니에게는 학교 MT를 간다고 말하고 있구나!'

앞서 언급했던 커뮤니케이션의 뉴노멀에 24시간 대응하기 위해 기업들은 메신지와 음성, 이 두 가지 핵심 채널의 의존도가 커질 것이다. 이와 같이 고객 커뮤니케이션은 사전적 의미부터 바뀌어야 할 정도로 새로운 질서가 형성되었다.

chapter 2

디지털 시대 마케팅의 새로운 흐름, COD

01

디지털 시대의
새로운 마케팅 방식, COD

왜
COD인가

지금까지 디지털로 인해 기존 마케팅의 많은 부분이 변화되었고 기업이 디지털 마케팅과 관련하여 놓치고 있는 것들에 대해 설명했다. 특히 기업은 말로만 '고객'을 외칠 것이 아니라 디지털 현장에서 고객과 원활하게 커뮤니케이션하기 위해 먼저 디지털로 인해 진화된 소비자를 이해해야 한다고 여러 차례 강조했다. 이때 커뮤니케이션은 끊김 없고 전방위적인 소통을 의미한다.

그렇다면 왜 끊김 없고 전방위적인 마케팅 커뮤니케이션(소통)이 중요할까? 앞서 말했듯, 소비자들이 디지털에서 가장 불편해하는 상황은 낚이거나 막히는 상태다. 즉 헤드라인이나 제목만 읽고 링크에 들어갔는데 전혀 다른 정보를 접함으로써 낚임을 경험한다. 그리고 정보 습득 과정에서 정보를 찾을 수 없어 디지털 공간의 미아가 되거나 추가 정보로 이동할 수 없는 막힘의 상태에 놓인다.

한편 소비자와 고객은 새로운 정보를 인지하고 이것을 다른 제품이나 서비스와 비교하며 다른 소비자의 의견을 읽고 자신의 의견을 피력하는 다양한 과정을 거친다. 이 과정에서 기존의 마케팅 캠페인 방식으로는 감당하기 힘든 부분이 많이 발생했다. 소비자들이 클릭, 검색 등을 통해 끊임없이, 그리고 실시간으로 정보를 요구하기 때문이다.

요컨대 디지털 시대에 나타난 기업 마케팅의 가장 크고 중요한 변화는 고객과 소비자다. 그들의 의사 표현 방식과 정보 습득 방식이 바뀐 것이 가장 근본적인 변화인 셈이다. 기업 영리 활동의 토대가 되는 소비자와 고객의 커뮤니케이션 방식이 달라진 것은 두말할 나위 없이 가장 중요한 경영 환경의 변화라고 볼 수 있다.

특히 스마트폰의 보급 이후 소비자들은 시도 때도 없이 불규칙하게 다양한 채널을 넘나들며 정보를 습득한다. 기업의 입장에서 지금의 마케팅 캠페인 방식으로는 소비자가 언제, 어디에서나 클릭, 검색 등을 통해 표출하는 실시간 온디맨드 정보 요구에 대응하기가 불가능하다. 마케팅에 투입할 수 있는 자원과 예산이 제한되어 있기 때문이다. 소비자가 넘나드는 모든 채널에 24시간 내내 기업 캠페인 정보가 노출될 수 있도록 '올웨이즈 온Always On' 하는 일은 현재 기업 마케팅 예산으로는 도저히 감당할 수 없다.

그렇다고 기업이 블로그, 팬페이지 등 최대한 많은 채널에 진출해서 하루에도 몇 개씩 기업이 전달하고 싶은 캠페인성 글이나 메시지를 올리는 것을 두고 마케팅 커뮤니케이션, 즉 소통이라고 말할 수는 없다. 소비자들은 기업이 전달하려는 말을 듣고 싶어 하지 않는다. 그들은 '지금 이 순간', 즉각적인 정보를 얻고 싶어 한다.

소비자들은 다양한 디바이스로 무장하고 언제 웹사이트, 검색, 소셜 네트워크, 블로그 등을 방문할지 모른다. 소비자들은 언제 어디에서든 필요한 정보를 요구하고, 그것을 공유할 소통의 준비가 되어 있는 상태다. 휴대폰, 센서 등의 주변 기술들까지 무서운 속도로 이런 상황을 지원해주고 있다. 결과적으로 기업은 지금의 캠페인 방식으로는 디지털로 변화한 고객의 커뮤니케이션 욕구를 도저히 충족시킬 수 없다. 물리적으로 불가능할 뿐 아니라 기업 시스템, 성과 측정 방식, 프로세스, 조직 운영 등 기존의 경영 관행으로는 소비자들의 소통 방식을 따라잡기 힘들다.

특정한 시간과 장소를 정한 후에 커뮤니케이션하려 들지 않는 고객들은 자신이 궁금하거나 원할 때, 필요할 때, 즉 온디맨드로 소통하려 한다. 언제 어디서든 그들은 온디맨드 방식인 검색과 클릭, 소셜 네트워크와 메신저, 챗봇까지 다양한 수단을 활용해 커뮤니케이션한다. 따라서 기업의 커뮤니케이션은 고객이 원할 때 이뤄지는 것이 가장 효과적이다.

그런데 고객의 실시간 커뮤니케이션 욕구를 충족시키려면 기업

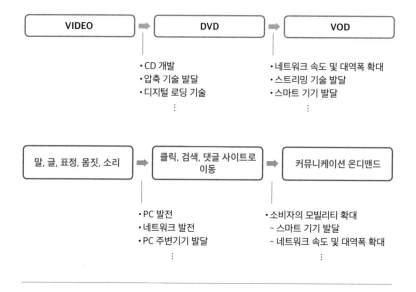

[비디오 산업 및 커뮤니케이션의 진화]

은 모든 채널을 365일 24시간 가동해야 한다. 그럴 수 없다면 실시간 커뮤니케이션을 위한 전략적 옴니 채널 플랫폼을 구축해야 한다. 이를 위한 구체적인 전략과 시스템이 요구된다.

나는 디지털로 인해 근본적으로 달라진 마케팅 커뮤니케이션을 'CODCommunication On Demand'라고 표현한다. 기존 비디오와 DVD가 고객의 요구에 대응하는 VODVideo On Demand 방식으로 변화한 것과 마찬가지다. 통신망, 스마트 기기 등 관련 기술이 함께 발전하면서 소비자들의 커뮤니케이션 방식 또한 온디맨드 방식으로 진화했다.

기업은 이 같은 소비자들의 COD 니즈에 대응하기 위한 플랫폼 전략이 절실해졌다. 그리고 이에 맞춘 프로세스와 거버넌스 등 대응 인프라도 갖춰야 한다. 이번 장에서는 이에 대해 구체적으로 다루고자 한다.

채널을 넘나드는 소비자, 채널에 묶인 기업

국내 톱 보험회사를 컨설팅하면서 고객의 보험 가입 경로에 대해 조사한 적이 있다. 그 당시 그 회사의 마케팅 본부장CMO은 현황을 진단하는 인터뷰에서 이렇게 말했다.

"우리 회사는 20대의 보험 가입을 늘리기 위해 다이렉트 채널을 만들었다. 어떻게 하면 20대 젊은 사람들을 보험에 많이 가입시킬 수 있을지 의견을 달라."

"인터넷으로 보험 가입이 일어나지 않아서 아직은 오프라인 채널에 집중적으로 예산을 배분할 수밖에 없다."

그런데 이 말을 자세히 분석해보면 몇 가지 잘못된 가정Assumption이 숨어 있음을 알 수 있다.

첫째, 이 회사 CMO는 모든 채널을 세일즈 채널로 여기고 있다는 것이다. 그런데 회사의 모든 채널이 "보험 가입하세요"라는 동일한 어조와 방식Tone and Manner을 유지하는 것은 멀티채널에서 다양한 롱테일의 정보를 습득하려는 고객의 입장을 고려하지 않는 셈이다. 이는 고객을 기준으로 삼은 것이 아니다.

실제로 보험사 다이렉트 채널의 경로와 방문율을 조사해보니 40퍼센트 이상의 고객이 중복 방문을 하고 있었고, 소비자들은 이를 정보 채널로 활용했다.

둘째, 채널별로 채산해야 한다는 가정이 깔려 있다. 이는 첫 번째 이유와 일맥상통한다. 많은 기업이 특히 채널별 예산을 편성할 때 판매나 가입이 이루어지는 장소나 매출이 일어나는 기준으로 배분하는 경우가 많다.

만약 판매가 일어나는 포인트Point of Sales를 기준으로 생각한다면 전속 설계사와 대리점, 홈쇼핑 등에만 예산을 배정해야 한다. 그러나 실상은 어떤가? 고객은 크로스 채널링을 하며 정보를 습득한다. 홈쇼핑에서 설명을 듣고 주변 사람들의 추천을 확인한다. 우연히 본 신문의 광고를 유심히 살피기도 하고, 원래 알던 설계사에게 물어보기도 한다. 때로는 은행에 들렀을 때 방카슈랑스 창구에서 문의하기도 한다. 그리고 보험설계사를 하는 친한 친구에게 전화해서 가입한다.

도대체 언제, 어느 시점에 결론을 내리는지 소비자 자신도 모를 것이다. 그런 상황에서 보험 가입이 일어나는 채널을 기준으로 예산을 따로 편성하거나 성과를 측정하는 것은 합리적이지 않다.

그뿐만이 아니다. 앞서 STP 전략을 다루면서 언급했듯, 인터넷 채널을 만든다고 갑자기 20대 고객이 늘어난다는 발상 자체가 시대착오적이다. 산업과 제품 그리고 서비스 종류에 따라 소비자와 고객의 크로스 채널링은 다양한 형태로 나타난다. 이런 상황에서 기업은 우선적으로 채널별 영향 관계와 협업에 대해 고민해야

[A 암보험 가입 채널별 비중 및 정보 습득 출처 예시]

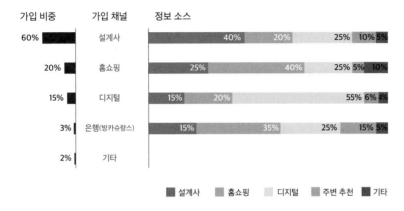

- 소비자는 다양한 채널을 넘나드는(Cross Channelling) 의사결정 과정을 거치므로 보험이 계약되는 가입 채널을 기준으로 마케팅 예산을 책정해서는 안 된다.
- 숫자는 예시.

한다.

내가 만나는 기업들에서 가장 많이 문의하는 것 중 하나가 소셜 네트워크 전략에 관한 것인데, 소셜 네트워크가 마케팅적으로 중요한 이유는 많은 여론조사에서 볼 수 있듯이 소비자 때문이다. 소비자들은 TV 광고나 신문보다 지인들의 추천, 다른 소비자들의 사용 후기 그리고 기업이 운영하는 디지털 채널에 문의했을 때 담당자로부터 오는 답변을 더 신뢰Trust한다고 답한다.

앞서 언급했듯, 소셜 네트워크는 Social Networking Service로 각 개인의 사회적 관계와 네트워크는 '소셜 그래프Social Graph'를 형성한다. 그리고 디지털이라는 이네이블러를 통해 트위터, 페이스북과 같이 플랫폼화되었다. 한편 개개인의 소셜 그래프 간의 연결도

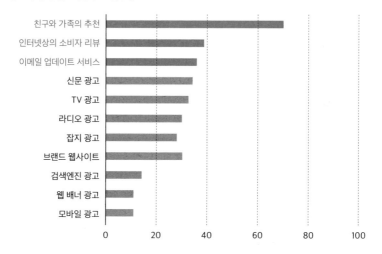

[소비자의 정보 신뢰도 점수]

친구와 가족의 추천	
인터넷상의 소비자 리뷰	
이메일 업데이트 서비스	
신문 광고	
TV 광고	
라디오 광고	
잡지 광고	
브랜드 웹사이트	
검색엔진 광고	
웹 배너 광고	
모바일 광고	

0   20   40   60   80   100

소비자는 TV 광고, 라디오 광고보다 친구와 가족의 추천, 인터넷상의 다른 소비자들의 리뷰 등을 더 신뢰하고 있다.

기존과 비교할 수 없을 정도로 빨라졌다. 페이스북, 핀터레스트와 같은 소셜 네트워크 플랫폼들은 오프라인에서 불가능했던 여러 기능을 복합적으로 융합하여 현재 소셜 네트워크의 가치를 만들어 냈다.

그리고 개개인의 소셜 그래프끼리의 연결도 기존과 비교도 안 되게 빨라지고, 페이스북이나 핀터레스트 같은 소셜 네트워크 플랫폼들은 오프라인에서 가능하지 않던 많은 기능을 복합적으로 융합하여 제공함으로써 지금의 소셜 네트워크의 가치를 만들어낸 것이다.

이렇듯 소셜 네트워크 활용의 중요성에 대해서는 논의할 필요조차 없을 만큼 모두가 그 중요성을 인지하고 있다. 그렇다면 기업의 마케팅 관점에서 이를 어떻게 해석하고 활용하는 것이 좋을까?

소셜 네트워크가 포털에 비해 차별화되는 가치를 마케터의 입장에서 정리하면 두 가지로 요약된다. 첫째가 '로그드인 데이터Logged-in Data'이고, 둘째는 '연결을 통한 소비Connected Comsumption'다.

먼저 로그드인 데이터에 대해 살펴보자. 현재 적지 않은 기업들이 자사 브랜드, 제품, 서비스 등과 관련된 다양한 연관 검색어를 모니터링하고 분석한다. 그런데 포털 검색엔진을 사용하는 소비자는 로그인을 하지 않은 상태에서 바로 키워드를 입력하는 경우가 많다. 그래서 검색엔진에 키워드나 디스플레이 광고를 한 광고주는 이 광고에 반응한 고객들이 누구인지 정확히 몰랐다. 대략 추측만 할 뿐이었다.

이에 반해 소셜 네트워크는 개인에 따라 특화된 홈페이지를 허브로 활용하는 방식이므로 대부분 로그인을 한다. 이 때문에 방문, 페이지뷰, 이동 경로, 유출 경로 등 모든 라이프로그가 이름표를 단 채로 고스란히 남는다. 따라서 페이스북 같은 소셜 네트워크 플랫폼을 제공하는 회사는 구글 등 검색엔진을 제공하는 회사에 비해 훨씬 더 개인화된 정보를 광고주에게 제공할 수 있다.

지속적으로 논란이 되고 있는 개인정보에 대한 문제는 결국 시대의 요구에 따라 완화되어가는 추세다. 앞으로 소비자들은 돈을 받고 자신의 정보를 팔거나, 정보 제공에 대한 대가로 할인을 받는 등의 형태로 바뀌어갈 것이다. 지금도 이미 그와 같은 서비스를 준비하거나 출시한 경우를 볼 수 있다.

통계에 따르면 국내 페이스북 사용자의 60퍼센트 이상이 모바일 앱을 사용하며, 소비자들은 위치, 이동 거리 등 모빌리티에 대한 정보까지 자기 의사와 관계없이 생성하고 있는 셈이다. 정확한 타깃팅을 중요시하는 광고주와 마케터 입장에서는 모바일 활용의 증가가 희소식이 아닐 수 없다.

게다가 스마트폰을 통한 모바일화가 가속되면서 대부분의 기존 서비스들도 로그인된 채로 활용되기 시작했다. 소셜 네트워크뿐 아니라 '구글 킵Google Keep' 등의 새로운 서비스들이 개인화되면서 로그인을 지향하고 있다.

기업 입장에서는 스마트폰 하드웨어 자체의 기능이 향상되는 것 역시 관심 있게 지켜보아야 한다. 예를 들어 스마트폰에 장착된 위치 센서나 기압 센서 등의 다양한 센서를 통해 소비자의 정황을 알게 해주는 많은 데이터가 생성될 것이다. 특히 기압 센서는 등산할 때 칼로리 소비를 비교적 정확하게 측정할 수 있게 도와주기 때문에 다이어트 앱을 서비스하는 관련 업체들이 반색했다(기존에는 전체를 평지로 인식했기 때문에 단순히 걷는 거리와 속도만을 가지고 추정했다).

그리고 스마트 TV 보급률이 높아지면 가족 전체의 성향이 기업에 낱낱이 제공되는 환경으로 바뀔 것이다.

마케터 입장에서 소셜 네트워크는 연결을 통한 소비를 창출하므로 중요하다. 소비자가 TV 광고보다 신뢰하는 지인의 추천과 사용 후기 등의 정보에 소셜 네트워크의 타임라인 방식을 통해 훨씬 더 쉽고 빠르게 접근하게 됨으로써 연결을 통한 소비가 활성화되었다.

이러한 소셜 네트워크의 정보 확산 방식은 소비자의 구매 의사 결정 과정 중에서도 인지 및 충성도 생성 면에서 큰 영향력을 발휘하고 있다. 여기에 페이스북이 발표한 '그래프 검색Graph Search'과 같은 검색을 넘어 데이팅 기능까지 강화한다면 비교 및 구매 연동에 이르기까지 영향력의 범위를 엄청나게 확장할 수 있을 것이다.

소셜 네트워크의 발전으로 소비자는 신뢰도 높은 의견에 언제, 어디에서든 접속할 수 있는데 개인이 소셜 그래프와 연동하여 구매하는 것이 바로 연결을 통한 소비다.

따라서 마케터는 모든 연결고리를 어떤 식으로 활용할 것인가를 진지하게 검토해야 하며, 이를 기반으로 마케팅 전략을 구상해야 하는 과제를 안고 있다.

연결을 통한 서비스는 단지 소셜 네트워크만을 가리키지 않는다. 여러 채널을 넘나들면서 의사결정하는 현상과 소비자들이 신뢰하는 지인 네트워크, 즉 소셜 그래프와 언제, 어디에서든 연결이 가능함을 의미한다. 또한 킨들, 스마트폰과 같이 다양한 디바이스와도 연동되는 것을 뜻하는 확장된 의미다. 그래서 아마존은 킨들을 내놓을 때부터 '언제, 어디에서든 책은 아마존에서 소비할 수 있게 하겠다'고 당당하게 포부를 밝힐 수 있었다.

기업 마케터 입장에서 소셜 네트워크를 바라보는 관점에 대해 설명했다. 위와 같이 소비자들은 구매 의사결정 과정에서 오프라인과 모바일을 포함한 디지털 채널을 끊임없이 넘나든다.

기업들은 이런 소비자에 대응하기 위해 '멀티채널 전략'이라는 명목하에 다양한 채널별로 운영 전략을 짜고 마케팅 캠페인 위주로 마케팅 계획을 수립해왔다. 그러나 앞서 여러 차례 언급한 바와 같이 소비자가 다양한 디바이스(오프라인으로 비교하자면 다양한 이동 수단)를 통해, 자신이 처한 상황에 따라 그때그때 다른 여러 방법을 통해 멀티채널에 접속하는 현상을 보이고 채널별로 얻은 파편화된 브랜드 경험의 총합을 기준으로 판단하기 시작하면서 채널별로 각각의 판매 전략을 수립하던 기존의 멀티채널 전략은 도전에 직면하게 되었다.

그런데 아직 많은 마케팅 에이전시에서 제안하는 소셜 네트워크 플랫폼 전략은 소셜 네트워크 채널들을 묶어서 하루에 몇 개씩 글을 올려주거나 캠페인하는 방식에 머무르고 있다. 그리고 기업의 소셜 네트워크 전략 역시 채널별로 콘텐츠를 끊임없이 올려주는 방식으로 진행된다. 이는 고객의 관점에서 볼 때 총체적Holistic 플랫폼이 아니다.

내가 만난 어느 텔레콤 회사의 인터넷 담당 본부장은 "우리는 경쟁사보다 먼저 트위터, 페이스북에 진출했고, 최근에는 핀터레스트, 구글 플러스에까지 모두 진출했다"고 자랑스럽게 말했다. 다양한 소셜 네트워크 채널에 먼저 진출한 것을 성과로 자랑하는 수준인 것이다.

한편 모든 계열사에서 각각 4대 소셜 네트워크 채널에 기업 페이지를 만들겠다고 발표한 재벌 그룹의 경우, 소통보다는 리스크 관리Risk Management에 채널 운영의 중점을 두고 있는 것처럼 보인다. 회사에 대한 부정적인 의견이 급증하는 시기에 소비자에게 회사의 입장을 말할 곳을 최대한 많이 확보하겠다는 측면이 강하다.

물론 기업이 소비자와 고객의 의견을 빨리 모니터링하고 대응하는 것은 매우 중요하다. 그러나 다음 장에서 상세히 설명하겠지만, 이런 목적을 위해 그렇게 많이 투자하는 것은 일반 기업이 취할 만할 합리적인 전략이 아니다.

소통에 있어서 기업이 가장 많이 범하는 오류가 있다. 들은 후에 말하지 않고 자기 할 말을 먼저 하고 나서 듣는 방식을 고집하면서 멀티채널 간의 계획적 연동과 협업을 통해 소통이 이뤄지지 않는 것이다. 그래서 소셜 네트워크 등과 같이 유행하는 채널에 집중하면 각 채널별로 모든 것이 완결된다는 착각을 품고 있다.

O2O 가치 제안: 온라인과 오프라인의 효과적 연동

고객에게 또 다른 가치를 제안하고자 하는 노력의 일환은 O2OOnline to Offline라는 화두로 이어졌다. 하지만 O2O는 본질적으로 새로운 것은 아니다. 온라인에서 보고 오프라인에서 사는 것과 그 반대의 경우 모두 예전부터 있던 일인데도 뭔가 새로운 화두를 만들고 싶어 하는 사람들이 만들어낸 유행어쯤으로 이해하면 된다.

문제는 O2O를 기술적 차원에서만 접근하여 가장 중요한 현장 커뮤니케이션을 간과하는 일이 자주 생긴다는 것이다. 예를 들어 한 빵집 체인이 엄청난 비용을 들여 신제품 'A빵'을 대대적으로 광

[O2O 활용 사례]

이용자가 페이스딜(facedeals)에 자신의 얼굴을 등록해놓는다.

이용자가 페이스딜이 설치된 매장에 들어설 때 페이스딜 카메라가 이용자의 얼굴을 알아본다.

페이스딜이 이용자 정보를 분석하여 최적화된 제안을 하거나 혜택을 준다.

이용자는 자신에게 적합한 서비스와 혜택을 누린다.

O2O는 새로운 기술의 결합을 통한 '온라인 투 오프라인(online to offline)'만을 의미하지 않는다. 옴니 채널상에서 일관되고 협업적인 커뮤니케이션 설계를 통해 매출을 증대하는 것이 목표다.

자료: 페이스딜 소개 동영상 캡처

고했다고 하자. 그런데 막상 아침 일찍 그 빵집에 가니 점원이 "A빵은 오전 11시에 판매대에 나온다"고 말하면 어떨까? 전날 밤 대대적인 TV 광고를 하고, 빵집 입구에도 A빵 홍보 포스터로 도배를 해놓고도 정작 고객이 가장 몰리는 시간대에는 판매가 이뤄지지 못하게 된 셈이다. 빵집에서 최종 대고객 커뮤니케이션은 광고 전단이 아니라 '빵'인 것이다.

O2O 전략에서 마케팅적으로 가장 중요한 점은 결국 온라인과 오프라인의 옴니 채널 마케팅 커뮤니케이션을 통합적으로 운영하는 것이다. 이런 협업적인 체계를 통해 일관된 대고객 가치 제안, 즉 옴니 채널에서 일관되고 체계적인 커뮤니케이션을 해야 한다. A빵의 경우 밤새 광고하고 매장 입구에도 수많은 광고 내용을 진열했지만, 정작 A빵의 생산관리 부서와 마케팅 부서의 소통이 단절되고 매장 내 커뮤니케이션에 치명적인 허점이 생겨 결국 고객을 헛걸음시키게 된 것이다.

O2O를 잘하기 위해서는 광고 메시지뿐 아니라 판매대에 진열되는 시간과 스토어 내에서까지 소비자와 어떻게 의사소통을 할지 치밀하게 계획되어야 한다. 핵심은 옴니 채널 간 커뮤니케이션의 설계를 얼마나 협업적이고 일관되게 하느냐다. 광고의 메시지와 매장의 메시지가 서로 다르다면 결과적으로 고객을 옴니 채널상의 미아로 만들고, 자칫 고객을 낚는Fishing 방식으로 비쳐질 수 있는 등 치명적인 실패를 낳기 마련이다.

'푸딩' 제품의 성공적인 마케팅 사례 하나를 보자. 인기 드라마 〈별에서 온 그대〉에 간접광고PPL를 하면서 이 효과가 스토어에서 이어지도록 커뮤니케이션 전략을 짰다. 방법은 단순했다. 마트 판매원들의 매장 이벤트 일정을 PPL 다음 날로 조정하고 기존의 복잡한 세일즈 토크 대신에 단 다섯 자 "별그대 푸딩"만 외치도록 했더니 매출이 800퍼센트 늘어났다. O2O 전략을 다룰 때 비콘 마케팅 등과 같이 신기술이나 테마, 유행에 집착하지 말라. 관건은 가치 제안의 일관성과 디테일을 통한 매출이다.

02

COD
플랫폼 전략

| 트리플 미디어에 대한
| 오해

미국의 한 컨퍼런스에서 '트리플 미디어Triple Media'라는 신조어가 등장했다. 늘 그렇듯이 마케터들은 트리플 미디어 바람에 휩싸였고, 마치 새로운 금광을 발견한 듯 어떤 컨퍼런스에서든 트리플 미디어 콘셉트를 설명하기에 바쁘다.

그러더니 한 광고 회사에서 '트리플 미디어 전략'을 대대적으로 발표했다. 이 회사는 『트리플 미디어 전략』이라는 일본 책을 번역해서 제시했는데, 이 발표의 골자는 다음과 같다.

첫째는 페이드 미디어Paid Media다. 간단히 말해 돈을 내고 사용하는 미디어를 말한다. TV나 라디오, 신문이 여기에 속한다. 둘째는 온드 미디어Owned Media로 회사가 보유한 미디어다. 홈페이지나 블로그가 온드 미디어에 해당한다. 세 번째는 언드 미디어Earned Media로 고객과 함께하는 미디어다. 소셜 네트워크가 대표적이다. 페이드 미디어는 비용이 많이 드는 반면, 영향력과 효과가 가장 크고 대중에게 빠른 속도로 알릴 수 있다. 언드 미디어는 비용은 적게 들고 고객과의 관계를 발전시킬 수 있는 반면, 시간이 아주 많이 드는 단점이 있다. 그러므로 세 가지 미디어를 조합해서 캠페인하라고 조언했다. 이외에도 많은 기관이나 전문가 블로거들에 의해 트리플 미디어가 재해석되었다. 자세한 내용은 인터넷을 검색하면 쉽게 찾아볼 수 있다.

그런데 트리플 미디어 전략에 대해 검토할 때 앞에서 설명했던 ATL, BTL의 맥락에서 생각하면 좋겠다. 아직도 많은 기업이 ATL, BTL의 잣대에서 벗어나지 못하고 있고, 회사의 업무 구분 또한 이를 기준으로 하는 경우가 많다. 글로벌 최대 컨설팅 회사들도 아직 ATL, BTL 기준으로 소비자 행동을 설명하기도 한다.

ATL과 BTL에 대한 나의 의견은 이미 앞에서 상세히 이야기했다. 트리플 미디어 전략 역시 같은 맥락에서 이야기할 수 있다. 같은 소비자가 신문에서 한 기업의 제품 광고를 보고, 검색엔진을 통해 다른 상품과 비교하고, 소셜 네트워크에서 추가 정보를 얻고, 퇴근길 버스 안에서 창밖의 옥외광고를 보는 일은 흔하게 일어난다. 그리고 아침에 집에서 TV 드라마를 보다가, 출근하면서 그 뒷부분을 모바일로 보기도 한다. 이런 현상을 트리플 미디어 전략으로 어떻게 대응해야 할까?

확실한 사실은 트리플 미디어가 디지털 매체(채널)에만 국한되는 것이 아니라 TV, 라디오 등 오프라인 미디어까지 포함하고 있다는 점이다. 즉 TV에 광고하는 것은 페이드 미디어이고, 스마트 TV 내에 웹사이트를 만드는 것은 온드 미디어이며, 스마트 TV 내에 페이스북 기업 페이지를 만들면 언드 미디어라는 것이다.

예를 들어 설명해보자. 많은 마케팅 에이전시나 기업에서 페이스북을 언드 미디어라고 분류한다. 그러나 페이스북에는 페이스북 애드Facebook Ad, 스폰서드 스토리Sponsored Story와 같이 20여 종이나 되는 광고가 있는데, 이것은 페이드 미디어라고 볼 수 있다. 그리고 기업이 개설하는 페이스북 페이지는 온드 미디어라고 분류해야 한다. 또한 그 안에서 이뤄지는 공유, 댓글, 좋아요, 친구 글 태그 등의 행위는 기업의 입장에서는 언드 미디어에 가깝다.

트리플 미디어의 이론은 훌륭하지만, 많은 에이전시와 기업이 제시하는 해석과 결론은 기존과 크게 다르지 않다. 즉 미디어에 캠페인하는 방식에는 변함이 없는 것이다. 비용이 허락하면 가능한 한 많은 트리플 미디어 채널에 캠페인과 광고를 하기도 한다. 여기에 소셜 네트워크에 정기적으로 콘텐츠를 올리는 것만 빼면 이전의 마케팅 방식에서 크게 벗어나지 않는 셈이다. 그러다 보니 소비자들은 의사결정, 정보 습득 과정에서 막힘과 낚임에 직면하고 이탈하는 것이다.

이제 기업은 단일 매체와 채널별 전략으로는 소비자의 COD 커뮤니케이션 방식에 대응할 수 없다. 그 결과 트리플 미디어를 어떤 형태로 연동해서 커뮤니케이션해야 하는가에 대한 고민에 직면하게 되었다.

트리플 미디어를 효과적으로 연계하는 COD 플랫폼

소비자와 고객의 커뮤니케이션 방식이 온디맨드화되면서 기업이 다양한 채널을 보유하고 채널별로 각각 캠페인을 하거나 하루에 한두 개씩 포스팅하는 형태의 운영 방식과 전략은 한계를 맞이했다. 소비자들의 커뮤니케이션 니즈인 실시간, 전방위 그리고 끊김 없는 소통을 충족시키지 못하는 것이다.

그러므로 기존의 마케팅 형태로는 소비자의 의사소통 방식에 효율적으로 대응할 수 없다. 기업의 메시지는 엄청난 경쟁을 뚫고 소비자에게 효과적으로 전달되기조차 힘들다. 이런 현실에서 소비자의 온디맨드 커뮤니케이션 니즈에 대응하기 위해 등장한 개념이 COD 플랫폼이다.

플랫폼이라는 단어를 검색해보면 그에 대한 정의가 굉장히 많다. 실제로 다양한 산업과 분야에서 플랫폼Platform, 모듈Module 등의 단어가 활용되고 있기 때문이다. 어떤 경우에는 웹사이트, 페이스북과 같은 채널 하나하나를 플랫폼이라고 정의하고, 컴퓨터의 응용

프로그램을 실행시키기 위한 유닉스와 같은 운영체제를 플랫폼이라고 부르기도 한다. 또는 아이폰과 같은 개인별 기기를 플랫폼이라고 언급하기도 한다. 모두 맞는 말이다. 모든 정의가 옳다는 의미는 곧 기업별로 상황에 맞게 플랫폼의 개념을 정립해야 함을 뜻한다.

요컨대 COD 플랫폼은 소비자들의 온디맨드 커뮤니케이션 요구에 맞춰 효과적으로 소통하기 위해 채널별 특성을 고려하여 역할을 배분한 유기적이고 협업적인 시스템 구성을 말한다.

기업의 COD 플랫폼은 소비자들이 실시간으로 요구하는 온디맨드 정보 니즈에 맞게끔 정보를 일관되고 전략적으로 전달하는 것이 목적이다. 또한 오프라인 채널을 포함한 각 채널은 서로 끊김 없이 연동되어야 한다. 나아가 기업이 콘텐츠를 직접 관리·통제할 수 없는 검색, 전문 블로그 등의 트리플 미디어와 효과적으로 연동되도록 하는 것이 핵심이다.

기업이 소비자들의 온디맨드 커뮤니케이션에 대응하기 위해 자가 진단을 할 때 가장 기본적으로 체크할 사항은 다음과 같다.

• 소비자와 고객의 정보 습득과 의사결정 과정에서 다양한 키워드 검색과 클릭 등을 통해 실시간으로 정보를 찾고 경로를 이동할 때 불편을 느끼지는 않는가? 어디로 이동해야 될지 모르는 막혀 있는 접점Stuck Point은 없는가?

• 다양한 트리플 미디어를 넘나드는 소비자와 고객이 여러 채널을 자유롭게 이동하고 공유할 수 있는가? 즉 기업이 보유한 내부

채널뿐 아니라 소셜 네트워크, 검색, 블로그, 전문 채널 등 핵심적인 외부 채널과 잘 연결되어 있는가?

• 소비자와 고객의 정보 습득 과정에서 이탈이 일어나는 곳은 어디이며, 그 주요인은 무엇인가?

• 소비자와 고객에게 다양한 채널을 통해 기업의 마케팅 정보가 일관성 있게 제공되고 있는가?

• 소비자와 고객이 최종 구매나 가입을 결정하기까지 기업이 보유한 다양한 채널은 고객에게 계획된 메시지Coordinated를 전달할 수 있도록 구조와 체계를 갖추고 있는가?

• 위의 모든 고려 사항에 마케팅 투자 대비 효과와 경쟁사와의 비교 개념이 포함되어 있는가? 채널별이 아니라 소비자 관점에서 통합적으로 성과가 측정되고 있는가?

이런 고려 사항은 모두 기업의 궁극적인 마케팅 목표와 직결된다. 즉 '소비자들에게 경쟁사와 차별화된 방법으로 제품이나 서비스를 인지시키고 구매까지 연결'시키는 것을 최종 목표로 하는 것이다.

디지털이라고 해서 마케팅의 최종 목적이 페이스북 기업 페이지 운영, '댓글' 늘리기 또는 '좋아요'와 '팔로워 수' 늘리기 등이 될 수는 없다. 디지털 플랫폼을 통해 소비자들에게 제품이나 서비스를 인지시키고 구매로 연결시키는 기업의 기본 목표는 바뀌면 안 된다. 그리고 그 목표를 향한 연결고리들을 찾아 연동하는 과정이 플랫폼 전략의 핵심이 되어야 한다.

채널별로
임무와 책임을 부여하라

기업이 COD 플랫폼을 운영하는 목적은 소비자들이 실시간으로 요구하는 온디맨드 정보 니즈에 맞는 정보를 일관되고 전략적으로 전달하는 것이며, 이를 위해 각각의 특성을 고려한 역할 배분을 통해 채널이 협업적으로 연동해야 함을 앞에서 말했다.

COD 플랫폼을 구성하기 위한 첫 단계는 바로 어떤 채널을 선택하느냐 하는 것이다. 구글, 아마존, 핀터레스트, 페이스북 등과 같은 소위 N스크린 전략이 필요한 인터넷 전문 기업이 아니라면, 초기뿐 아니라 지속적으로 많은 자원이 투입되어야 하는 상황에서 비용 대비 효과를 고려하지 않을 수 없다.

결론은 역시 소비자와 고객에서 찾아야 한다. 해당 브랜드나 서비스에 대한 소비자 조사, 축적된 내부 지식 등을 통해 소비자와 고객이 가장 많이 접속하고 이용하는 터치 포인트를 파악한다. 이와 함께 경쟁 관계에 있는 기업들의 채널 진출 현황도 파악하는 것이 좋다.

특히 제품과 서비스에 관해 소비자들이 생성해내는 구전WoM이나 소비자들이 직접 검색하는 다양한 키워드를 분석해보는 것이 유효하다.

사실 이런 방법은 누구나 생각해낼 수 있다. 그러나 현재 기업들은 마케팅 채널을 선택할 때 원칙에서 벗어나 소비자와 고객의 니즈를 기준으로 채널을 선택하기보다는 기술과 유행에 편승하고

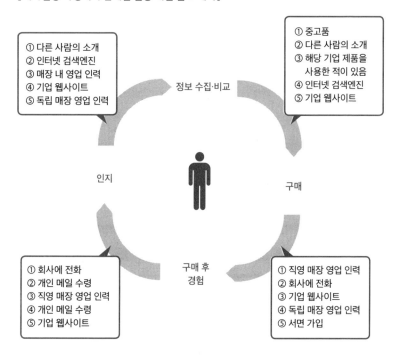

① 다른 사람의 소개
② 인터넷 검색엔진
③ 매장 내 영업 인력
④ 기업 웹사이트
⑤ 독립 매장 영업 인력

① 중고품
② 다른 사람의 소개
③ 해당 기업 제품을
　사용한 적이 있음
④ 인터넷 검색엔진
⑤ 기업 웹사이트

정보 수집·비교

인지

구매

① 회사에 전화
② 개인 메일 수령
③ 직영 매장 영업 인력
④ 개인 메일 수령
⑤ 기업 웹사이트

구매 후
경험

① 직영 매장 영업 인력
② 회사에 전화
③ 기업 웹사이트
④ 독립 매장 영업 인력
⑤ 서면 가입

- 채널 활용 비중과 순위는 산업마다 다른 양상을 보인다(순위는 예시).
- 소비자들은 다양한 디지털 채널뿐 아니라 오프라인 채널을 넘나들며 의사결정을 하고 있다.
- 소비자들은 여전히 기업 웹사이트를 신뢰하고 있다.

있다. 이것은 심각한 문제다.

아직도 대다수 산업에서 기업의 웹사이트는 소비자와 고객에게 가장 신뢰받는 채널이다. 그런데도 소셜 네트워크 같은 유행과 기술에만 우선순위를 두어 웹사이트는 엉망으로 관리하는 기업들을 의외로 많이 찾아볼 수 있다.

가장 적절한 채널을 선택한 후에는 소비자와 고객에게 일관성

[브랜드 인지도에 따른 기업의 채널 선택 전략 예시]

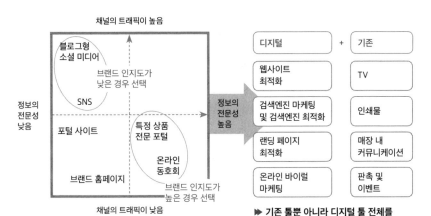

- 브랜드 인지도가 낮은 경우에는 트래픽이 높은 채널이 유리한 경우가 많으며, 브랜드가 이미 많이 알려진 경우에는 특정 상품에 대한 전문 블로그와 같이 정보의 전문성이 높은 채널에서 브랜딩 활동을 하는 것이 유리하다.
- 소비자에게 일관된 브랜드 경험을 전달하기 위해, 선택된 디지털 채널과 함께 TV, 인쇄물 같은 기존의 채널들을 전략적으로 연동하여 활용해야 한다.

있고 전략적으로 계획된 메시지를 전달할 수 있는 '협업적 커뮤니케이션'을 고려해야 한다. 기존의 TV 광고, 인쇄물, 심지어는 오프라인 매장 내 커뮤니케이션까지도 유기적으로 연동될 수 있도록 전략을 수립하는 것이 좋다.

협업적 커뮤니케이션을 위해서는 다양한 채널(매체)의 특성을 고려하여 임무Role와 책임Responsibility을 정의한다. 그리고 이를 바탕으로 각 채널의 목적성Identity을 명확히 규정하는 일이 우선되어야 한다.

[기업 A의 플랫폼 전략 예시]

Before : 채널별 역할 분담이 없음

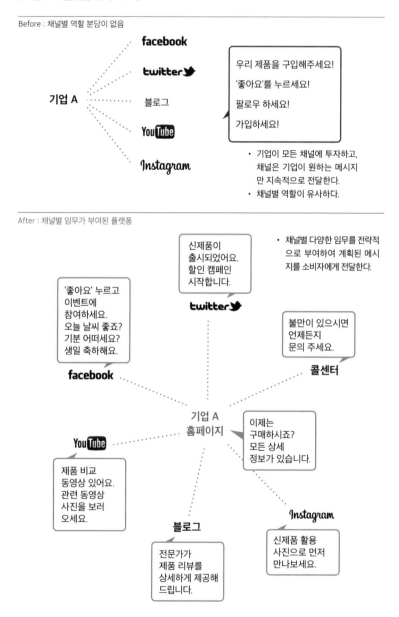

180

소셜 네트워크 열풍이 불자 많은 기업에서 소셜 네트워크 플랫폼이라는 이름을 걸고 다양한 방식으로 소셜 네트워크 채널들을 연동시키기 시작했다. 채널의 용도에 따라 '기업의 공식 창구', '전문적인 비교 상담', '친절한 직원' 등의 콘셉트를 도입한 곳도 있다. 그러나 대부분은 유행에 따라 소셜 네트워크 채널끼리 연동하는 데 그치고 쌍방향 소통보다는 캠페인을 위주로 하는 경우가 많다.

소비자들은 의사결정 과정에서 희망Desire하고 검색Search하고 전파Viral한다. 심지어는 기업을 대신해 댓글을 달고 공유까지 해가면서 다른 소비자를 설득Induce하기도 한다. 이 과정에서 제품이나 서비스에 대한 단순한 정보뿐만 아니라 전문가 리뷰, 다른 소비자 리뷰, 자세한 가격과 사양 정보, 불만 수렴, 중립적 비교 정보 등 다양한 유형의 정보를 요구한다.

그러나 [기업 A의 플랫폼 전략 예시]와 같이 기업은 채널을 운영하고만 있을 뿐, 채널별 운영의 목적성이 명확히 정의되어 있지 않아서 소비자 입장에서 소통하기보다는 기업 입장에서 하고 싶은 이야기만 늘어놓는 '세일즈 플랫폼'으로만 활용하려 한다. 이런 상황에서 기업이 채널별로 운영 목적을 정의하는 일은 매우 중요하다.

모든 채널이 소비자에게 "우리 제품 사세요", "우리 브랜드 좋아요" 등 기업 입장의 목소리만 낸다. 또는 아무런 목적성 없이 페이스북에서 끊임없이 일상적인 얘기만 늘어놓는다. 그렇지 않으면 각종 캠페인과 이벤트를 통해 산타클로스 역할만 하는 경우가 많다.

페이스북에서 주최한 세미나에 참석한 적이 있는데, 묘한 이야기를 들었다. "한국 소비자들이 미국 페이스북 유저에 비해 168퍼센트나 댓글을 더 달고 있다"는 발표였다. 이에 대해 '한국 소비자들의 반응과 상호작용Interaction이 더 활발하다'고 해석하는 것을 듣고 어이없는 웃음을 지은 적이 있다. 우리나라 페이스북 유저가 미국 유저에 비해 댓글을 많이 다는 중요한 이유는 기업들이 페이스북을 운영하면서 '댓글 달기 이벤트'를 많이 벌이기 때문이다.

많은 기업의 페이스북 운영 방식은 천편일률적이어서 이벤트를 통해 '좋아요' 누르고 상품 받기, 댓글 달고 쿠폰 받기, 팬 되고 상품 받기, 친구 추천하고 상품 받기 등에 국한되어 있다. 더 큰 문제는 실제로 이벤트에 참여하는 사람 대부분이 체리피커Cherry Picker이거나 혜택만 쫓는 사람Benefit Hunter인 경우가 많다는 것이다. 그래서 실질적인 구매에 영향을 주지 않는다는 통계를 접하곤 한다.

특히 페이스북 마케팅 열풍이 불면서 많은 기업이 페이스북 팬페이지를 만들고 운영하기 시작했다. 그런데 페이스북 팬페이지에서는 일주일에 콘텐츠 몇 개 올리고, 늘 캠페인이나 이벤트만 하는 경우가 많다.

소셜 네트워크는 '친분 쌓기'만 하는 공간이 아니다. 친분을 쌓고 소통할 목적이라 하더라도 댓글도 달아주고 '좋아요'를 누른 팬에게 메시지도 보내는 등 진정한 쌍방향 소통Interaction을 해야 한다. 그런데 그것조차도 하지 않는 경우가 대부분이다.

쌍방향 채널에 진출했다고 해서 그것만으로 쌍방향 소통을 시작했다고 착각해서는 안 된다. 영리를 목적으로 하는 기업은 소셜 네트워크에서도 CTA_{Call To Action}, 즉 기업이 원하는 것을 소비자에게 요구해야 한다.

"할인해줄 테니 물건을 사라"거나, "다운로드를 받아보라"고 권고하거나, "이메일을 등록하라"는 등 최소한의 요구를 하거나 그렇지 않다면 암시라도 해야 한다. 그런데도 캐주얼 콘텐츠_{Casual Content}만 나열하는 등 채널별 목적이 전혀 없는 경우도 자주 눈에 띈다.

물론 고객에게 좀 더 친숙하게 다가가고 그들과의 공감대를 늘리는 목적의 일상적인 대화가 불필요하다는 뜻은 아니다. 어떤 채널은 기업의 소식을 빠른 속도로 전하는 역할을 해야 하고, 어떤 채널은 소비자의 정보 요구에 부응해서 경쟁사와 제품을 꼼꼼하게 비교해주는 채널이 되어야 한다.

또한 기업이 가장 중요하게 생각하는 부정적인 구전에 대한 위험 관리 역할도 중요하다. 부정적 구전이 확산될 조짐이 보이는 등 촌각을 다투는 위급 상황에서는 전체 채널이 기업의 옹호자가 될 수 있도록 유기적인 연동이 필요하기 때문이다. 이처럼 소비자의 다양한 롱테일 정보 요구를 충족시킬 수 있도록 채널별 역할 분담이 유기적으로 이루어져야 한다.

이 역할은 반드시 채널별로 다 적용될 필요는 없다. 기업이 어떤 형태로 플랫폼을 취하느냐에 따라 다르다. 웹사이트를 허브로 삼고 채널별로 역할을 분담하면서 커뮤니케이션할 수도 있고, 웹사이트 내에 관련된 다양한 메뉴를 통해 처리할 수도 있다.

위에서 살펴본 바와 같이 채널이 나뉘느냐, 그렇지 않느냐는 전혀 중요한 문제가 아니다. 기업이나 브랜드가 소비자들과 어떤 접점을 유지하고 있으며, 그 접점에서 소비자들의 다양한 온디맨드 정보 요구를 얼마나 충족시켜주고 있는지가 핵심이다.

이 책에서는 기업의 콘텐츠 운영에 대해 따로 다루지 않지만, 중요한 사항 몇 가지는 꼭 짚고 넘어가려 한다.

기업이 포스팅하는 콘텐츠의 구성에는 황금 비율이 존재하지 않는다. 그러나 채널별로 목적이 부여된 후에는 각 채널의 임무에 따라 비즈니스 콘텐츠와 캐주얼 콘텐츠의 비중이 자연스럽게 결정되어야 한다. 이 단계에서 산업의 특성 검토, 초기 반응 조사와 사전 테스트 등을 거치는 것이 좋다.

아울러 채널의 특성에 따른 포스팅 타이밍, 채널에서의 톤앤매너Tone and Manner가 정해져야 한다. 그리고 여러 차례 강조하듯 그 채널들이 모두 '협업적'인 관점에서 연동되어 있느냐를 지속적으로 체크하는 것이 바람직하다.

마지막으로 캐주얼 콘텐츠와 비즈니스 콘텐츠 간의 포스팅 비율 등이 자연스럽게 결정되었다 하더라도 이 또한 소비자 반응을 기준으로 지속적으로 성과를 모니터링해야 한다. 앞서 언급했듯, 마케팅은 STP를 통해 소비자를 예측하는 것이 아니라 불규칙하게 움직이는 무빙 타깃을 각각의 롱테일 니즈에 맞게 맞춰주어야Masscustomization 하는 방식으로 바뀌었기 때문이다.

기업 입장에서 투자 대비 효과를 간과해서는 안 된다. 이는 채널의 목적을 정했으면 그 목적에 따른 명확한 성과를 설정하고 모니터링해야 한다는 의미다.

채널 간 협업을 위한,
임무별 성과 지표 구성

플랫폼 내 각 채널(매체)에는 어떻게 임무를 부여해야 할까? 그리고 채널들이 각각의 임무를 제대로 수행하고 있는지 관리하기 위해서는 어떤 성과 지표KPI, Key Performance Index(핵심 성과 지표)를 부여해야 할까?

채널별 임무를 부여하기 위해서는 먼저 기업이 속한 산업이나 기업 브랜드, 제품, 서비스별로 소비자들이 어떤 커뮤니케이션 니즈, 즉 정보 욕구가 있는지 파악해야 한다. 파악하는 방법은 그리 어렵지 않다. 회사 내의 기존 경험치와 함께 제품별 연관 검색어들을 체크하거나 주요 게시판들의 구전 등을 통해 대략 살펴볼 수 있다. 또한 트리플 미디어 채널들을 리뷰해보고 각 채널의 특성을 감안해 커뮤니케이션 역할을 분담한다. 그리고 기업이 보유한 상식, 지식, 경험을 기초로 채널별 임무를 부여하면 된다.

예를 들어 트위터는 140자 이내의 짧은 메시지에 링크 기능이 강한 채널이므로 기업의 뉴스를 빠르게 발표하고 소비자와 고객을 끌어오는Lead 역할을 부여하기로 결정할 수 있다. 이때 트위터는 기업의 공식 입장을 대변하고 제품 리뷰, 소비자 경험, 사양 비교, 가격 등 소비자들의 다양한 정보 니즈에 따라 관련 채널이나 페이지로 이동시키는 단방향One-way 채널의 역할을 수행하게 된다.

트위터의 역할을 이같이 규정했다면 성과 측정 역시 같은 맥락에서 이루어져야 한다. 기업 트위터 계정의 성과는 팔로워 수 증가율보다는 순방문자와 링크 클릭을 통해 유입되는 고객의 트래픽, 기업 포스팅에 대한 고객의 리트윗 수 등에서 드러난다. 그리고 140자 이내의 짧은 포스팅에서 기업이 강조하여 전달하려 했던 핵심 키워드에 대한 소비자들의 검색 증가율이 핵심 지표가 된다.

이처럼 트위터의 역할 수행에 대한 성과를 측정할 때에도 트위터의 범위를 넘어서야 한다. 즉 팔로워 수 같은 트위터에서 제공하는 지표와 링크 클릭을 통한 고객 유입 트래픽, 순방문자 수 등 웹사이트 캠페인 페이지에서 측정된 값을 성과 지표로 함께 사용해야 한다는 말이다.

기술, 디자인 등 제품에 대한 전문적이고 심도 있는 정보에 대한 소비자들의 니즈에 대응해 커뮤니케이션을 진행하기 위해 기업이 별도 블로그를 운영하는 경우를 예로 들어보자.

이때 블로그의 임무를 전문적인 비교 지식을 전달하는 '전문가Expert'의 역할로 지정할 수 있다. 그러면 이때 핵심 성과 지표는 앞서 언급한 트위터와 다르다. 순방문자 수를 늘리는 것으로는 충분하지 않다.

블로그는 전문 내용을 전달하는 것이 임무이기 때문에 방문자들이 얼마나 많이 읽고 시간을 보냈는가가 중요하다. 따라서 '방문당 체류 시간Duration Time Per Visit'과 '페이지뷰Pageview Per Visit' 같은 성과 지표가 설정되어야 한다. 앞서 설명한 것처럼 채널의 목적성과 임무에 따라 콘텐츠의 톤앤매너, 빈도, 타이밍 등이 연계Align되어 달라져야 한다.

이처럼 채널의 목적과 임무에 따라 핵심 지표를 정할 때 반드시

[채널별 모니터링이 필요한 성과 지표 및 사항 예시]

채널	역할	핵심 지표 예	모니터링 지표 예

웹사이트	플랫폼의 HUB	• UV(순방문자)
		• PV(페이지뷰)
		• DT(체류 시간) 유입, 유출 등
		  대부분의 지표를 모니터링
			• 가입 페이지
			• 구매 페이지 등 핵심
			  페이지의 상세 지표

블로그	전문가 (제품 비교, 평가)	• 방문당 체류 시간 • 중복 방문율 등 페이지뷰	• 월 방문 횟수 • 구글 페이지 랭크
SNS	친구(브랜드 인지도 향상)	• 활동성 지표 • 반응 지표 • 리트윗 등	• SNS를 통한 채널 유입 • 긍·부정률

고려해야 할 중요한 사항이 있다. 바로 경쟁사와의 현황을 비교해서 정의하는 것이다. 기업의 전략이 목표를 정하고 경쟁자와 차별화된 방법을 찾는 것이라고 한다면, 자신이 속한 산업 내에서 경쟁사보다 더 잘해야 한다. 이는 성과를 측정할 때 투자 대비 효과를 고려해야 한다는 의미다.

[기업 A와 경쟁사 채널 진출 현황 비교 분석 예시]처럼 같은 조건에서 경쟁 기업의 채널 진출 현황과 역할에 대해 항상 비교해볼 수 있어야 한다. 플랫폼 전략을 세울 때 담당자 개인의 머릿속에만 기획 의도가 존재하는 잘못된 상황을 막기 위해서다. 채널 하나를 운영하는 데에도 기업 담당자뿐 아니라 임원, 부서장, 에이전시의 디자이너까지 하나의 프레임워크Framework에 속하는 것이 효율적이다. 서로 커뮤니케이션하고 대응책을 논의하는 데 훨씬 유리하기 때문이다.

앞서 설명한 바와 같이 기업은 얼리어답터가 되는 것보다 경쟁

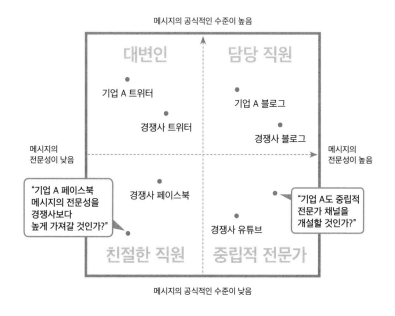

[기업 A와 경쟁사 채널 진출 현황 비교 분석 예시]

자보다 잘하는 것이 중요하다. 이는 자기만족을 위해서나 상부 보고용이나 과시용으로 디지털에 투자해서는 안 된다는 의미이기도 하다.

따라서 해당 기업이 경쟁사와 대비했을 때 소비자 니즈를 충족시키지 못하는 부분이 있는지 우선 평가해야 한다. 예를 들어 경쟁사는 전문가 정보 채널을 운영하고 있는데 우리 회사는 그와 같은 채널에 대응해야 할지, 그렇지 않을지에 대해 의사결정Go, No-go Decision(할지 말지에 대한 의사결정)을 내려야 한다.

기업은 매우 다양하고 전방위적인 실제 지표를 통해 성과를 비

[A사의 사례로 본 순방문자와 페이지뷰·체류 시간의 관계성]

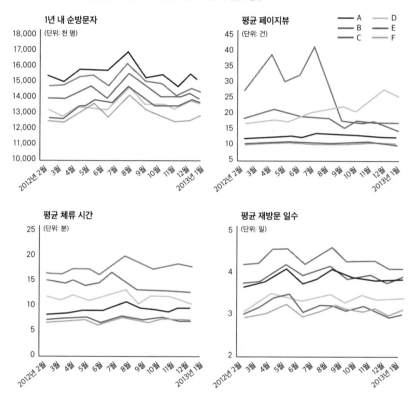

자료: 닐슨코리안클릭테이터 자료 재구성

교해볼 수 있다. 그러므로 천편일률적인 정답은 존재하지 않는다. 따라서 캠페인이나 채널 운영의 목적에 따른 현실적 성과를 측정할 수 있도록 별도로 지표를 설계하는 방법을 고민해야 할 것이다. 플랫폼 성과를 보여주는 지표는 무척이나 다양하므로 기업별로 많은 시간과 공을 들여 설계하고 보정하는 과정을 거쳐야 할 것이다.

그와 같은 과정을 통해 다양한 고객 지표로부터 얻는 시사점Insight 은 활용 가치가 매우 높다.

[A사의 사례로 본 순방문자와 페이지뷰·체류 시간의 관계성] 은 국내 한 산업 내 여러 기업 웹사이트 트래픽을 분석한 결과 예 시다. A사는 1년 내내 순방문자UV 1위를 차지하고 있지만, 평균 페 이지뷰PV, Page View와 체류 시간DT, Duration Time에서는 순위가 낮음 을 볼 수 있다.

이 표만 가지고도 여러 가지를 가정해볼 수 있다. 예를 들어 페 이지뷰가 낮은 것은 항상 나쁜 것일까? 그렇지만은 않다. 만약 영 화 예매 사이트라면 영화 예약 기능이 한 화면에 일목요연하게 정 리되어 페이지뷰가 낮은 것이 좋을 수도 있다. 이 경우 페이지뷰가 낮은 것이 좋은 시그널임을 증명하는 방법은 여러 가지가 있다. 추 가적인 내부 로그 데이터를 볼 수도 있겠지만, 체류 시간만 함께 살펴보아도 어느 정도 가늠할 수 있다. 즉 순방문자가 많은데 페이 지뷰가 낮고 체류 시간도 짧은데 예약률이 높으면 그 영화 예매 사 이트는 많은 사람이 방문해서 편리하게 영화 예매를 한다고 해석 할 수 있다.

그러나 영화 관람 후기와 예고편을 볼 수 있는 서비스가 사이트 내에서 연동된다고 가정하면 이야기는 달라진다. 그 경우에 기업 내부용으로 로그 분석기 같은 툴이 설치되어 있다면 페이지별로 추가 사실을 확인해볼 수 있다.

한편, 신문사라고 가정하면 해석은 완전히 달라진다. A사는 방 문자가 많지만 페이지뷰와 체류 시간이 낮다. 게다가 재방문 수도 높다면 몇 가지 가정하에 접근해볼 수 있다. 예를 들어 많은 사람이 검색 등을 통해 들어와서는 그 기사만 읽고 나가버린다는 가정하에 접근할 수 있다. 이때 추가 검토해야 할 지표가 유입·유출 채널 지표다. 특히 이탈률Bounce Rate이 문제가 된다. 유입 채널에서 검색 유입의 비중이 높고, 도달 페이지에서 이탈률이 높게 나온다면 충성도가 매우 낮다는 해석이 가능하다. 반면 경쟁사 웹사이트에서는 즐겨찾기를 통한 유입이 많고, 유출 분석에서도 내부 이동률이 높다면 그 회사는 상당히 충성도가 높은 독자층을 가지고 있다고 볼 수 있다.

이처럼 같은 지표를 놓고도 산업과 상황에 따라 다양하게 가정하고 검증해볼 수 있다. 따라서 기업별로 데이터를 통해 채널 성과를 측정하고 실제 매출과 연동시키는 방법을 모색하며 관련 전문가를 양성하는 과정이 필수적이다.

또 다른 사례를 보자. [A생명보험 가입 시 소비자 정보 탐색 경로 및 심층 분석 예시(중복 방문율)]는 국내 한 생명보험사 웹사이트와 주요 사이트의 중복 방문율Affinity Rate을 분석한 결과다. 보험회사 웹사이트 성과를 분석할 때는 가격 비교 사이트와 중복 방문율을 고려해야 한다. 실제 고객 조사에서 소비자들은 보험에 가입하는 단계에서 가격 비교 사이트를 방문한다고 답한다. 따라서 A보험사 웹사이트를 방문하는 순방문자 중에서 국내 3대 보험 가격 비교 사이트를 중복 방문하는 비율이 매우 중요한 지표가 된다. 이 보험사의 경우 인슈밸리와 중복 방문하는 비율이 높고, 보험넷과 중복 방문하는 비율은 낮다. 즉 인슈밸리를 통해 비교적 많은 고객

[A생명보험 가입 시 소비자 정보 탐색 경로 및 심층 분석 예시(중복 방문율)]

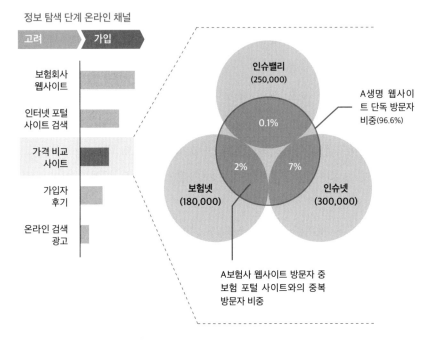

정보 탐색 단계 온라인 채널

고려　가입

보험회사 웹사이트
인터넷 포털 사이트 검색
가격 비교 사이트
가입자 후기
온라인 검색 광고

인슈밸리 (250,000)
A생명 웹사이트 단독 방문자 비중(96.6%)
0.1%
2%　7%
보험넷 (180,000)
인슈넷 (300,000)
A보험사 웹사이트 방문자 중 보험 포털 사이트와의 중복 방문자 비중

- 소비자가 보험 가입 시 가격 비교 사이트 참고 비율이 높게 나타났다.
- 따라서 국내 3대 보험 가격 비교 사이트(인슈밸리, 보험넷, 인슈넷)과 A생명보험 사이트와의 중복 방문율을 체크해보았다.
- 중복 방문율을 높이기 위해 보험 가격 비교 사이트 내의 디스플레이 광고, 검색 광고 등을 확대할 필요가 있다.
- 이 예시에서는 순방문자가 보험넷보다 높으나 A보험사와 중복 방문율이 0.1퍼센트로 가장 낮은 인슈밸리에 대한 추가 투자가 우선적으로 고려될 수 있다.

자료: 닐슨코리안클릭데이터(2013년 5월) 재구성

이 방문한다고 볼 수 있다.

이 상황에서 이 보험회사가 어떤 마케팅 활동을 강화해야 하는지 드러난다. 보험넷에 광고 노출을 늘려서 추가 고객을 유입시킨다거나, 보험넷과 공동 캠페인을 한다거나 하는 방안을 검토해야 할 것이다.

이처럼 실제 소비자의 구매 행동 패턴은 산업마다, 그리고 소비자가 처한 정황에 따라 천차만별로 나타난다. 기업은 이런 특성을 파악하고 지속적으로 경쟁사와 비교하며 기업 COD 플랫폼의 경쟁력을 체크하고 보완해야 한다. 다시 말해 테스트앤런Test & Learn 체계를 갖추고 경쟁력을 강화시키는 시나리오를 개발하고 실행하는 것이 관건이라는 말이다. 이는 좀 더 많은 고객이 유입되도록 하는 리드 매니지먼트Lead Management의 핵심 활동이라고 할 수 있다. 그리고 앞서 설명했듯이 꼭 디지털 채널에만 국한되는 것은 아니다.

반드시 마케팅 채널이 다양하거나 많을 필요는 없다. 한국 라이나생명은 초기에 플랫폼을 매우 단순하게 설계해서 운영했고, 콜센터를 허브로 두고 홈쇼핑과 웹사이트만으로도 시장에 파란을 일으켰다. 오프라인 채널인 TV 홈쇼핑에서는 신뢰성 있는 모델이 출연하여 방송 내내 "1588-○○○○"을 언급하는 한편, 웹사이트에서도 기본 정보와 함께 콜센터 전화번호를 크게 표기해서 콜센터로의 유입을 유도하고 있다. 물론 이 회사도 페이스북 팬페이지를 개설하는 등 다양하게 시도하고 있다.

우리는 기본적으로는 이 같은 린 프로세스Lean Process의 강점에 주목할 필요가 있다. 단순한 채널 구성을 통한 플랫폼 전략이 비용 대비 효과 측면에서 상당한 효과를 거둔 사례가 많기 때문이다.

우리 회사의 디지털 마케팅 전략에는 문제가 없는지 그 방향성을 점검해보자. 혹시 채널별로 따로 전략을 세우고 있는가? 채널별

COD 플랫폼 전략의 십계명

(1) 내 브랜드의 소비자와 고객의 정보 니즈를 우선적으로 모니터링하라.

(2) 내 브랜드 소비자와 고객이 주로 활용하는 채널 및 영향력 있는 접점을 파악하라.

(3) 이를 기반으로 한 내 브랜드의 COD 플랫폼의 구조를 결정하고, 오프라인과 모바일 등을 포함하여 활용 대상 채널을 선택하라.

(4) 채널 선택 시 경쟁사와 대비해서 어떤 채널에 진출할 것인지 고민하고, 채널 경쟁 상황을 지속적으로 체크하라.

(5) 채널별 목적성을 명확히 하고 그에 따른 채널의 임무와 역할을 부여하라.

(6) COD 플랫폼 내에 허브 역할을 하는 채널을 지정하라.

(7) 채널별 역할에 따라 콘텐츠의 톤앤매너를 구성하라.

(8) 플랫폼으로 유입된 소비자들에게 어떤 이동 경로와 시나리오를 제공할 것인가? 그리고 어느 시점에 CTA를 할 것인가를 사전에 다양하게 정의하라(시나리오 플래닝).

(9) 데이터 기반의 명확한 성과 지표를 설정하고 투자 대비 효과를 데이터 기반으로 명확히 파악할 수 있는 체계를 설계하라.

(10) 성과를 모니터링하면서 테스트앤런 방식을 통해 지속적인 성과 향상을 견인할 수 있는 운영체계(거버넌스) 및 프로세스를 명확히 하라.

로 별도의 담당자를 두고 있는가? 채널별로 제각각의 성과 지표를 두고 있지는 않은가? 만약 그렇다면 기존의 마케팅 관행을 극복하지 못한 것이다. 지금부터라도 소비자 관점에서 협업적인 COD 플랫폼 전략을 수립할 수 있도록 진지하게 성찰해야 할 것이다.

모바일이나 앱도 마찬가지다. 모바일 메신저로 돌풍을 일으킨 우리나라 기업 카카오톡은 모바일 플랫폼을 지향하며 전화, 게임 등으로 사업을 무서운 속도로 확장했다. 모바일 메신저인 카카오톡을 허브로 소비자의 다양한 니즈와 연동하고, 애니팡 같은 게임의 경우 애니팡 공식 커뮤니티도 운영하며 PC 버전까지 출시했다.

소비자는 다양한 정보 니즈를 갖고 있으며 다양한 채널을 넘나들며 의사결정을 하는 행태Cross Channel Decision를 보이고 있다. 이런 소비자에 대응하기 위해 기업은 오프라인, 온라인, 모바일 등 모든 환경을 하나의 플랫폼으로 보고 역할별로 연동해야 한다. 디지털만 따로 떼어내서 전략을 수립하는 것은 바람직하지 않다.

빅데이터 시대에 가장 귀한 것이 데이터

나는 국내 유수 대기업 CEO나 CMO와 대화를 나눠봤다. 디지털 마케팅 사업 계획에 대한 의견 교환, 마케팅 성과 측정 방법론 등이 주된 화제로 등장했다. 또한 소비자 데이터 전문가를 소개해 달라는 부탁이 매우 많았다. 그만큼 디지털에서 생성되는 소비자 데이터인 라이프로그에 대한 관심이 급증한 것이다. 이처럼 우리나라 기업들은 소비자 데이터 분석 역량에 큰 니즈가 있다.

빅데이터가 더욱 큰 이슈가 되고 있는 것도 같은 맥락이다. 그러나 예전부터 기업들은 데이터 수집과 활용에 큰 관심을 갖고 있었다. 데이터 마케팅, 데이터 웨어하우징, 온라인 분석 처리OLAP, Online Analytical Processing 등 경영 의사결정과 마케팅을 위해 백오피스 Back Office에 기반을 둔 데이터를 활용해왔다.

특히 CRM에서 고객 세그멘테이션에 의한 타깃팅의 결과를 '예측'하기 위해 거래가 있었던 고객의 개인 데이터부터 거래 데이터까지 수많은 데이터를 수집하고 다루어왔다. 그러다가 사람들의 삶이 디지털화되고 각종 디바이스가 출현하여 발전하면서 데이터의 양상이 달라졌다. 검색, 클릭, 각종 게시판, 소셜 네트워크 등 소비자가 직접 생산해내는 라이프로그 데이터가 비약적으로 늘어난 것이다.

이와 같이 오래전부터 '데이터베이스 마케팅'을 위해 데이터가 활용돼왔다. 소비자들이 직접 생산해내는 라이프로그, 소셜 네트워크 댓글, 게시판 등을 통해 만들어내는 구전 등이 추가되어 엄청난 양의 데이터를 조합할 필요가 있을 뿐이다. 이처럼 데이터를 보는 관점Angle이 달라지긴 했지만, 그렇다고 빅데이터가 하늘에서 뚝 떨어진 개념은 아니다.

특히 WoM을 분석하는 중소형 업체들이 많이 설립되면서 마치 WoM만이 빅데이터의 전부인 양 정의하는 기업이 많다. 이것은 잘못된 정의다.

게다가 빅데이터는 IT 산업이나 디지털에 국한된 개념은 아니다. 예를 들어 초대형 항공기 보잉 380은 서울에서 뉴욕까지 비행하면서 엄청난 양의 데이터를 생성해낸다. 기가바이트를 넘어 테라바이트를 상회하는 데이터가 비행 중에 축적된다고 한다. 이는 빅데이터가 제조업 발전과도 밀접한 영향 관계에 있음을 단적으로 드러내는 사례다.

그러나 비즈니스의 본질에 입각한 해석보다 유행에 더 민감한 많은 IT 기업이 빅데이터를 엉뚱한 방향으로 몰고 가고 있다. 하둡파, 검색파, 벤더파 운운하면서 저마다 자신이 빅데이터의 효시이자 핵심인 듯 목소리를 높이고 있다. 그리고 이런 트렌드에 편승한 기업들 역시 자신의 시스템을 '넝마'로 만들 마음을 단단히 먹은 것처럼 보인다. 빅데이터는 이렇게 기술과 유행 중심으로만 다루어져서는 안 된다. 데이터를 기업에 맞게끔 해석하는 데이터링 능력이 무엇보다 중요한 것이다.

그러므로 마케터들은 벤더Vendor들이 데모Demo로 보여주는 신기한 IT 기술 '모니터링'에 흥분하면 안 된다. 항상 '그래서 무엇을 할 것인가So what?'를 자문해야 한다. 그리고 다음 단계에 어떤 해석과 행동이 뒤따라야 하는지 검토해야 한다.

홍수 때 가장 귀한 것이 '물'이라는 아이러니한 속담이 있다. 마찬가지로 빅데이터 시대라는 현대에 가장 귀한 것이 데이터다. 그 데이터 속에서 '지금 내가 할 일'을 찾는 것이 급선무다.

기업 캠페인 리포트: 가시성, 싱글뷰, 베이스라인

디지털 시대에 한 사람이 정보를 획득하고 그것을 행동에 옮기는 과정은 어떻게 나타날까? 내 경우를 살펴보자.

나는 드라마를 보기 시작하면 지나치게 몰입하는 경향이 있다. 그래서 아예 보지 않는 편이다. 그런데 어느 믿을 만한 페이스북 친구가 "모 케이블 채널의 A라는 드라마가 참 와닿는다"는 글을 올린 것을 스쳐 지나듯 보고 한동안 잊고 있었다. 그러던 어느 주말에 TV를 틀었는데 마침 그 드라마가 상영 중이었다. 페이스북의 글이 떠올라 호기심이 생겼고, 보다가 푹 빠져들었다. 페이스북 친구가 언급한 대로 대사가 와닿아서 작가가 누구인지 스마트폰으로 찾아보기도 했다.

산업마다 다르긴 하지만 요즈음은 '고관여' 또는 '저관여'라는 말이 무색해졌다. 그만큼 구매 의사결정 과정이 복잡해졌다. 그리고 특히 중요한 것은 구매를 결정한 후의 행동조차 예측할 수 없을 만큼 다양하다는 사실이다.

예를 들어 금융 상품에 가입하는 소비자의 경우, 금융 상품 가입을 결정한 후 실제 가입까지 걸리는 시간이 하루인 경우가 약 16퍼센트, 일주일 이내인 경우가 약 45퍼센트로 나타났다(출처: 나스미디어 2009년 발표). 그리고 1개월 이내일 때가 약 29퍼센트, 1분기가 2.7퍼센트다. 심지어는 결심을 해놓고 1분기를 넘겨서 가입하는 사람도 2.4퍼센트나 되는 것으로 나타났다. 그런데 이런 구매 의사결정과 실구매 사이의 시간 간극은 현장에서의 마케팅 성과 측정에 잘 반영되지 못하고 있다.

현업에서 소셜 네트워크 성과를 평가할 때 경영자들이 '전환율Conversion Rate'을 많이 요구한다. 디지털에 대해 공부를 많이 해서 그런 것 같다. 하지만 경영자들이 이런 요구를 하게 된 데에는 담당자와 에이전시 등 소위 전문가들이 ROI나 성과 평가에 대해 설익은 로직을 주입한 것도 그 이유다.

이제는 트위터 팔로우 수, 페이스북의 좋아요 수 등의 단순한 지표는 마케팅 성과 평가로 인정받지 못한다. 물론 소셜 네트워크의 각 채널이 인게이지먼트Engagement 등의 다양한 지표를 제시하고 있지만, 담당자들은 경영자로부터 더 구체적이고 완벽한 로직을 요구받고 있다. 즉 팔로우 수, 좋아요 수 같은 단순 지표와 실제 구매의 상관관계를 빈틈없는 로직으로 연동시키라는 것이다.

디지털 마케팅 담당자들은 억울하다. 수십 배나 많은 예산을 쓰는 TV 광고는 시청률(TNS의 경우 국내 6개 광역도시 2,000가구를 패널로 선정 후 조사)만 가지고도 만족하면서 디지털에 대해서는 모든 데이터를 내놓으라고 하니 말이다. 이런 '개구리 올챙이 적 시절' 모르는 요구에 대해 어떻게 보고하면 좋을까?

한때 많은 기관이 소셜 네트워크에서 리트윗, 댓글, 좋아요 등 리액션Reaction을 기준으로 리포트를 생산해냈다. 그런데 이 평가를 신뢰할 수 있을까? 2012년 대선 당시에는 트위터만 보면 무조건 야당이 이길 것처럼 긍·부정률이 나오기도 했다. 그런데 소셜 네트워크 타임라인에서 관심 있는 것을 인지하고 난 후 전혀 리액션하지 않는 이른바 상당수의 '눈팅족'은 어떻게 계상할 것인가? 그리고 나중에라도 관심이 생기고 그 글이 생각나서 검색창에서 검색해보는 경우, 즉 다른 채널로 옮겨서 나타나는 리액션은 소셜 네트워크 담당자의 성과가 아닌 것일까?

마케팅 성과를 평가할 때 가장 많이 곡해하는 것이 바로 모니터 링 지표Monitoring KPI의 합이 전체 KPI라는 전제다. 게다가 채널별로 성과 평가를 함으로써 큰 혼동을 일으키고 있다(이는 디지털 채널에 대한 거버넌스 문제로 연결되므로 다시 언급할 것이다).

결국 디지털 채널의 각종 지표들은 매출, 비용, 순익 등의 기존 마케팅의 지표들과 합쳐서 고려해야 하고, 이 과정에서 많은 합의가 이루어져야 한다. 소비자들이 크로스 채널링하는 과정에서 수많은 데이터가 생성되는데, 이 중에서 어떤 데이터를 모니터링할 것인지에 대한 합의가 있어야 한다는 말이다. 이는 쉽지 않지만 꼭 필요한 일이다.

이런 상황에서 기업이 마케팅을 실행할 때 가장 큰 고민을 물어보면 항상 나오는 대답이 성과 측정 문제다. 광고 등 마케팅 활동의 영향력을 측정하는 매트릭스가 부족하고 모두가 동의할 수 있는 표준화된 측정 방법이 존재하지 않는다는 것이다. 심지어는 같은 회사라도 다양한 데이터 소스와 툴을 사용하므로 순방문자UV, 페이지뷰PV와 같이 지표 이름은 같지만 소스와 툴별로 다른 성과가 제공되어 기업이 원하는 통합적인 싱글뷰를 확보하기 어렵다.

다음 고민은 역량 부족을 꼽는다. 기업 내부의 역량과 마케팅 대행사의 역량 부족이 핵심 장애물로 꼽힌다. 성과 측정 매트릭스와 마케팅 역량 평가를 할 때 가장 크게 고민할 점은 '고객 관점'이다. 언론이나 일부 얼리어답터의 시선을 의식해서 새로운 기술과 채널 수 등에만 집중해서는 안 된다. 옴니 채널 간 통합적으로 고객과의 끊김 없는 의사소통이 핵심이다. 이를 위해서는 채널 특성에 따른 역할을 명확히 하고 이것을 전략적으로 연동하여 경쟁력 있는 통합적인 브랜드 커뮤니케이션 플랫폼을 정의하고 옴니 채널 간 통합된 지표를 통해 내 고객 기준의 싱글뷰Single View를 확보해야 한다.

이렇게 합의한 데이터들은 처음에는 아무 의미가 없지만, 이를 베이스라인Baseline으로 삼고 지속적으로 측정 및 보정을 거쳐야 한다. '예전에는 어떠했다'는 베이스라인이말로 측정의 토대가 된다. 경영자들이 겨우 2,000명의 패널에 의해 산출된 시청률 지표를 신뢰하는 것도 이 때문이다.

경영자들 역시 시청률을 100퍼센트 신뢰하지는 않지만, 인정하지 않을 수 없는 이유가 있다. 우선은 베이스라인이 축적되어 있기 때문이고, 다음으로는 경쟁사와 비교할 수 있기 때문이다. 그러므로 디지털 성과를 평가할 때도 경쟁사와 비교할 수 있는 싱글뷰를 가지고 경쟁사, 특히 베스트 프랙티스와 비교하는 과정이 필요하다.

소비자가 의사결정을 내리는 전 과정은 웹사이트, 소셜 네트워크, 검색 등 디지털 채널에서의 활동과 밀접히 연동되어 있지만, 전사적으로 통합된 관점에 의해 객관적으로 평가하기는 힘들다. 경쟁사와 비교할 수 있는 싱글뷰도 없다.

그러므로 가장 먼저 할 일은 필요로 하는 데이터를 정의하고 그 데이터들의 소스를 찾아내는 것이다. 바로 소비자와 고객 데이터의 가시성을 확보해야 한다.

공개된 데이터 소스 중에는 추세나 패널을 기반으로 경쟁사와 비교할 수 있는 데이터를 제공하는 툴이 상당히 많다. 페이스북 채

[AI 시대 마케터의 고민]

소비자의 브랜드 인지에서 충성에 이르는 구매 단계상에서 커뮤니케이션 주요 병목(bottleneck)이 발생하는 구간은 어느 영역일까?

우리의 마케팅 활동은 소비자를 중심으로 의사결정되고 있는가?

브랜드 리스크에 대해 신속하게 이슈를 탐지하고 영향력을 평가할 수 있는 방법은 없을까?

소비자의 실질적인 니즈와 잠재 욕구를 신속하게 읽어내고 마케팅에 효과적으로 적용할 방법은 없을까?

브랜드 성과를 어떻게 정의해야 하며, 어떠한 지표를 관리·개발해야 할까?

AI 시대 효과적 마케팅의 장애물로 인식되는 것들

데이터 비사용자	장애물의 종류	데이터 사용자
38	영향도 측정을 위한 매트릭스 부족	51
39	내부 처리 역량 부족	42
33	경영진 설득의 어려움	32
26	디지털 툴의 보급 제한	25
10	대행사의 역량 부족	19
4	고품질 인벤토리 부재	11
7	브랜드 위험	11
8	지나치게 노동집약적	9

측정 표준의 부족
- 주요 브랜드 매트릭스나 구매 의향에 주는 영향을 측정하기 어렵다.
- 모두가 동의하는 단일화된 표준 감사·측정 방법이 없다.

디지털 역량의 부족
- 니즈를 충족시키기 위한 인재를 찾는 데 기업들이 애쓰고 있다.
- 광고대행사들이 디지털 매체의 복잡함을 따라잡는 속도가 더디다.

자료: 문헌 조사

널의 성과라고 해서 페이스북이 제공하는 애널리틱스만으로 평가
하기보다는 다양한 데이터 소스를 테일러링Tailoring하여 회사의 상
황에 맞게 합의를 이끌어내는 것이 좋다. 이것이 끊임없는 논쟁과
스트레스를 제거하는 시작점이다.

담당자들 역시 단순히 채널별로 데이터를 보는 방식에서 탈피해
야 한다. 이제는 채널 간 협업 기준이 꼭 필요하므로 로직에 대한
명확한 근거와 동의Consensus를 만들어야 한다. 그러면 경영자를 설
득할 수 있을 것이다.

COD에 대응하는 최적의 툴, 아키텍처

구글 코리아, 페이스북 코리아 대표를 같은 주간에 각각 만날 기
회가 있었다. 당시 대화의 주 내용은 성과 지표에 관한 것이었다.

두 사람 모두 자사의 분석 툴Analytics Tool이 상당히 업그레이드될
것이라고 말했다. 물론 어느 하나의 툴을 가지고 채널을 넘나드는
소비자들을 읽어낼 수 없다는 사실을 잘 알고 있었지만, 자기 채널
을 가진 회사의 경영자가 다른 회사의 툴을 쓰라고 권할 리는 만무
했다.

그런데 대부분의 기업은 디지털 채널에서의 소비자 행태를 반
영하는 다양한 데이터를 모니터링하기 위한 분석 툴이 없거나 제
한적으로 보유·활용하는 실정이다. 그래서 마케팅 성과를 향상시

키기 위한 인사이트 및 개선 사항 도출에 한계가 있는 것이 현실이다.

소비자와 고객의 라이프로그에 대한 가시성을 확보하기 위한 최적의 툴은 어떤 과정을 거쳐 설계Architecture해야 할까? 앞에서 설명한 대로 우선 해당 브랜드나 서비스에 대한 소비자와 고객의 니즈와 정황 데이터를 모니터링하기 위해 다음의 네 가지 과정을 거치기를 권한다.

첫째, 현재 기업이 보유한 툴을 분석하고, 추가적으로 검색 데이터, 구전 데이터 등 내외부 데이터의 출처를 정의한다.

둘째, 이를 통해 기업의 디지털 채널 운영과 연동된 캠페인 목적별 성과에 대해 재정의하고, 체계적인 KPI 설정을 통해 전사적인 가이드라인 및 싱글뷰를 확보한다. 이를 기반으로 성과 평가에 대한 베이스라인을 설정하고, 지속적으로 성과를 향상시키도록 한다.

셋째, 핵심 에이전시에 대한 요구 사항을 데이터 기반으로 재정의하여 실질적인 성과에 반영될 수 있도록 함으로써 기업과 에이전시의 '동반 성장'을 도모한다.

넷째, 오프라인-온라인 채널 간 마케팅 메시지의 일관성을 유지하고, 현업의 직원들이 성과에 몰입할 수 있도록 이를 통합적으로 지원하는 조직과 역할을 분담하고 관련 부서 간에 협업이 원활하게 이루어지도록 프로세스를 정의한다.

한편, 기업이 어떤 데이터를 볼 것인지 결정하면 관련된 다양한 툴의 목록을 작성해볼 수 있다. 그리고 그 툴들이 제공하는 서비스들을 분석하다 보면 중복되는 부분을 발견하거나, 같은 순방문자

[웹 통계 분석 툴 '크레이지 에그' 사례]

자료: www.crazyegg.com

지표라고 하더라도 그 산식이 다른 경우도 볼 수 있다. 이런 경우 수치의 정합성과 일관성, 경쟁사와 전체를 비교해볼 수 있는 싱글 뷰 확보 등의 사이에서 우선순위를 갈등하게 된다.

이와 같이 각 툴의 핵심 지표와 서비스를 분석해서 해당 기업의 브랜드에 가장 적합한 툴을 소비자의 의사결정 과정에 맞게 재단 Tailoring하는 과정이 바로 툴 아키텍처Architecture 과정이다.

툴의 종류는 크게 경쟁사와 해당사의 전체 트래픽을 볼 수 있는 툴과 자사의 플랫폼 내에 들어왔을 때 내부 이동 경로 및 유입·유출 트래픽을 상세히 볼 수 있는 툴, 플랫폼 내외에서 고객의 구전을 볼 수 있는 툴 등으로 다양하게 구분할 수 있다.

트래픽 툴의 경우 컴스코어Comscore.com 같은 서비스도 있다. 우리나라에서는 닐슨 코리안클릭, 랭키닷컴 같은 회사들이 패널 방식은 조금씩 다르지만 유사한 서비스를 제공하고 있다. 일본에서는 덴쓰가 소유하고 있는 비디오 서치에서 제공하는 서비스가 가장 높은 시장점유율을 보이는데, 각 나라별로 정합성과 싱글뷰를 확보하기 위해 신중히 검토하고 결정할 필요가 있다. 한편, 내외부 트

줄줄 새는 기업 정보=단축 URL 생성기

최근 국내 기업들이 특히 페이스북, 트위터를 포함한 많은 디지털 캠페인에서 단축 URL 생성기URL Shortener와 같은 간단한 소셜 툴 Social tool, Open tool들을 활용하고 있다. 단축 URL 생성기의 경우에는 140자를 초과할 수 없는 트위터의 글자 수 한정 때문에 더욱 활용도가 높아지기 시작했고, 성과를 트래킹Tracking할 수 있는 기능이 더해지면서 거의 모든 기업이 필수적으로 활용하고 있다.

우리 기업들은 단축 URL 생성기로 초기에는 Goo.gl을 많이 활용했으나 최근에는 Bit.ly라는 소셜 툴을 활용하고 있다. 그러나 이처럼 공개된 소셜 툴을 활용할 때는 항상 기업 보안과 같은 사항을 점검해보고, 사용법과 환경 설정Configuration을 명확히 이해한 후에 사용해야 한다. 예를 들어 이 단축 URL 서비스를 통해 생성된 URL은 주소창에 http://on.fb.me/××××+와 같이 '+'만 붙이면 누구라도 이 캠페인에 대한 상세한 정보를 볼 수 있게 되어 있다. 실제 몇 명이 클릭했는지, 나라별로 몇 명이 유입되었는지, 어떤 경로와 어떤 디바이스로 클릭했는지, 심지어는 담당자 개인 ID까지도 볼 수 있다. 현재로서는 Bit.ly가 기업 대상으로 제공하는 유료 프리미엄 서비스를 이용한다 하더라도 이런 데이터 노출은 막을 수 없는 실정이다.

담당자 개인 ID의 경우에는 각 단축 URL을 설정할 때 보안 설정에서 'public'을 'private'으로 바꾸어 '문단속'을 해주면 노출되는 것을 피할 수 있다. 기업의 캠페인 담당자 ID가 노출된다는 것은 곧 모든 사람이 기업 캠페인 담당자의 페이스북 개인 홈페이지에 접속할 수 있으며 친구 신청 또한 가능하다는 것을 의미한다.

실제로 경쟁사나 일반 사용자에게 캠페인의 성과를 보여주기 위해 트래킹 정보를 오픈하는 경우도 있다.

기업 캠페인 성과가 노출되는 것 외에도 소셜 툴이 악성 코드의 진원지가 되거나 해킹의 시작점이 되는 경우가 많다는 문제점이 있다. 그러니 각별히 주의해서 사용해야 한다.

단축 URL 서비스와 같이 공개된 소셜 툴을 통해 서비스를 제공하는 업체들이 앞으로 보안과 관련된 이슈들을 점차 보완해나갈 것인지는 지켜봐야 할 점이다. 우리나라의 경우 양대 포털에서 유사 서비스를 제공하고 있고, 몇몇 회사가 유료 서비스를 제공하고 있으니 이를 이용하는 것도 대안이 될 수 있겠다. 그리고 캠페인 사용이 많은 기업이라면 IT 부서에서 간단히 프로그램을 만들어 구글 애널리틱스와 같이 무료로 제공되는 트래킹 툴과 연동하여 더욱 상세한 정보를 보는 것이 더 안전하고 효과적이다.

래픽을 보는 경우 구글 애널리틱스GA가 널리 활용되고 있고, 네이버도 애널리틱스 서비스를 오픈했다.

이외에 유용하면서도 비용이 높지 않은 서비스들이 많은데, 이런 도구를 활용하면 COD 플랫폼으로 방문한 소비자와 고객들이 어디를 많이 클릭했는지, 스크롤을 어디까지 내려보는지, 들어온 지 몇 초 만에 이탈했는지, 심지어는 방문자들이 어떤 모바일 디바이스로 접속했는지 등 원하는 데이터를 모두 볼 수 있다.

이렇듯 현재 제공되고 있는 여러 툴을 통해 소비자들이 남기는 라이프로그를 대부분 모니터링할 수 있다. 그러나 앞서 언급한 대로 하나의 채널(매체)에서 그 채널이 공급하는 데이터만을 기준으로 성과를 평가하는 것은 지양해야 한다.

기존의 마케팅 성과 측정은 주로 채널 중심으로 이루어졌다. 내가 접촉했던 글로벌 선도 기업의 리포트를 보아도 페이스북, 구글, 홈페이지, 앱 등 각각의 채널별로 성과 보고서를 작성하고 취합해서 활용하고 있는 수준이었다.

그러나 이런 성과 측정은 고객 행동을 기준으로 채널 간 협업을 통해 마케팅 목표를 달성하는 옴니 채널 시대의 현실에 적합하지 않다. 객관적인 비교가 어려우며, 고객들이 구매를 고려하거나 충성도가 생기고 유지하는 단계를 고려하지 않고 '초기 인지'와 '구매 결정' 단계에 모든 캠페인과 예산이 국한되는 경향을 보인다.

그러나 각 채널의 협업을 고려하면서 소비자 구매 의사결정의 단계에 따라 마케팅 성과를 측정해야 한다. 다양한 채널에서 보이는 소비자 행동을 통합적인 관점에서 보아야 한다. 그것을 채널별 성과 관점에서 지표로 삼는 것은 전혀 다른 결론이 나올 수 있다. 예를 들어 페이스북 광고를 했고 이벤트 참여 페이지(랜딩 페이지)가 별도로 링크되어 있다면 페이스북 '좋아요' 등 다른 지표들보다 페이스북을 통한 랜딩 페이지 유입이 중요하다. 그런데 '좋아요' 개수만 가지고 평가하는 경우가 여전히 많다.

수차례 강조했듯, 이제 브랜드는 고객이 다양한 채널을 불규칙하게 넘나들며 경험한 부분들의 합이다. 채널별로 잘했다 못했다를 살펴 개선점을 찾는 것은 중요하지만, 마케팅에서의 성과는 결국

[잘못된 채널별 지표 관리]

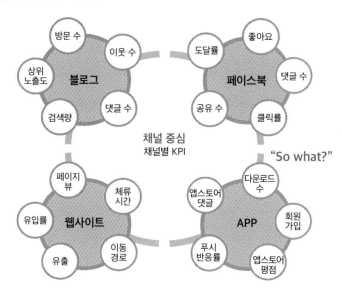

[소비자 구매 과정별 통합적 지표 관리]

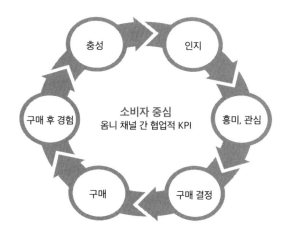

- 모든 과정이 고객 관점으로 통합되어 있다.
- 모든 단계별 CTA를 지향한다.

목표한 곳으로 CTA로 완결되었느냐의 문제이기 때문이다.

마케팅 성과 측정은 또한 단일 채널에서의 성과가 아니라 채널 간 협업의 관점에서 이루어져야 한다고 여러 차례 강조했다. 이를 위해서는 우선 캠페인의 목적이 명확히 정의되어야 하고 소구하려는 메시지가 분명해야 채널별 역할을 정의할 수 있다.

예를 들어 포드자동차는 소셜 네트워크에서 언급되는 내용들을 수집해서 '더 포드 스토리The Ford Story'라는 사이트를 오픈한 적이 있다. 이 채널의 운영 목적은 방문자가 입소문 글을 읽고 추가 액션, 즉 홈페이지로 방문해서 사양을 확인하거나 견적을 받는 행위를 촉진하기 위한 것이었다. 이 경우는 두 사이트 간 중복 방문율을 보면 성과를 가늠하기 쉽다.

많은 유료·무료 툴이 채널 간 중복 방문율 지표를 제공한다. 그러나 중복 방문율 지표를 볼 수 있는 사이트들은 아주 많지만 이를 어떤 상황에서 보아야 할지, 또 이 지표를 단독으로 성과 지표로 써야 할지, 아니면 단순히 모니터링 지표로 활용해야 할지도 고민해야 한다.

이 같은 사례로 보험사 사이트와 보험 가격 비교 사이트 간의 중복 방문율을 경쟁사 대비해서 본 적이 있다. 검색량을 보면 많은 보험 가입자가 보험 가격 비교 사이트를 검색해서 보고 그를 통해 유입된다는 것이 드러나기 때문이다. 이처럼 AI 시대에는 모든 것이 데이터화되어서 볼 수 있기 때문에 어떤 데이터를 볼 것인지와 그것을 어떤 관점에서 볼 것인지가 매우 중요해졌다.

더 나아가 옴니 채널 데이터 모델링에 대해 알아보자. 페이스북

[더 포드 스토리 사이트의 CTA 사례]

더 포드 스토리(thefordstory.com)는
포드자동차와 관련된 많은 소셜 미디
어 포스팅을 수집해서 보여준다.

다양한 포드 관련
공식 기사 제공

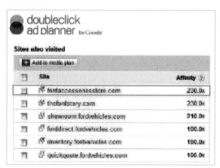

'애드플래너(Adplanner)'라는 툴을 통해
무료로 중복 방문율을 확인해볼 수 있다.

자료: 구글 애드플래너 검색 결과

을 예로 들면, 초기에 나라별로 '애드테크 파트너Ad-tech Partner' 선
정을 통해 페이스북 내부 데이터를 공유하고 광고주에게 팬페이
지 운영, 페이스북 광고 집행 성과 등에 대해 대시보드 및 관련 서

[페이스북 데이터와 검색 등 라이프로그 데이터가 결합된 대시보드 예시 1]

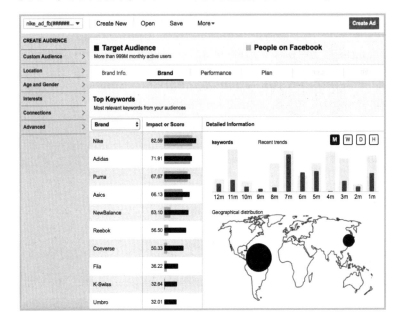

자료: 마이셀럽스 제공

비스를 진행해왔다. 그리고 '오디언스 인사이트 파트너Audience Insight Partner'라고 해서 광고 전에 단순히 페이스북 데이터만이 아닌 검색, 블로그 등 다양한 데이터 조합을 통해 광고주에게 인사이트를 제공하고 페이스북 광고 활용성을 높이는 파트너를 선정하고 있다.

마이셀럽스에서는 페이스북 데이터와 검색 및 소셜 데이터 등 다양한 채널에서의 데이터 소스를 조합한 브랜드 대시보드를 제시했다. 옴니 채널 데이터뿐 아니라 광고주 자체 내부 데이터까지 포괄하여 다양한 형태의 광고 인사이트와 성과 지표를 제공한다. 이

[페이스북 데이터와 검색 등 라이프로그 데이터가 결합된 대시보드 예시 2]

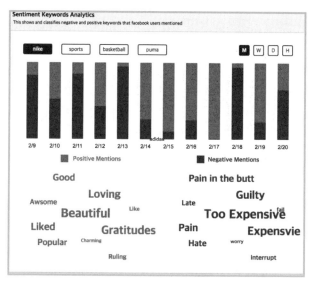

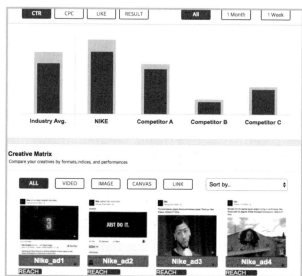

자료: 마이셀럽스 제공

213

[채널별 마케팅 예산 재배분 사례]

모델 선정 콘텐츠 생성	
마케팅 수단	**유효 사용자 건별 비용**
검색 광고	0.2
페이스북	0.4
온라인 배너	**0.5**
이메일 마케팅	0.8
웹진	0.9
새로운 온라인 수단	1.2
오프라인 우편 발송	1.3
라디오	1.5
인쇄물	1.9
웹사이트	2.7
TV	2.9
시간표	3.3
판촉	0.2
옥외	8.4
스포츠 후원	40.7

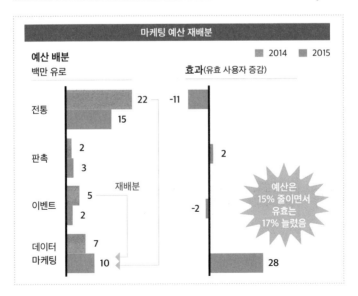

마케팅 예산 재배분

■ 2014 ■ 2015

예산 배분
백만 유로

효과(유효 사용자 증감)

전통 22 / 15 / -11

판촉 2 / 3 / 2

재배분

이벤트 5 / 2 / -2

데이터 마케팅 7 / 10 / 28

예산은
15% 줄이면서
유효는
17% 늘렸음

와 같이 옴니 채널상에서 적절한 데이터를 소싱하고 모델링하는 것은 매우 중요한 마케팅 활동이 되었다.

통합적 관점에서 각 채널의 객관적인 성과 평가를 기반으로 마케팅 예산을 편성해야 한다. [채널별 마케팅 예산 재배분 사례]를 보면 회사의 채널과 미디어를 유효 사용자 건별 비용으로 분석하고, 이에 따라 예산을 재분배함으로써 예산을 줄이고도 유효 사용자를 증가시키는 효과를 거두었음을 알 수 있다.

이와 같이 옴니 채널을 단일 통화Single Currency로 치환하는 방식은 복잡하고 논쟁적이며, 때로는 소모적이기도 하기 때문에 반드시 정교한 방식을 따르자는 것은 아니다. 따라서 모든 채널에 단일한 기준을 적용해 그 비용을 측정하는 것은 결코 간단한 일이 아니지만, 그럼에도 비교 가능한 기준을 확립하는 일은 매우 중요하다. 이와 같이 채널 협업 체계를 세우면서 각 채널에 자기 역할을 부여하고, 이에 따라 효율적으로 예산을 배분할 수 있다.

고객에게 끊김 없이 친절하되,
때로는 당당하게 요구하라

앞서 소비자와 고객이 정보를 획득하는 과정에서 얼마나 많은 불편을 겪고 있는지 설명한 바 있다. 이번에는 COD 플랫폼에서 고객의 불편을 줄이고 친절한 서비스를 제공하기 위해 무엇을 해야 하는지 알아보자.

COD 플랫폼이 구성되고, 채널별 역할과 역할별 성과 지표들에 대한 정의가 완료되고, 플랫폼 내에 유입된 소비자와 고객의 니즈와 정황을 파악하기 위한 내외부 데이터 출처와 이를 모니터링하기 위한 툴의 정의가 완료되었다면, 이제 기업은 무엇을 해야 할까?

앞서 여러 차례 언급했듯, 디지털에서 소비자들이 가장 싫어하는 것은 막히는 것과 낡이는 것이며 이에 대한 소비자들의 행동은 주로 이탈로 나타난다. 그러므로 소비자에게 끊김 없는 정보를 제공하려면 그들이 가장 싫어하는 막힘 포인트Stuck Point와 끊어진 링크가 없는지 점검하는 일이 최우선이다.

이 작업은 소비자 사용성 테스트와 같이 소비자 입장에서 직접 다양한 시나리오의 의사결정 과정을 모니터링해보는 것이다. 이 과정에서 실제 소비자들이 검색하는 세부 검색어, 소비자들이 유입되고 유출되는 유입·유출 데이터, 그리고 소비자들이 나가버리는 이탈 시점, 이탈률 등을 점검함으로써 커뮤니케이션이 끊어진 포인트들을 응급처치Quick-fix할 부분들이 드러난다.

그런데 놀랍게도 세계 톱클래스 회사들도 여전히 실수를 저지르는 것을 볼 수 있었다. 나는 그간 100여 개 이상의 메이저 기업을 진단했는데, 그 과정에서 단 하나의 문제점도 없는 기업은 본 적이 없다.

많은 기업이 이 부분에서 벤치마킹할 대상에 대해 묻지만, 딱히 가장 잘한다고 할 만한 회사를 찾아보기 어렵다. 벤치마킹 대상이 존재하지 않는다는 말은 곧 디지털과 오프라인 채널을 잘 연동하고 조금만 성과를 높인다면, 손쉽게 경쟁사보다 우위에 설 수 있다

[방문 고객의 이탈 경로와 원인 분석 예시]

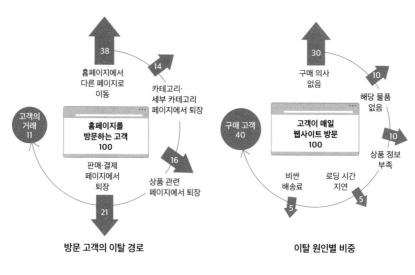

는 뜻으로 해석할 수 있다.

이처럼 가장 먼저 점검해야 할 것은 COD 플랫폼으로 유입된 방문자들이 원하는 정보를 편리하게 습득할 수 있도록 이동 경로를 최적화하여 방문자들이 원하는 정보로 도달하는 비율을 높여주고 사전 이탈을 방지하는 것이다.

모든 페이지를 최적화하면 이상적이겠지만, 셀 수 없이 많은 플랫폼 내의 페이지들을 모두 최적화하는 것은 무리다. 그러므로 우선 라이프로그 분석 등을 통해 방문자들이 가장 많이 보는 페이지나 중요한 페이지들을 선정하고, 이동 경로나 이탈률, 메뉴 연결 구조 등을 다양한 각도로 분석해봐야 한다.

특히 구매가 일어나는 페이지라든지 사양을 확인하는 페이지 등은 메뉴 하나하나까지 실제 사용성을 세심히 분석해봐야 한다. 앞서 설명한 다양한 툴을 활용하면 간단하게 진행할 수 있다.

대개의 기업에서 이런 모니터링 활동을 주로 에이전시에 맡겨서 리포트 형태로 받곤 하는데, 무엇보다 고객이 직접 데이터를 남기는 활동이기 때문에 반드시 마케팅 담당자들이 시간을 투입해서 확인하고 보정해야 함을 명심해야 한다.

또한 이 과정에서 모니터링할 페이지들이 항상 똑같아서는 안된다. 정해진 페이지의 정형화된 데이터만을 모니터링하는 것이 아니기 때문이다. 불규칙하고 다양한 소비자 행태를 반영하는 비정형 데이터들이 무한대로 발생하므로 이를 에이전시에 전체를 맡겨서 리포트만 받아보는 방식은 실질적인 효과를 보기가 어렵다.

COD 플랫폼으로 유입된 소비자의 다양한 커뮤니케이션 욕구를 충족시켜주고, 해당 기업의 플랫폼으로 유입된 이후 이동이 막히지 않도록 플랫폼 내 채널 간 연결성을 높인 후에는 무엇을 해야할까?

방문자의 니즈와 정황이 다양한 모니터링 툴을 통해 파악된 후에는 방문자들의 정보 욕구를 충족시켜주는 것을 넘어서 어느 채널에서, 어느 시점에, 어떤 방식으로 소비자에게 CTA를 할 것인지 전략적인 고려를 병행해야 한다. 결국 플랫폼 전략에서 다양한 채널 구성을 고려할 때 '어떤 채널에서 거래나 가입을 완결 지을 것인가?' 하는 리드 매니지먼트 관점을 간과해서는 안 된다.

언제까지 고객이 필요한 질문에만 답을 할 것인가? 기업이 소비자들의 정보 욕구만 맞춰주는 검색엔진이나 위키피디아는 아니지 않은가? 고객의 정황을 분석하고 그들의 롱테일 니즈를 기업이 목표로 하는 고객의 행동, 즉 CTA로 리드하지 못한다면 성과를 내야 하는 마케팅의 본질적인 명제가 충족될 수 없다.

기업은 창의적이고 재미있는 광고나 이벤트를 제공하는 것으로 끝이 아니다. 고객에게 구체적인 행동을 요구해야 한다. '무엇인가를 사라' 또는 '우리 페이지를 자세히 보고 이런 점을 확인하라' 등과 같이 목표한 성과로 리드를 해야만 한다. 무턱대고 재미있고 유익한 콘텐츠를 만들어내기만 하거나, 반대로 소비자에게 어떠한 혜택이나 즐거움 또는 흥분Excitement 같은 최소한의 가치도 제공하지 않은 채 자사 물건을 사라고만 한다면 둘 다 성공하기 어려운 방식이 될 것이다. 즉 고객의 마음을 움직이고 재화를 파는 것은 별개의 행위일 수 없으며 연동되는 것이 이상적이다.

마케팅 성과는 고객의 행동으로 나타나야 한다. 그런데 고객에게 성과를 달성하기 위해 아무런 행동을 하지 않은 채 나중에 성과만 측정하려는 것은 모순이다.

[BMW 마케팅 사례]를 보면 BMW가 증강현실AR이라는 것을 콘텐츠에 활용했다는 사실만 회자되었을 뿐, 정작 많은 마케터가 실제 같은 페이지에 네 가지 요구 사항CTA이 나열되어 있다는 점은 간과하고 있다.

결국 기업도 고객과 '기브앤테이크Give and Take'가 있어야 한다. 마케터가 실컷 고민해서 다양한 아이디어로 서비스나 콘텐츠를 차별화했다면 그 마지막은 반드시 CTA로 완결되어야 한다. 즉 기업의 전략과 성과에 연동Align되지 않는 마케팅은 마케터의 자위밖에 될

[BMW 마케팅 사례]

The BMW Z4.
Create your own Expression of Joy.

Demo   The TV ad

In our latest TV commercial for the BMW Z4, artist Robin Rhode uses the
roadster as a 306hp paintbrush to create a performance that's as
colourful as it is unique.

Now you can recreate the experience using state-of-the-art 3D
technology. If you have a webcam you'll be able to get behind the wheel
of your own virtual BMW Z4 and use it to express yourself.

Just follow the instructions below.

Z4 **Print your 3D symbol** ▶
Click the icon to print out the Z4 symbol and
user guide.

⬇ **Download the software** ▶
Click the download button and follow the
instructions to install BMW 3D paintbrush.

AR을 활용한 영상 감상 후 BMW에서 CTA를 연동한 페이지들

Drive it for real.
Request a test drive from your local
BMW dealer.

Request a test drive ▶

증강현실뿐 아니라 실제 체험할 수 있도록
시운전 요청 링크 제공

Become a BMW Z4 fan.
We'll keep you updated on
all the latest news.

Become a fan on Facebook ▶

일상에서 편하게 최신 정보를 받을 수 있는
페이스북 링크 제공

See the action.

You Tube

Watch other Z4 videos on YouTube ▶

Z4 동영상을 추가로 볼 수 있는 링크 제공

View the pictures.

facebook

Look at other Z4 pictures on Facebook ▶

여러 Z4 사진들을 보며 다른 유저들과 의견
을 공유할 수 있는 페이스북 링크 제공

자료: BMW 웹사이트

수 없다. 이는 현재도 멋진 CF 광고 하나 잘 만드는 데 모든 공을 들이는 많은 마케터의 자화상이기도 하다.

COD를 위한
조직 거버넌스

초기 디지털라이제이션은 단지 디지털 채널에서 캠페인을 하고 페이스북, 트위터와 같이 새로 생기는 디지털 채널에 재빨리 진출해 소비자들과 소통하는 데 국한되었다. 그러나 기업이 운영하는 채널의 수와 복잡성이 함께 증가하면서 단순히 디지털 마케팅팀 또는 소셜네트워크팀과 같은 한두 개의 부서가 모든 운영을 책임지는 형태로는 효율적으로 운영하지 못하는 지경에 이르렀다.

앞서 설명했듯, 소비자들이 디지털에서 활용 영역을 넓혀가면서 기업은 엄청난 양의 소비자 라이프로그를 모니터링해야 한다. 비단 마케팅뿐 아니라 HR, 구매 등 기업의 모든 기능에서 이 같은 데이터들을 정교하게 활용해야 생존할 수 있는 환경이 된 것이다.

소비자들의 라이프로그를 모니터링하고 활용하기 위해 기업은 여러 가지 검증되지 않은 내외부 툴을 활용하기 시작했다. 그런데 이 과정에서 많은 위험이 발생했고, 이전에는 없던 전혀 새로운 업무들이 발생했다. 이와 동시에 부서별 중복 업무, 아무도 책임을 질 필요가 없는 '그레이존Grey Zone', 이제는 불필요한 업무 활동 등이 발생하고 있다. 이 같은 문제들이 결국 마케팅 측면에서는 ROI를 떨어뜨리는 주요 요인들이다.

기업은 디지털을 단순히 소통을 위한 도구만이 아니라 중요한 경영 환경의 변화로 받아들여야 한다. 따라서 디지털 채널 운영에서 거버넌스와 프로세스의 허술함으로 인해 발생하는 많은 문제점을 점검하고 보완해야 한다.

이제는 마케팅뿐 아니라 기업 전체의 활동에 있어서 디지털을 어떻게 활용할지, 이를 위해 인프라는 어떻게 갖추어야 할지, 또한 어떤 활동이 없어져야 하고 새로 생겨나야 하는지에 대해 전면적으로 점검해야 하는 시기가 된 것이다.

뭔가 복잡한 것처럼 들린다. 다양한 채널, 각종 모바일 디바이스, 복잡한 검색어, 부서별 업무 분장 등 여러 가지 고려해야 할 것들이 담당자들의 머릿속에 엉켜 있기 때문이다. 즉 마케팅 담당자가 검색 광고 하나를 집행하려고 해도 기존의 마케팅 방식과 프로세스, 업무 분장에 익숙해져 있는 기업은 고려할 사항이 즐비하다. TV 광고 담당 부서와 협의해서 콘셉트가 무엇인지 확인해야 한다. 검색 관련 예산 집행은 해당 상품 담당 마케팅부서나 PR팀에서 총괄 집행한다. 그러니 자신이 할 업무도 아닌데 끼어드는 것 같은 생각도 든다. 세부 검색어를 웹사이트에 연동하려면 웹사이트 운영부서(아직도 CIO에 귀속되어 있는 경우가 많다)와 협의해야 하고, 에이전시와도 협의를 거쳐야 한다. 도저히 엄두가 나지 않는다.

기업에서 소위 '월급쟁이' 조직원들을 움직이게 하는 것은 거버넌스, 성과 지표 그리고 프로세스 내재화다. 그러므로 이것의 우선순위를 소비자들의 의사결정 프로세스를 기준으로 정한다면 의외로 해답은 간단하다.

이를 위해 먼저 조직의 요구 역량을 재정의하고, 베스트 프랙티스와의 차이점 분석을 통해 온·오프라인 통합 마케팅 수행에 있어서의 미비점을 진단해볼 수도 있다. 그리고 필요한 역량을 구축Build/Grow할 것인지, 제휴나 협약Alliance을 통해 획득할 것인지, 아니면 M&A와 같은 방법으로 구매Buy할지 다양한 방향으로 고민해볼 수 있다.

물론 운영 담당자들이 업무를 더 꼼꼼히 살피고 에이전시들이 점검을 더욱 강화해야 하지만, 이는 운영 담당자만의 문제는 아니다. 이제 디지털은 소비자의 변화이기 때문에 핵심적인 '경영 환경의 변화'로 다뤄져야 한다. 그러므로 CEO를 포함한 리더들이 나서서 풀어야 할 기업 전체의 과제인 것이다.

이제 곧 디지털 마케팅이라는 단어가 사라질 것이다. 소비자와 고객이 온라인과 오프라인을 불규칙하게 넘나드는데, 그것을 구분해서 기업 활동을 하는 것은 앞서 언급한 많은 문제점을 초래하기 때문이다. 이제 디지털 마케팅은 곧 마케팅이다.

03

COD 플랫폼과
검색 마케팅

| 소비자 정보 니즈에 대한 대응이
| 검색 마케팅

  디지털이 CEO들의 톱 어젠다Top Agenda가 된 후 시간이 많이 흘렀는데도 여전히 경영자들의 큰 관심사다. 나는 CEO가 포함된 기업의 워크숍이나 세미나를 진행할 때 소비자들의 활용도가 점점 진화하고 있는 검색에 대한 부분을 비중 있게 다룬다. 그럴 때마다 CEO 워크숍에 배석한 마케팅 담당 임원이나 팀장들이 이렇게 말하곤 한다.

"SEM(검색엔진 마케팅)과 SEO(검색엔진 최적화)는 많이 하고 있습니다."

"우리 회사는 구글, 네이버에 검색 광고를 연간 50억 원씩 합니다."

"소셜 네트워크와 소셜 큐레이션에 대한 이야기를 주로 해주십시오. 최근 애플 iOS7의 시사점은 무엇입니까?"

사실 이런 질문은 세미나 발표자인 나에게 하는 것이 아니라 동석한 CEO에게 이미 잘하고 있다는 사실을 전달하려는 의도일 것이다. 나도 이 사실을 잘 알고 있지만 이렇게 반문한다.

"지금 하신 말씀은 '우리 회사는 A방송국에 TV 광고를 연간 50억 원씩 하고 있습니다' 하는 말과 무엇이 다릅니까?"

그만큼 SEM과 SEO라는 개념이 나온 지 10년도 더 지났기 때문이다.

초기에는 기업이 검색엔진 마케팅을 하느냐, 안 하느냐가 디지털 마케팅의 수준을 나타내는 중요한 잣대가 되기도 했다. 그러나 지금은 검색엔진 마케팅을 '하고, 안 하고'가 핵심이 아니다. 비용을 들여 TV에 광고하는 것을 두고 '광고를 한다, 안 한다'로 성과를 평가하지 않듯이 이제는 검색엔진 마케팅도 마찬가지다.

기업이 마케팅 커뮤니케이션 관점에서 검색엔진 마케팅을 정의한다면, 소비자와 고객이 검색어를 통해 표출하는 다양한 롱테일 니즈를 COD 플랫폼과 연결시켜주는 매개체가 바로 검색엔진이라 할 수 있다. 소비자와 고객은 검색엔진을 필요한 정보로 이동하기 위한 일종의 '이동 수단'이나 '사전'처럼 활용하는 경우가 많다.

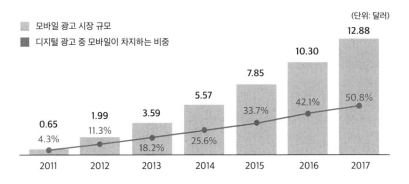

[2011~2017년 미국 모바일이 차지하는 비중]

■ 모바일 광고 시장 규모
■ 디지털 광고 중 모바일이 차지하는 비중

(단위: 달러)

2011	2012	2013	2014	2015	2016	2017
0.65	1.99	3.59	5.57	7.85	10.30	12.88
4.3%	11.3%	18.2%	25.6%	33.7%	42.1%	50.8%

자료: www.eMarketer.com

스마트폰 보급에 따라 모바일 검색이 증가하면서 검색은 즉시성
이 더욱 늘어났다. 그리고 와이파이 등 네트워크가 발전하면서 소
비자들이 장소나 속도에 구애받지 않고 검색할 수 있게 되면서 활
용 빈도 또한 급증하고 있는 상황이다.

그때그때 궁금한 내용을 즉시 찾을 수 있게 되면서 기업의 브랜
드나 서비스를 인지하고 추가 정보를 습득하는 방식과 요구 수준
이 매우 다양하고 상세해졌다.

따라서 기업은 검색엔진 마케팅을 '하고, 안 하고'에 대한 문제
로 보지 않고, 소비자의 검색 행태 변화에 대응하는 일에 집중해야
한다. 소비자들이 필요한 시점마다 즉시 검색을 통해 요구하는 다
양한 정보 니즈에 기업이 어떻게 즉각 대응할 수 있을지 고민해야
하는 상황에 처한 것이다.

검색엔진은
독립적인 미디어가 아니다

기업들은 COD 플랫폼 내의 멀티채널에서 어떤 식으로 검색엔진을 분류하고 전략적으로 활용하고 있을까? 많은 기업이 PR팀에서 해당 기업의 대표 검색어(기업명, 브랜드명 등)에 대해 검색 광고를 하는 데 그치는 경우가 많다. 그리고 검색엔진에서 회사명이나 브랜드 등 대표 키워드를 검색했을 때 첫 화면에 나타나는 부정적인 검색 결과를 관리하는 데 집중한다.

선진 기업들은 연관 검색어와 세부 검색어로 광고를 하기 시작했지만, 소비자들이 검색을 통해 무차별적으로 실시간 정보를 요구하는 통에 한정된 광고 예산으로 24시간 검색 광고를 할 수도 없는 상황이다.

실제로 검색엔진이 소비자들의 커뮤니케이션 과정에서 어떤 역할을 하며, 기업은 이를 어떤 관점으로 바라봐야 할까? 산업마다 편차가 있겠지만, 소비자들은 관심 있는 TV 광고를 보고 추가 정보를 얻기 위해 70~90퍼센트 정도가 검색한다는 통계가 이미 여러 조사를 통해 발표되었다. 여기에서 간과해서 안 될 점은 소비자와 고객이 검색하고 난 후 보이는 다양한 행동이다.

소비자의 검색엔진 활용 범위는 무척이나 다양해졌다. 검색엔진에서 궁금한 것을 묻고, 그 검색 결과만 보는 데 그치지 않는다. 앞서 설명한 대로 링크를 통해 다른 정보나 채널로 이동하는 '이동 수단'으로서 활용하는 비중이 훨씬 커졌다.

[검색이 고객들의 의사결정에 끼치는 영향]

Q. 검색이 내 구매 의사결정에 영향을 끼친다

오프라인 매장 구매　　　69%

온라인 매장 구매　　　70%

Q. 관심이 가는 TV 광고를 시청한 뒤 추가 정보를 어떻게 수집합니까?

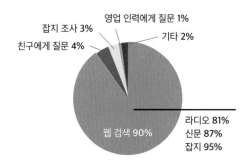

영업 인력에게 질문 1%
잡지 조사 3%
친구에게 질문 4%
기타 2%
웹 검색 90%
라디오 81%
신문 87%
잡지 95%

자료: CE Purchasing Process Study, Google&comScore, November 2007
Bridding the gap between traditional media and paid search 2006

　　이는 기업이 웹사이트뿐 아니라 소셜 네트워크 팬페이지, 브랜드
별 마이크로 사이트, 블로그 등의 다양한 채널에 투자하고 운영하
는 과정에서 정보가 무한히 늘어나고 분산되었기 때문이다. 그로
인해 소비자들은 분산·저장되어 있는 정보들을 검색을 통해 찾을
수밖에 없다.

　　실제 기업 웹사이트로의 유입 경로를 분석해보면, 산업별로 편차
가 있지만 60~90퍼센트가 검색엔진을 통해 기업의 주요 사이트로

유입되는 것으로 나타난다.

오프라인의 방문객이 중요하듯이 디지털상에서 트래픽이 중요하다는 사실을 기업이 인식하기 시작하면서 트래픽의 상당 부분을 전담하는 검색이 함께 중요해지고 있다. 그러면서 '소비자들이 어떤 경로를 통해 얼마나 많이 유입되는가'에 대한 리드 매니지먼트는 기업들의 채널이 다양화되고 채널별 역할 개념이 더해지면서 그 중요성이 더욱 증가하고 있다.

물론 소셜 네트워크의 발달로 다양한 유입 경로가 새롭게 등장함에 따라 검색을 통한 유입 점유율이 분산되는 듯 보였다. 그러나 스마트폰의 보급으로 모바일 검색이 급증하면서 검색엔진 활용은 새로운 국면을 맞이하고 있다.

이처럼 소비자들은 검색엔진을 정보에서 또 다른 연관 정보로, 채널에서 또 다른 채널로 이동하는 데 중요한 수단으로 활용하고 있다. 그러나 기업은 단순히 브랜드명, 기업명 같은 대표 검색어만을 플랫폼과 연동시켜놓고 소비자의 커뮤니케이션 요구에는 구체적으로 대응하지 못하는 경우가 여전히 많다.

예를 들어 소비자들은 재테크에 대한 정보를 얻을 때 CMA, 재테크, 퇴직금, 금리, 자산관리사 등 다양한 연관 키워드로 검색한다. 검색창 바로 밑에 자동 생성되는 연관 검색어는 소비자들이 재테크에 대한 정보를 얻을 때 '재테크'라는 키워드 검색 전후에 그 키워드들을 동시에 검색한 빈도가 높았다는 의미이기 때문에 아주 중요하다.

이렇듯 소비자들은 검색엔진마다 고유한 알고리듬Algorithm에 의

[재테크 연관 검색 키워드]

주식 투자	30대 재테크
부동산 전망	크라우드펀딩
개인 재무설계	고유가 수혜주
주식시장 전망	ETF
자산관리	노후설계
예금금리 비교	보험 비교
복리계산기	사회초년생 저축
노후생활비	부자 되는 방법
금융 재테크	자식 증여
특판예금	연말정산 환급 기준

자료: 네이버 등 검색 사이트 상위 검색어 조사(2019년 6월 기준)

해 생성되고 소멸되는 연관 키워드 추천을 클릭하는 비율이 매우 높다. 그러므로 기업은 소비자의 검색 빈도가 높은 키워드는 기본적으로 자사의 플랫폼으로 유입시키고 추가 정보를 제공하는 다양한 방법을 강구해야 한다.

많은 기업이 검색엔진 마케팅, 검색엔진 최적화를 실행하고 있다고 말한다. 그러나 실제 소비자 입장이 되어 추가 정보를 얻기 위해 여러 가지 연관 키워드를 검색해보면, 기업이 많은 시간과 비용을 들여서 준비해놓은 다양한 정보 페이지와 연동되지 않는 경우를 흔히 볼 수 있다. 소비자가 '재테크'와 연관된 검색을 하는 경우를 살펴보자.

[재테크 연관 검색 키워드]와 같이 소비자들은 재테크에 관한 다양한 연관 검색어를 활용하여 정보를 습득하려 하고, 검색 결과 상

[재테크 관련 검색어별 상위 링크 페이지 예시]

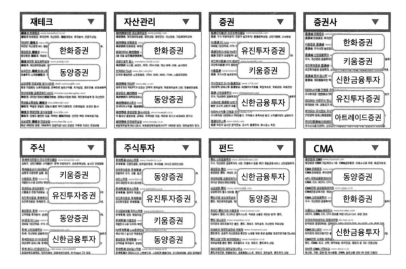

- 소비자들의 실제 검색어별 검색 결과를 체크해볼 필요가 있다.
- 검색 결과 페이지의 상위 랭킹은 가변적이며 지속적인 관리가 필요하다.
- 검색 시점에 따라 순위는 다르게 나타난다.

위에 노출되기 위한 기업 간의 경쟁은 치열하다. 그러므로 단순히 검색 결과 상단에 노출되는 것뿐 아니라, 소비자들의 검색 니즈에 부합되는 설명 문구Title & Description를 등록시키는 등 세부적이고도 지속적인 노력을 기울여야 한다.

구글의 CEO 에릭 슈미트Eric Suhmidt는 "검색되지 않으면 존재하지 않는다To be searched or not to be"라고 말한 적이 있다. 아무리 기업이 콘텐츠를 잘 만들고 좋은 정보를 제공하기 위해 캠페인 페이지를 만들어놓았더라도 실제로 소비자들과 연결되지 않는다면 무용지물에 지나지 않는다.

소비자의 정보 취득 행태에서 볼 수 있듯이 TV 광고를 본 소비자가 추가 정보를 얻기 위해 검색했을 때 소비자를 자사의 COD 플랫폼으로 유입시킬 수 있도록 준비해야 한다. 그리고 유입된 고객에게 일관된 추가 정보를 전달할 수 있는 관련 정보 페이지가 준비되어 있어야 함은 물론이다. 그래야만 소비자와의 커뮤니케이션에서 소비자들을 불편하게 하는 단절이나 일관성 없는 정보 Inconsistency의 전달을 최소화할 수 있다.

그러나 기업에서는 검색엔진 채널을 담당하는 부서와 TV 광고 등 마케팅을 담당하는 부서가 분리된 경우가 많다. 소비자들은 모든 채널로 이동하거나 추가 정보를 시시각각 활용하고 있는데, 검색엔진을 하나의 별도 채널로 보고 담당 부서가 따로 관리하는 것이다.

물론 조직을 분리해 운영하는 것은 기업마다 상황이 다르기 때문이지만, 캠페인을 기획하는 단계부터 검색엔진을 담당하는 전문가나 검색 광고를 집행하는 담당자와 타 채널 담당자들과의 커뮤니케이션은 항시 이루어져야 한다. 그러나 검색엔진을 하나의 독립적인 채널이나 미디어로 다루면 소비자와 고객은 커뮤니케이션의 단절과 불편함을 겪는다. 따라서 기업의 마케팅 담당자는 소비자와 고객의 실제 검색엔진 활용 방식을 분석해야 한다. 그뿐만 아니라 소비자들의 다양한 실시간 커뮤니케이션 요구에 대해 잘 짜인 COD 플랫폼을 통해 항상 대응하는 방법을 고민해야 할 것이다.

이 과정은 기업이 플랫폼을 통해 소비자들의 커뮤니케이션 온디맨드에 대응하는 가장 기본적인 시작점이라고 할 수 있다.

한국 기업은
검색 전략의 황무지

마케팅에서 검색엔진 활용이 반드시 검색 광고만을 뜻하지는 않는다. 그럼에도 한국 기업은 검색 광고비를 많이 쓴다. 인구 대비로 봐도 세계 1위다. 한국 검색시장을 장악한 대형 포털 키워드 광고가 가장 높은 비중을 차지한다. 그런데 많은 비용을 쓰는 것과 효율적인 검색 전략을 구사하는 것은 별개다. 비용이 드는 검색 광고에는 아낌없이 투자하면서도 가장 기본적인 부분을 놓치는 셈이다. 실제 예를 보자.

한 보험회사는 이 회사 이름을 검색하면 연관 검색어로 '다단계'가 함께 노출되었다. 다단계와 아무런 관련이 없는 이 회사로서는 치명적인 이미지 손실이 상당 기간 계속되고 있었는데도 방치해둔 상태였다. 팩트와 다른 경우, 검색엔진 회사에 삭제 요청만 해도 되는 것이었다.

또 회사 내 여러 사이트를 모바일과 웹에서 잘 운영하고 있는 대형 출판사는 이용자가 모바일에서 검색하더라도 검색 결과는 PC 웹으로 연결되도록 방치하고 있었다. 그 결과 모바일 사용자에게는 불편한 경험을 주었다. 정작 모바일 사이트를 열심히 운영하고 있었는데도 말이다.

이런 경우는 국내 많은 대기업에서 흔히 볼 수 있는 실수다. 우리나라의 많은 에이전시나 마케터가 검색을 바라보는 관점을 바꾸어야 한다. 검색 마케팅은 독립적인 마케팅이 아니다. 반드시 옴니 채

[잘못된 검색 마케팅 사례]

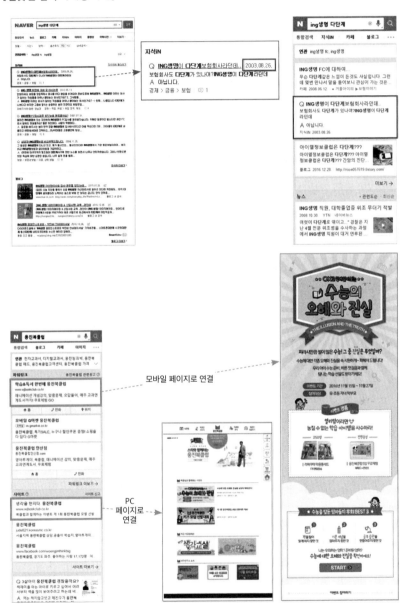

모바일 페이지로 연결

PC
페이지로
연결

널상에서 채널 간 연동 관계와 더불어 랜딩 페이지 최적화, 연관 검색어 등 많은 부분을 함께 고려해야 한다.

한국 기업이 검색 전략의 기본에 취약한 이유 중 하나로 국내 대형 포털 체계에 안주한 것을 들 수 있다. 한 키워드로 검색하면 결과 화면에는 관련 키워드에 광고비를 지불한 업체들이 검색어에 따라 심하게는 한 페이지를 다 덮기도 한다. 그 아래에는 파워 블로그가 노출된다. 일목요연하긴 하지만 이용자에게 진정 유용한 정보인지 그 결과를 신뢰할 수 있을까 의문이 드는 페이드 블로그 또한 구분이 가지 않는다.

이런 메커니즘에 익숙한 한국 기업들은 '검색 전략'이라고 하면 '검색 광고'나 '페이드 블로거Paid-blogger'(우리는 이를 파워 블로거라고 잘못 부르고 있다) 활용을 먼저 떠올린다. 리치 스니펫, 앱 인덱싱 같은 것들은 '구글겟돈'이라 불리며 업계에서 큰 이슈가 되었음에도 불구하고, 우리나라 마케팅 업계에서는 개념조차 전파되지 않은 상황이기도 하다.

안타깝게도 우리나라는 몇몇 리딩하는 기업의 기술력 수준과 정책 등의 요인으로 디지털 생태계를 점점 세계와 고립된 그들만의 섬, 갈라파고스로 만들고 있다. 이용자의 편익을 최우선하고 검색 사이트의 알고리즘을 연구하여 최적의 검색 결과 값을 가장 좋은 위치에 두고자 하는 검색 전략의 기본 철학을 하루빨리 정립하고 수용해야 할 것이다.

2013년 LG전자에서 출시한 SSD의 제품명은 'LSD1'이다. 아마 LG SSD의 약자인 듯하다.

만약 친구에게 이 제품을 추천받고 구매하기 위해 검색하면 어떤 키워드를 입력하게 될까? 정확한 상품명은 'LSD1'이지만 대부분 'LSD'만 검색할 것이다.

그런데 LSD는 마약류로 분류되어 국내에서는 유해 단어로 규정되어 있다. 구글에서 검색해보면 어떨까? LSD1이라는 정확한 제품명을 검색해도 위키피디아에 유전자 코드라고 설명하고 있는 결과를 보게 된다.

브랜드 네이밍Brand Naming을 이야기할 때 자주 언급되는 사례가 '대영자전거'다. 이 브랜드는 1970~1980년대 삼천리자전거와 함께 우리나라 자전거 시장을 양분했다. 그런데 대영자전거가 수출을 하면서 영어 브랜드가 필요해졌다. 그래서 영어 표기대로 'DAIYOUNG'을 사용했다. 그런데 영어권에서 이를 발음하면 '다이 영Die Young'이 된다. 즉 일찍 죽는다는 뜻이다. 그래서 브랜드 이미지에 큰 타격을 입었다고 한다.

브랜드의 중요성에 대해서는 따로 언급할 필요가 없을 것이다. 그래서 세계적인 브랜드 에이전시들이 성업 중이기도 하다. 또한 디지털 시대가 되면서 추가로 검토해야 할 체크 포인트들이 생겼다. 그런데 이를 간과함으로써 브랜드 성장 기회를 잃는 경우가 많다.

[네이버와 구글의 검색 결과 화면 비교]

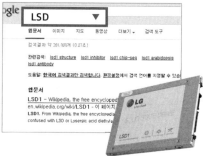

현대자동차는 제네시스Genesis를 출시한 후 2008년 2월에 600만 달러를 투자해 미국 슈퍼볼 결승전에 두 편의 TV 광고를 선보였다. 광고는 호평을 받았고 광고에 힘입어 추가 정보를 얻으려는 많은 소비자들이 검색으로 유입되었다. [2004~2005년간 Genesis를 검색한 구글 트렌드 그래프]와 같이 실제로 광고 당일에 'Genesis'에 대한 검색량이 엄청나게 증가하기도 했다.

그러나 구글과 야후(당시에는 이 두 검색엔진이 시장점유율 95퍼센트 이상을 차지하고 있었다)의 검색 결과 첫 화면 상단에는 Genesis가 1967년에 만들어진 유럽의 록그룹Rock Group이라는 내용이 노출되었다. 지금도 여전히 구글의 검색 결과 상단에는 록그룹 Genesis의 정보가 뜬다. 물론 'Hyundai Genesis'라는 검색어를 통해 많은 양의 웹사이트 유입이 있었기 때문에 잠재 소비자들은 관련 정보를 얻을 수 있었다.

그러나 [2004~2005년간 Genesis를 검색한 구글 트렌드 그래

[2004~2005년간 Genesis를 검색한 구글 트렌드 그래프]

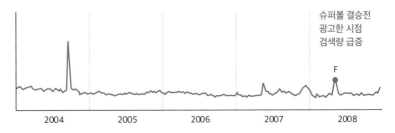

슈퍼볼 결승전
광고한 시점
검색량 급증

F

2004   2005   2006   2007   2008

현대 제네시스가 출시되지도 않은 2004년 이전부터 'genesis'는 검색되고 있다.

프]를 보면 필 콜린스라는 유명 보컬이 속한 이 그룹의 지명도 때문에 'Genesis' 검색이 2004년부터 꾸준히 이루어졌고, 그룹의 콘서트가 열리는 타이밍에는 검색량이 폭발적으로 증가한 것으로 나타난다.

이 같은 사례는 디지털 시대에 들어서 자주 볼 수 있게 되었다. 나는 예전에 한 대통령 후보 선거 캠프의 요청으로 특강을 한 적이 있다. 당시 그 캠프는 핵심 공약인 747 정책을 홍보하는 데 조언을 요청했다. 747 정책 홍보를 위해 비용을 들여 웹사이트를 제작했는데, 방문객과 회원 가입이 너무 적다며 고민하고 있었다.

나는 워크숍 자료를 준비하면서 747 공약을 알아보기 위해 검색을 했다. 그런데 검색 결과 대부분이 보잉 747 비행기에 관한 내용이었다. 그래서 선거 캠프에 직접 URL을 물어보고 주소창에 입력해서 들어가지 않는 한 그 웹사이트에 접속할 수 없었다. 즉 존재하지 않는 웹사이트나 마찬가지였던 것이다. 그러다 보니 당시 회원 가입 수가 24명에 지나지 않았다.

한때 KT의 '쿡Qook' 브랜드에 맞서는 경쟁사 SK텔레콤의 브랜드는 '알파라이징Alpha Rising'이었다. 그런데 소비자가 추가 정보를 얻기 위해 검색할 때의 문제점이 대두되었다. 일단 브랜드명이 어려울뿐더러 '알파라이징', '알화라이징', '알파롸이징' 등 영어 발음의 혼란이 브랜드 경쟁력에 영향을 줄 수 있다는 의견이 많았다. 당시 SK텔레콤은 글로벌 ICT 리더로 도약하기 위해 여러 상황을 고려해서 브랜드를 만들었다. 글로벌 소비자들을 의식한 측면이 강했다고는 하지만 여전히 아쉬운 점이 있다.

지금은 이베이eBay 그룹의 가족이 되었지만, 옥션과 G마켓은 국내 오픈마켓을 양분하는 경쟁사였다. 당시 옥션과 G마켓은 검색어 톱 10 안에 드는 회사였다. 그런데 G마켓은 항상 매출이 더 많았지만 검색 순위에서는 늘 옥션에 뒤처졌다. 여러 이유가 있겠지만, G마켓을 검색하려면 'G'와 '마켓' 사이에 한/영 변환키를 눌러야 하는 것이 부담으로 작용한다는 의견이 제시되었다.

이처럼 브랜드 네이밍을 할 때는 소비자의 검색 편의성을 우선적으로 고려할 필요가 있다.

앞서 IMC와 ATL, BTL을 다룬 곳에서 언급했듯이 아직도 많은 기업이 IMC의 명목하에 매체를 ATL, BTL로 구분하고 다양한 멀티채널에 동시 캠페인을 진행하고 있다. 물론 이럴 때 노출Exposure이 많이 되고 소비자들의 인지가 늘어나는 것은 당연하다. 그러나 이것만으로 충분하지 않다.

기존의 소비자들이 단일 채널에서 구매하던 방식이었다면, 이제는 상황이 바뀌었다. 검색을 활용해서 다양한 채널을 넘나들며 파편화된 경험의 합을 브랜드 가치로 판단하는 진화된 소비자에 대응하기 위해서는 채널별로 임무와 역할을 사전에 명확히 정의하고 기업 입장의 계획된 메시지Coordinated Message를 일관성 있게 전달해야 한다. 그리고 이 모든 과정에서 검색을 고민해야 한다. 브랜드명부터 연관 검색어까지 통합적이고 세심한 계획과 검증이 선행되어야 하는 것이다.

검색은
소비자가 마케터에게 주는 큰 선물

'디지털 마케팅'이라고 하면 '내가 모르는 새로운 세상'이나 '새로운 서비스'에 대한 내용을 기대하는 경향이 강한 것 같다. 그러나 우리에게 이미 익숙한 '검색'은 소비자가 의사 표현을 가장 상세하고 명백하게 나타내는 수단이다. 특히 모바일 검색이 폭발적으로 증가하면서 소비자들의 검색어는 상당수 로그인된 상태로 남기 시작했다. 이는 마케팅 관점에서는 상당한 변화이며, 앞으로 개인정보에 관한 문제가 잘 정리된다면 검색의 광고 타킷률은 상상을 초월하게 될 것이다.

이는 세계 최대 검색엔진인 구글의 주가가 끊임없이 올라가는 이유이기도 하다. 또한 페이스북이 신개념 검색인 '그래프 검색'을 발표하자마자 큰 반향을 일으킨 것도 그 맥락을 같이한다.

마이크로소프트의 빌 게이츠Bill Gates는 퇴임 시 "가장 큰 후회가 무엇이냐?"는 기자의 질문에 "검색이라는 거대한 물결에 적절히 대응하지 못했고, 그래서 많은 인재가 구글로 이직한 것"이라고 답했다고 한다.

제리 양과 함께 야후의 공동 창업자로서 '검색'을 세상에 알린 데이비드 필로David Filo는 "내가 만든 검색이라는 것이 이 정도까지 발전하게 될 줄은 나조차도 예측하지 못했다"고 말한 적이 있다. 이처럼 검색은 엄청난 혁신을 만들어냈다. 그뿐만 아니라 음성인식, 센서 기술 등의 발달을 통해 검색이 앞으로 얼마나 더 무섭게 발전할지 예측할 수 없을 정도다.

소비자의 의사 표현과 정보 요구의 방식, 즉 커뮤니케이션 방식이 이렇게 변화무쌍해지자 가장 당황스러워하는 사람이 바로 기업의 마케팅 담당자들이다. 지금도 여전히 마케팅 황금률로 활용되고 있는 STP 전략과 같은 '예측'에 기반을 둔 캠페인이 더는 예전처럼 먹혀들지 않고 '불규칙한 무빙 타깃'이 되어버린 소비자들에게는 메시지 하나 전달하기도 어려운 경쟁적인 상황에 이르렀기 때문이다.

그뿐만이 아니다. 과거의 소비자는 오프라인 점포에서 점원으로부터 "무엇을 도와드릴까요?", "찾는 것 있으세요?"라는 질문을 받으면 반 정도는 "네, ○○ 보러 왔어요", "그냥 구경만 할게요" 등의 반응이라도 보여주었다. 그래서 그 반응을 기반으로 다음 단계를 고민할 수 있었다.

그러나 검색이라는 도구가 생기면서 궁금하면 언제든 실시간으로 정보를 습득할 수 있는 상황이 되었다. 그와 동시에 소비자들은 무척이나 과묵해졌다. 페이스북 캠페인 페이지에 '좋아요'를 눌러주었더라도 진실로 '좋다'는 뜻인지, 아니면 '잘 읽었다'는 뜻인지, 그도 아니면 '경품을 달라'는 뜻인지 본인조차도 그 진의를 가늠할 수 없는 상황이 되었다. '눈팅족'이라고 불리는 상당수의 소비자는 반응조차 하지 않는다.

이렇게 반응하지 않는 이유 중 하나는 필요한 정보가 있으면 24시간 어디에서든 답을 얻을 수 있는 검색이 있기 때문이다. 검색은 커뮤니케이션 온디맨드 시대를 가능하게 한 가장 큰 매개체라고 볼 수 있다. 디바이스와 네트워크의 발달, 그리고 인터넷상에서 지식과 정보를 공유하는 집단지성의 축적 등과 맞물려 소비자들은 그때그때 자신이 필요한 시점에 매우 다양하고도 세부적인 키워드로 정보에 접근한다.

디지털과 모바일 시대를 거치면서 일어난 고객 커뮤니케이션의 가장 큰 변화 중 하나가 검색이다. 검색은 고객이 직접적으로 정보를 요구하는 가장 보편적인 방식이 되었다. 고객은 초기 검색 방식인 키워드 검색에서 진화하여 이제는 대화형 자연어로 검색하기 시작했다. 검색어가 길어진 것이다. 자연스럽게 자연어 처리, 머신러닝 기술이 발달했다. 이제 인공지능이 방대한 메신저 대화를 습득하면서 챗봇을 통해 비행기 티켓을 예약하는 시대가 되었다.

검색창의 자동 완성 기능과 연관 검색어는 다양한 고객 마음의 반영이자 트렌드다. 친한 친구와도 이야기하지 않는 속 깊은 이야기를 검색을 통해 털어놓고 묻는다. 이때 고객 마음속의 깊은 의도 그 자체가 바로 데이터다. 아래 검색창에 자동 완성되는 내용을 보면, 가장 친한 친구에게도 하지 못하는 개인적인 정보 요구까지도 검색창에 묻고 있다. 마케터는 예전이라면 결코 짐작할 수 없었던 고객의 깊은 속마음을 이런 데이터를 통해 접근할 수 있게 되었다. 또한 검색 결과를 보면 여러 사람의 다양한 해결책과 의견이 집단 지성으로 표출되고 있음을 알 수 있다. 이처럼 검색창을 일종의 대화창으로 활용하는 사람도 늘고 있다.

한 관심사를 둘러싼 질문과 표현은 풍부하고 다양해졌다. '맛집'을 예로 들면 예전에는 단순히 '음식이 맛있고 친절한 집'이었다. 그러나 지금은 '시각적 풍미가 좋다', '가성비가 훌륭하다', '식감이 뛰어나다', 심지어는 '재미있는 맛이다' 등과 같이 수많은 표현이 동원된다. 식감이 좋다는 표현도 '아삭하다', '쫄깃하다', '입안에서 사르르 녹는다' 등 다양하게 나뉜다. 고객의 취향과 고려 사항이 그만큼 다양해졌다는 증거다. 마케터들은 이런 현상을 검색어를 통해서도 볼 수 있다.

검색 기술도 자연어 검색과 시맨틱 검색(검색한 시점, 지역 등 여러 가지 정황 데이터를 검색 결과에 반영하는)으로까지 진화했다. 그래서 소비자들의 상세한 니즈를 넘어 연관된 정보까지도 추천함으로써 좀 더 정합성 있는 관련 정보로 이동할 수 있도록 돕고 있다.

[검색 트렌드의 변화: 길어지고 은밀해진다]

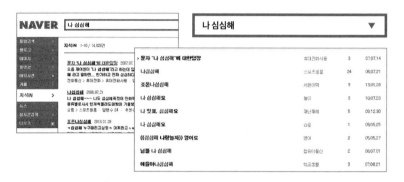

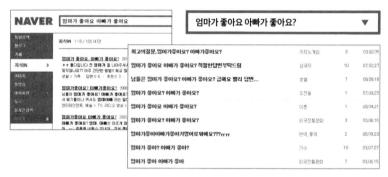

검색을 키워드 검색에서 자연어 검색을 넘어 대화창으로까지 활용하며 실시간 온디맨드를
요구하고 있다.

이처럼 소비자들의 다양한 롱테일 정보 요구는 즉흥적이고 상세
하며 게다가 불규칙적이어서 기존의 STP 등의 마케팅 방식으로는
대응하기 어렵다.

그러나 소비자들이 검색창을 통해 요구하는 상세하고도 실질적
인 커뮤니케이션 니즈들은 클릭과 같은 다른 의사 표현과 함께 소
비자가 마케터에게 베푸는 가장 큰 친절이라 할 수 있다. 따라서

마케터들은 회사가 제공하는 제품이나 서비스 관련 대표 검색어뿐 아니라 정황을 추론할 수 있는 다양한 검색어 분석에 많은 시간을 투자해야 한다.

검색 광고 또한 일종의 브랜드 스탠드Brand Stand가 되어 소비자들을 COD 플랫폼으로 유입시키는 가장 중요한 수단이 될 수 있다. 마케팅 예산이 많아서 모든 세부 검색어까지 광고를 깔아놓을 수만 있다면 더할 나위가 없을 것이다. 그러나 마케팅 ROI를 감안해야 하므로 각 시점에 회사가 구사하려는 전략에 따라 그에 맞는 전략적인 키워드 광고 접근이 필요하다고 할 수 있다.

다양한 소비자 니즈를
플랫폼으로 연결시키는 법

기업이 플랫폼을 잘 구성하고 나서 해야 할 가장 중요한 일이 바로 검색엔진과의 연동을 통해 소비자들의 온디맨드 정보 니즈와 플랫폼을 연결시켜 원활하게 커뮤니케이션을 하는 것이다.

검색엔진과 플랫폼의 연동이란 소비자들이 검색어를 통해 표출하는 다양한 정보 니즈(브랜드 검색어, 세부 검색어, 연관 검색어 등으로 파악된)들을 해당 기업이 운영하는 플랫폼으로 유입될 수 있도록 검색 결과치에 대해 마케팅 활동을 하는 것을 의미한다.

가장 많이 알려진 방법은 비용을 내고 키워드를 사는 검색 광고다. 그런데 정작 비용도 들지 않고 등록만 하면 되는 기업 웹사이트 '바로가기' 등록조차도 소홀히 하는 기업이 허다한 형편이다.

그뿐만 아니라 같은 기업의 TV 광고와 웹사이트가 강조하는 내용의 일관성이 떨어져 소비자에게 혼란을 주는 경우가 많다. 심지어는 같은 기업, 같은 제품의 가격이 웹사이트와 모바일 사이트에서 다르게 표기된 경우도 볼 수 있다.

국내 모 카드 회사는 웹사이트 유입의 99퍼센트가 검색엔진에서 해당 카드사의 기업명을 검색하고 들어온 것으로 나타났다. 게다가 실제 소비자들이 검색엔진에서 사용하는 검색어는 다양하며 유사어도 많다. 그런데 그 다양한 검색 결과에 맞춰 카드사로 유입되는

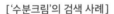

['수분크림'의 검색 사례]

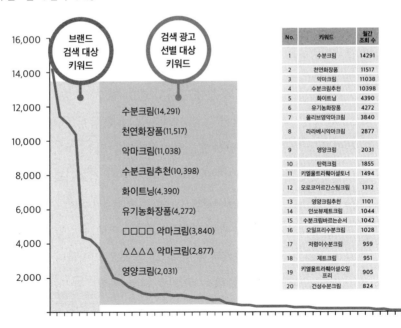

링크조차 연결해놓지 않아서 결국 그 카드사 기업명을 검색해야만 웹사이트를 찾을 수 있는 불편을 주고 있었다. 내가 관찰하기에 한국 기업의 80퍼센트 이상에서 이런 일이 벌어지고 있다.

소비자들이 검색으로 표출하는 다양한 니즈와 해당 기업의 COD 플랫폼의 연동성을 높이기 위한 전략은 매우 다양하다. 특히 키워드 전략에 있어서 연관 검색어와 세부 검색어로 광고를 확장하기 이전에 캠페인 목표를 명확히 하는 것이 중요하다.

소비자들의 유입을 목적으로 하는 것인지, 상품에 대한 경험치를 높이기 위한 것인지, 브랜드를 인지시키기 위해서인지, 아니면

No.	키워드	월간 조회 수	No.	키워드	월간 조회 수	No.	키워드	월간 조회 수	No.	키워드	월간 조회 수
21	라라베시수분크림	809	41	에스티로더영양크림	196	61	천연미네랄솔루션	30	81	시세이도화이트닝에센스	11
22	데이크림	730	42	모이스춰	180	62	스팀크림악마크림	25	82	천연미네랄샴푸	10
23	명현반응	698	43	멀티크림	176	63	수분충전	21	83	인소뷰제트크림	9
24	설화수영양크림	533	44	아쿠아크림	164	64	눈가붓기	20	84	건성피부용클렌징추천	8
25	미네랄바이오부작용	475	45	악마크림가격	148	65	인쏘뷰크림	19	85	경락크림	7
26	크리니크모이스춰세지	414	46	시세이도코리아	102	66	수분크림샘플	19	86	볼트펌프헤어샴푸	7
27	키엘오일프리토너	377	47	바이오미네랄	101	67	20대주름크림	18	87	효과좋은수분크림	6
28	키엘울트라훼이셜모이스처라이저	344	48	모이스춰써지믹스텐디드쎌스트킬리프	81	68	트러블제로샴푸	18	88	시세이도아이새도우	6
29	천연미네랄	329	49	미네랄바이오스프레이	76	69	모이스춰써지페이스스프레이	18	89	순한수분크림추천	5
30	에스티로더수분크림	327	50	트러블부수분크림	61	70	바이오퍼포먼스	18	90	기능성수분크림	5
31	미바	313	51	리프팅세럼	54	71	보습제품				
32	라라베시모로코아르간스팀크림	310	52	에스티로더수분에센스	46	72	쿠팡수분크림				
33	Z크림	271	53	40대수분크림추천	42	73	악마크림파는곳				
34	시세이도에센스		54	모이스처크림	41	74	수분보습크림				
35	리프팅크림	254		트호크림	41	75	해초미스트				
36	주름크림	23					네랄스프레이				
37	울트라훼이셜크림	23					대용량수분크림				
38	올리브영스팀크림	2					평양설화수				
39	아이세럼	2					수분크림추천				
40	시세이도아이새도우	20					팅아이크림				

'수분크림'의 경우 1개월에 특정 포털에서만 457개의 다양한 연관 검색어를 통해 31만 9,751번의 검색이 되고 있다.

- 화장품은 국내 검색 볼륨 5위 카테고리다(엔터테인먼트, 게임 등을 제외하면 가장 많이 검색되는 산업 제품군).
- 화장품 관련 네이버에서만 월간 1,500만 검색이 일어난다(초당 140번의 검색).

재고 처리 등 판매를 위해서인지에 따라 집행해야 할 키워드 광고의 변형Variation은 매우 다양하다.

'수분크림'이라는 상품 하나만 하더라도 시즌에 따라 차이가 있지만 국내 최대 검색 사이트에서 한 달에 500여 개 이상의 다양한 검색어로 30만 번 이상의 검색이 이루어지기도 한다. 이렇게 검색한 후 고객은 다양한 고려 사항과 취향을 따져보고 나서야 수분크림을 산다.

각 플랫폼의 역할과 그에 따른 KPI를 명확히 했다면, 어떤 채널을 어느 키워드와 매핑Mapping시킬지 고민해야 한다. 예를 들어 제품의 사용법을 인지시키는 것이 캠페인의 목표이고 해당 기업의 운영 채널 중 페이스북을 제품 설명 용도로 활용하는 상황이라면 어떤 준비를 해야 할까?

먼저 페이스북에 제품 사용에 관한 자세한 콘텐츠가 올라가야 한다. 그리고 TV 광고 말미에 키워드 푸시Keyword Push(TV나 신문, 잡지 등의 광고 중에 "검색창에 ○○를 검색하세요"라고 명기하는 것)를 해주어서 추가적인 관심이 있는 사람들을 검색창이나 페이스북으로 유도해야 한다.

검색 광고를 한다면 ○○ 사용법, ○○ 제품 설명 등과 같이 캠페인 목적에 맞는 세부 검색어를 준비해두어야 한다. 검색 광고를 할 때 무조건 브랜드명만 광고하는 회사가 많은데, 캠페인 목적별로 소비자들의 실제 검색어를 분석하여 어떤 검색어를 광고할 것인지 명확히 하도록 한다. 예를 들면 ○○ 가격, ○○ 사양과 같은 키워드는 구매할 가능성이 높은 상황에서 검색하는 키워드이고, ○○

펜 페이지, ○○ 사용 후기, ○○ 성분 등은 제품을 비교·평가할 때 많이 활용하는 검색어다.

이처럼 캠페인의 목적에 따라 해당 키워드별 그룹핑Grouping을 해서 소비자들의 의사결정 과정의 이동 경로와 니즈에 연동되어야 한다. 일반적인 검색 광고나 검색엔진 최적화에 대한 세부 내용들은 서적이나 검색을 통해서도 충분한 정보를 얻을 수 있다. 그러나 기업이 추가로 고민해야 하는 부분은 바로 검색엔진을 독립적인 매체로 보지 않고, 소비자들의 세부적인 정보 니즈와 COD 플랫폼을 정교하게 연동시키는 일일 것이다.

비검색엔진에서
검색의 중요성

중요도에 비해 기업이 소홀히 하고 있는 부분 중 대표적인 것으로 비검색엔진과 사이트 내부 검색을 들 수 있다. 소비자들이 여러 가지 캠페인이나 관심 있는 제품 소개 글 등을 보았을 때 제품 비교나 구매 등의 행동을 취하는 빈도가 점점 줄어들고 있다. 소비자들의 의사결정 과정 역시 기존처럼 인지-고려-비교-구매를 거치며 순차적으로 연결되는 경향이 약해졌다.

이제 소비자들은 니즈가 생겼을 때 또는 원하는 타이밍에 곧바로 검색해서 정보로 접근하면 된다. 그리고 아주 다양한 의견이 널려 있기 때문에 의사결정 과정에서 자주 마음이 바뀌기도 한다.

특히 클라우드 서비스Cloud Service가 본격화되면서 구글 킵이나 에버노트Evernote와 같이 즉석에서 내용이나 사진들을 저장해놓거나 공유하는 서비스들이 활성화되었다. 요즘 출시되는 스마트폰은 모두 이 같은 클라우드 서비스와 연동되고 있기 때문에 소셜 네트워크의 타임라인에서 좋은 내용의 글을 발견하면 즉시 저장해놓거나 공유할 수 있다. 인포그래픽Infographics, Information Graphics 형태로 정보들이 정리되어 나오는 경우도 많으므로 사진으로 캡처해놓기도 한다.

이처럼 소비자의 정보 저장 및 꺼내 쓰기 형태가 매우 다양화되었다. 따라서 기업은 언제, 어느 시점에, 어떤 방식으로, 혹은 어떤 애플리케이션을 통해 정보를 요구받을지 모르는 상황이다. 따라서 360도 전방위 커뮤니케이션Holistic Communication에 대응할 필요성이 높아졌다.

소비자가 정보나 관련 캠페인 페이지에 접근하는 과정에서 검색엔진뿐 아니라 비검색엔진을 통해 정보에 접근하는 것이 증가하는 추세다. 그런데도 많은 기업이 이를 소홀히 여기고 있다. 소셜 네트워크에 페이지를 만들고 콘텐츠를 채우지만 비검색엔진을 통한 접근에는 주의를 기울이지 않는 것이다.

실제 검색량을 놓고 보았을 때 구글 다음으로 유튜브가 2위를 차지하고 있다. 유튜브의 검색량은 이미 많이 알려져 있다. 페이스북 또한 그래프 서치Graph Search를 개시하면서 검색이 비약적으로 늘었으며, 인스타그램 및 핀터레스트 또한 마찬가지 현상을 보이고 있다. 이와 같이 다양한 검색 연관 서비스의 추가로 비검색엔

[비중이 커지는 비검색엔진]

페이스북 검색 급증

페이스북 내 검색 쿼리 추이
백만 건

- 700
- 600
- 300
- 200
- 100
- 0

페이스북은 'Friends' 간 연동성을 중심으로 서비스 구성이 되어 있기 때문에 검색 수준은 미미했으나 검색 엔진 빙(Bing)과의 제휴, 그래프 검색 등 검색 측면에서 높은 잠재력을 지니고 급증하고 있다.

아마존 vs. 구글 검색

소비자가 온라인 리서치를 시작하는 지점
응답자 비율 %

amazon.com　　　Google

	amazon.com	Google
전자	36	614
서적	30	13
비디오게임	20	17
DVD·비디오	13	19
가구	12	19
헬스 및 뷰티	12	16
가정용품	10	15
인테리어 및 DIY	6	8

전자, 서적, 비디오게임 등 이미 많은 카테고리에서 첫 검색 채널로 아마존이 선택되고 있다.

자료: 문헌 조사

진의 급성장을 가져왔다. 그만큼 비검색엔진의 파급효과는 커지고 있다. 기억력의 한계를 뛰어넘어 개인별로 상상 이상의 많은 '연결된Connected 정보'를 만들어낼 것이라 예상된다.

　미국에서는 이미 아마존이 소비자들이 서적이나 전자제품을 검색할 때 가장 선호하는 검색엔진으로 자리 잡고 있다. 조사 결과를 보면 일부 카테고리에서는 구글보다 아마존에서 첫 검색을 시작하는 경우가 더 많아진 지 오래다. 이처럼 쇼핑몰에서의 검색은 계속 느는 추세다. 이것은 우리나라도 마찬가지다. 또한 같은 분류의 제품들을 포괄적으로 찾을 수 있는 메타 서치가 활성화되면서 제품 정보를 원할 때 처음부터 쇼핑몰에서 검색을 시작하는 것이 일반화되었고 다양한 메타 서치 기반의 쇼핑몰도 늘고 있다. 이처럼 소비자들의 검색은 구글 등의 전통적인 검색엔진에서 벗어나 전방위로 확산되고 있다.

이뿐만이 아니다. 소비자들은 기업 웹사이트 내부로 들어와 사이트 메뉴를 먼저 살피고 정보를 찾기도 하지만, 웹사이트 내부의 검색창을 통해 원하는 정보로 직접 이동하는 편을 선호한다. 그러나 자사의 웹사이트 내에서의 검색 서비스를 철저히 관리하고 있는 기업은 매우 드물다. 기업은 웹사이트 내에서 소비자들의 라이프로그를 분석하기 위해 로그 분석 툴을 쓰고 있는데, 라이프로그 모니터링뿐만 아니라 사이트 내부에서 어떤 검색이 이루어지는지까지 모니터링할 수 있는 기능이 있는 경우가 많다. 그런데 기업은 웹사이트 내부에서 하는 검색에서조차도 관련 페이지와 연동시켜 놓지 않는다. 그래서 소비자들이 기업 웹사이트 내에서 '미아'가 되는 경우를 자주 볼 수 있다.

소비자와 고객이 다양한 채널에서의 검색을 생활화하고 있으므로 기업은 유튜브, 페이스북과 같은 채널에서도 구글 같은 검색엔진과 마찬가지로 자사의 콘텐츠가 상위에 랭크될 수 있도록 채널별 상위 랭크를 위한 알고리듬을 고민해야 한다.

유튜브, 페이스북과 같은 기업은 자사 플랫폼 내에서 상위에 랭크하는 방법을 상세하게 밝히고 있으니 이를 참고하면 된다. 그리고 이미 수많은 에이전시에서도 이와 관련해 높은 수준에 도달해 있는 상황이다. 다만 얼마나 전략적이고 지속적이고 정교하게 진행할 것인지가 문제다.

아울러 자사의 웹사이트 내의 고객 검색어를 철저히 분석하여 고객의 온디맨드 커뮤니케이션에 즉시 대응할 수 있는 체계를 갖추고, 최소한 관련 정보와 링크라도 제대로 연동시켜놓는 것이 시급하다.

향후 기업은 COD 플랫폼을 운영하는 데 있어서도 다양한 채널을 넘나들면서 소비자들이 남기고 있는 라이프로그 중에서 어떤 정보를 수집하고 활용할 것인지 고민하게 될 것이다. 예를 들면 내가 페이스북의 친구 및 '좋아요'를 눌렀던 로그 데이터, 아마존에서 제품을 검색했던 데이터, 그리고 구글에서 제품을 비교했던 이력 등을 조합하여 특정 상품에 대한 나의 취향도 분석할 수 있다. 기업의 정보력이 개인의 기억력을 넘어서는 시대가 얼마 남지 않았다.

이런 경향을 종합해볼 때 옴니 채널 검색이 보편화되었음을 알 수 있다. 이제 단순히 검색 포털이 제공하는 검색 광고에만 집중할 것이 아니라 다양한 채널에 대한 검색 전략을 옴니 채널 연계 관점에서 고민해야 한다.

소셜 네트워크에서 계속 새로운 것이 나오고 화제를 일으키다 보니 '검색'이 상대적으로 홀대를 받는 형국이다. 하지만 여전히 도달 Reach이 가장 큰 플랫폼은 검색 사이트다. 시가총액 1위를 두고 구글과 애플이 엎치락뒤치락하고 있음을 상기해보자. 검색 마케팅은 한두 곳의 검색엔진에서 브랜드나 제품 이름을 쳤을 때 검색 결과 상단에 위치하기 위해 광고하는 것이 다가 아니다. 나는 마케팅 뉴노멀로서 '옴니 채널 검색 최적화'를 말하는데, 이것은 두 가지 의미를 내포한다.

첫째, 옴니 채널, 말 그대로 여러 채널에서 검색이 이루어지고 있다. 구글 같은 검색엔진뿐 아니라 페이스북 등의 소셜 네트워크를 비롯해 쇼핑몰 등 비검색엔진에서 검색하는 소비자들이 증가하고 있다.

둘째, 진화된 검색엔진 최적화다. 검색 결과에 우리 메시지가 일목요연하게 페이지 상단에 제시되어야 하며 검색 화면에서 목표한 랜딩 페이지로 연결이 원할해야 하는데, 그 방식 또한 급격히 진화되었다.

마케터는 소비자의 검색에 전략적으로 대응할 수 있어야 한다. 예를 들어 자사 제품이나 서비스 성수기, 비수기, 신제품 출시기 등 시장 상황에 맞추어 채널별 메시지와 톤앤매너, 타깃 키워드를 잘 연동해야 한다. 단순히 에이전시가 제시하는 컨버전Conversion이 높

[주요 사이트 도달률과 페이지뷰]

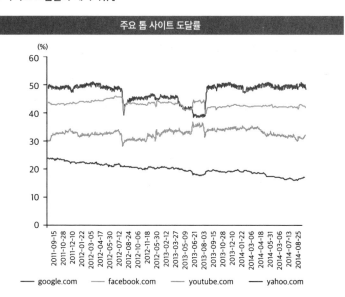

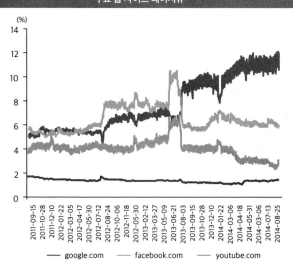

자료: Alexa.com, United States

은 비싼 키워드만 살 것이 아니라 성수기에 구매 확률이 높은 검색어로 들어오는 소비자를 실제 구매로 연결시키기 위해 구매 관련 검색 키워드를 집중적으로 광고하거나, 비수기에 고객 충성도를 높인다는 목표로 충성도 관련 검색어로 들어온 소비자를 자사 로열티 관련 페이지(마일리지, 펜페이지 등)로 연동시키는 과정을 체계적으로 검색 광고 설정에 반영해야 한다.

만약 신제품을 출시한다고 하자. 이때는 관심과 인지도를 높이는 것이 관건이다. 이때 여러 채널에서 검색에 대한 대응 계획을 세운다. 140자로 제한된 트위터에는 짧고 강렬한 메시지를 쓴다. 성분 등 상세한 제품 정보와 설명이 필요한 메시지는 블로그에 풀어

[검색어 성격 분석과 대응 전략 수립]

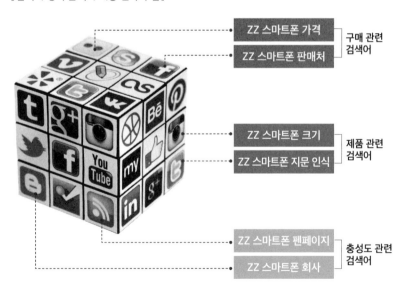

내고 성분과 관련한 검색어에 연동한다. 제품 성분이나 제품에 대한 검색어를 치고 들어온 소비자는 이것을 읽을 준비가 되어 있으니 좀 길어도 상관이 없다. 이렇게 채널별로 적합한 톤앤매너와 정체성, 콘텐츠를 채운다. 핵심은 모든 내용이 일관성이 있어야 하고 내용과 링크시키는 검색어 또한 전략적으로 배치되어야 한다는 것이다.

이렇게 다양한 채널을 통한 정보 습득과 브랜드 경험을 통해 소비자의 마음속에 브랜드가 심어진다. 예전처럼 30초 TV 광고를 통해 순간적인 감성을 자극하는 것만으로는 불충분하다. 또한 이와 같은 연동이 단순히 '검색엔진 마케팅', '블로그 마케팅' 등과 같이 따로 떼어 이루어지는 것도 잘못된 방식이다. 이와 같이 계획적으로 연동된 옴니 채널을 소비자가 거치면서 느끼는 경험의 총합이 브랜드가 되는 것이다. 예산이 충분하다면 '모든 채널에서 항상' 광고를 깔아놓거나 커뮤니케이션하는 게 좋겠지만 누구도 그럴 수 없기에 검색 키워드 설정에서부터 효율적인 전략이 필요하다.

모바일 앱 인덱싱과 리치 스니펫 활용

구글의 '모바일 앱 인덱싱Mobile App Indexing'이 모바일 검색의 화두로 등장한 지 오래다. 그러나 네이버 세상인 국내에서는 그리 활성화되어 있지 않다. 상위 앱들조차 많이 사용하지 않는다.

[모바일 앱 인덱싱]

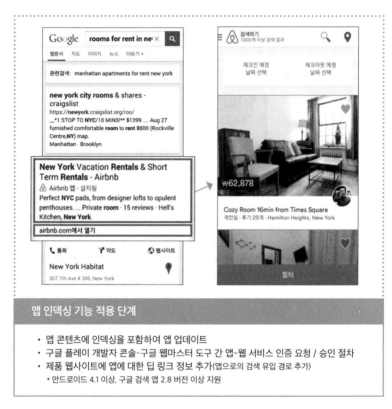

앱 인덱싱 기능 적용 단계

- 앱 콘텐츠에 인덱싱을 포함하여 앱 업데이트
- 구글 플레이 개발자 콘솔-구글 웹마스터 도구 간 앱-웹 서비스 인증 요청 / 승인 절차
- 제품 웹사이트에 앱에 대한 딥 링크 정보 추가(앱으로의 검색 유입 경로 추가)
  - 안드로이드 4.1 이상, 구글 검색 앱 2.8 버전 이상 지원

　　모바일 앱 인덱싱은 모바일 검색 결과와 앱의 특정 콘텐츠를 서로 연결하여 검색 결과 페이지에서 사용자의 가독률을 높여준다. 검색엔진이 앱의 콘텐츠를 분석해 사용자가 원하는 검색어에 최적화된 내용을 검색 결과에서 보여주는 방식이다.

　　보통 구글에서 검색을 할 때 T&DTitle and Description를 중심으로 보고, 결과의 첫 5개를 선택하는 비율이 25퍼센트 정도 된다(물론 우리나라처럼 주요 검색어의 첫 페이지 대부분이 광고와 페이드 블로그로 구성되는 경우는 제외한다). 그러므로 상세한 부분까지 링크를 구조적으로 만들어서 그것이 검색 화면에 미리 보기와 같이 나타나도록 해야 사용자가 선택할 확률이 높고 기업 입장에서는 검색 결과의 상위에 나타나는 선순환이 일어난다. 말하자면 모바일 검색을 최적화시켜야 한다. 특히 구글은 "모바일 최적화가 되지 않은 페이지는 구글 상위 랭킹에서 불이익을 받는다"고 발표했다. 이런 경향은 모바일 검색 최적화의 중요성을 한층 더 강화시키고 있다.

리치 스니펫Rich Snippet은 구글 검색엔진이 검색 결과에서 기본적으로 제공하는 '웹페이지 타이틀 + 텍스트 요약'을 넘어서는 풍부한 검색 결과 제공을 말한다. '스니펫Snippet'은 '미리 보기(훔쳐 보기)'라는 의미다. 그 의미와 같이 검색 결과에서 미리 보기를 넘어서는 수준의 결과 요약이 제공되게 하여 클릭 비율을 높이려는 것이다. 요리 페이지는 요리법, 가수 페이지는 앨범 리스트, 영화 리뷰 페이지는 영화 평점, 인물 페이지는 인물 요약 정보 등 카테고리별로 다른 포맷으로 제공된다.

리치 스니펫은 이미 정의된 다양한 타입에 따라 구조화된 정보를 저장하는데, 각 타입은 여러 필드로 구성되어 자세한 데이터를 나타낼 수 있다. 사용자가 검색할 때 구글과 야후, 빙 등의 검색엔진 봇들은 이 필드들의 정보를 해석하고 읽어들임으로써 검색 결과를 풍부하게 보여줄 수 있다. 검색 결과 페이지에서 얼마나 클릭하고 싶은Clickable 정보를 제공하느냐의 차이가 사용자를 끌어오느냐, 그렇지 못하느냐를 결정할 수 있으므로 효과적으로 활용

[구글의 리치 스니펫 사례]

① 조리법 리치 스니펫
https://support.google.com/webmasters/answ
er/173379?hl=ko&ref_topic=4599102

Salad - **Thai** Green **Mango Salad** Recipe
★★★★★ 5 reviews - Total cook time: 20 mins
You asked for a one-page printable version of my step-by-step Green **Mango**
Salad recipe, so here it is! This salad will blow you away with its ...
thaifood.about.com/od/thaisnacks/r/greenmangosalad.htm -
Cached - Similar

② 제품 리치 스니펫
https://support.google.com/webmasters/answ
er/146750?hl=ko&ref_topic=4599102

Samsung Galaxy S5 review - CNET
www.cnet.com › Mobile › Phones ▼ 이 페이지 번역하기
★★★★★ 평점: 4.5 - 작성자: Jessica Dolcourt - 2014년 6월 13일 - US$199.99 ~
US$749.99
2014. 6. 13. - Subtly improved and smartly refined, the **Samsung Galaxy S5** is a
superior superphone that hits every mark but the sharpest design.

③ 음악 리치 스니펫
https://support.google.com/webmasters/answ
er/162304?hl=ko&ref_topic=4599102

Lady Gaga | Free Music, Tour Dates, Photos, Videos +1 Q
www.myspace.com/ladygaga - Cached
Lady Gaga's official profile including the latest music, albums, songs, music videos and more
updates.
Judas
The Edge Of Glory   ♫ 4:10   Judas
Born This Way   ♫ 5:21   Born This Way
You And I   ♫ 4:20   Born This Way
                           ♫ 5:07   Born This Way

④ 이벤트 리치 스니펫
https://support.google.com/webmasters/answ
er/164506?hl=ko&ref_topic=4624863

Music gigs, **concerts** | **San Francisco** Music Guide
www.example.com/events/san-francisco.html
Upcoming music gigs and concerts in **San Francisco**. Find out what's on with our live ...
Thu 11 Dec   Pavement, at the Fillmore ... - The Fillmore, **San** Francisco
Sat 13 Dec   Roy Ayers at Cafe du Nord ... - Cafe Du Nord, **San** Francisco

⑤ 리뷰 리치 스니펫
https://support.google.com/webmasters/answ
er/172705?hl=ko&ref_topic=4599102

24th century **Communicator** and Universal **translator**
www.example.com › ... › Communication Devices
★★★★★ Rating: 4.5 - 11 reviews
Made out of the highest quality crystalline composite of silicon, beryllium, carbon 70 and
gold. Manufactured to top Starfleet standards: never get out of range of your transporter ...

⑥ 사람 리치 스니펫
https://support.google.com/webmasters/answ
er/146646?hl=ko&ref_topic=4599102

Official Google **Webmaster Central** Blog: Webmaster Tools verification...
googlewebmastercentral.blogspot.com/.../webmaster-tools-ver...
by John Mueller - in 21,891 Google+ circles
17 Dec 2012 – Google **Webmaster Central Blog** - Official news on crawling and
indexing sites for the ... Posted by John Mueller, Webmaster Trends Analyst

할 필요가 있다. 그뿐만 아니라 이런 가이드라인에 맞추어 자사
의 사이트를 구성하는 것이 검색엔진 최적화 점수에 플러스 요인
이 된다. 그럼에도 외국 시장을 타깃팅하는 국내 많은 기업은 비용
이 드는 검색 광고에만 신경을 쓸 뿐, 정작 오가닉Organic 유입의 기
본조차 잘 활용하지 못하고 있다. 글로벌 기업들은 구전 유입에 더
큰 비중을 두고 있음에도 우리나라의 네이버와 다음 같은 환경에

서는 검색 광고 위주로만 유도하고 있는 요인도 한몫하고 있다. 국내 모바일 검색 점유도 네이버가 50퍼센트 이하로 떨어지고 구글이 37퍼센트라는 발표가 나기도 했다.

검색의 진화: 사람의 감각과 일상 속으로

사람은 보고, 듣고, 냄새 맡고, 맛보고, 만지며 느끼는 오감을 통해 정보를 받아들인다. 조물주가 태초에 인간을 이렇게 만들었을 테고 인간도 이것이 자연스럽다. 디지털과 데이터 기술이 지향하는 검색 발전 역시 이런 자연스러운 정보 획득 체계를 지향하고 있다. 즉 마우스를 움직여 선택하거나, 키보드로 검색어를 입력하거나, 화면을 터치함으로써 정보에 접근하는 것은 인간의 본연적인 정보 획득 방식이 아니다. 기술 발전 단계상 어쩔 수 없이 그렇게 했을 뿐이다. 그러나 앞으로는 다를 것이다. 사람이 일상생활 중에 가장 편안하게 느끼는 방식으로 자연스럽게 검색을 하고 정보를 취득하는 쪽으로 발전할 것이다.

구글 글래스Google Glass를 비롯한 웨어러블 디바이스의 발전도 이런 방향에서 이해할 수 있다. 인공지능 시스템과 연결된 프로젝터, 카메라, 컬러 마커가 도입되었으며 자연스럽게 대화하는 형식의 스피커도 마찬가지다. 사람의 자연스러운 행동, 보고 듣고 냄새 맡고 맛보고 만지는 감각을 음성인식과 센서 기술을 통해 디지털과 연

프로젝터

카메라

컬러 마커

결한다. 그러면 무수한 사용자의 감각과 인지 결과를 축적하고 학습한 인공지능 시스템이 반응한다. 마이크로소프트가 개발한 안경은 사용자들로부터 획득한 방대한 데이터를 바탕으로 장애인들에게 소중한 정보를 줄 수 있다는 점에서 새로운 가능성을 보여주었다.

앞에서 디지털과 데이터는 이네이블러(촉진자)라고 이야기했다. 인간의 자연스러운 감각, 일상과 연계된 검색 역시 디지털과 데이터가 촉진한 새롭고 근본적인 변화의 양상이다. 그리고 이것은 고객을 최우선으로 하는 마케터가 디지털과 데이터 기술을 얼리어답터적으로 받아들이기보다 인문학적이고 본질적인 접근과 해석을 해야 하는 매우 중요한 이유다. 디지털, 데이터 이 모든 것이 인간을 위해 존재함을 잊어서는 안 된다.

많은 기술이 생기고 그를 통해 생성된 데이터들이 다시금 인간 본연의 편안함을 추구하는 선순환을 지향하는 것이 바로 미래 방향성이다.

고객의 정황과
취향 중심 검색

검색엔진의 시초 격인 야후는 초기에 키워드 검색이 아닌 '디렉토리Directory 검색'이었다. 세상에는 크게 우리에게 익숙한 세 가지 분류 체계가 있는데, 오랫동안 국제적 표준으로 자리 잡아왔다. UN이 정한 UNSPSCThe United Nations Standard Products & Services Code, 유럽 쪽에서 많이 쓰이는 NACEStatistical Classification of Economic Activities in the European Community, 수출입 기업이 널리 사용하는 HS코드 Harmonized Commodity Description and Coding System가 그것이다.

우리가 태어나면서부터 자연스럽게 익숙해지거나 외워왔던 책상, 컵, 과학, 나무 등 세상의 모든 것은 크게 이 세 가지 분류 체계로 나뉘어 있었다. 그것을 우리가 사용해왔고, 검색엔진이나 쇼핑몰도 이것들을 기반으로 분류되거나 색인되는 경우가 많다.

전통적인 분류 체계는 먼저 큰 산업으로 나누고 그 안에서 다시 하위 업종으로 나누는 식이다. 쇼핑몰에서는 가전과 같은 큰 카테고리 아래에 TV, 냉장고, 세탁기 등의 하위 카테고리로 나누는 것

[AI 시대 분류 체계의 혁신]

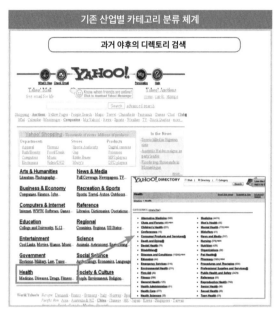

대용량 데이터 처리 기술,
머신러닝 등 최신 기술의
결합으로 탄생한 사용자
기준 시맨틱 분류 체계

이 일반적이다. 가전과 같은 디렉토리 분류 체계는 우리에게 비교적 익숙하고 편리하게 느껴진다. 그러나 많은 경우에 분류 체계는 정보 접근의 장애물이 된다.

미술 작품 중 회화(그림)를 예로 들어보자. 그림을 좋아하는 취향은 특정한 분위기나 색감, 느낌 등 사람에 따라 다양하다. 그런데 이런 그림조차도 실제 사람들의 취향에 따라 분류되지 못하고 전통적 분류 체계를 따를 수밖에 없었다. 동양화, 서양화, 수채화, 유화, 후기낭만파, 인상파….

그림을 굳이 싫어하는 사람은 많지 않다. 그러나 꼭 이런 것들을 외워야만 우리에게 그림을 좋아할 자격이 부여되는가? 그러다 보니 그림을 즐길 때 도슨트Docent(그림을 설명해주는 사람)와 같이 중간에서 설명해주는 사람들이 필요한 상황이 되었다. 와인 소믈리에처럼 말이다. 바야흐로 빅데이터 시대를 맞아 이를 마케팅적으로 재분류하여 디렉토리 분류 체계를 TPO에 기반을 둔 고객의 정황과 취향 속성을 중심으로 나눌 수 있게 되었다.

예를 들어 마이셀럽스가 도입한 새로운 분류 기준은 '아침에 눈 뜰 때', '출근 준비할 때', '시댁으로 가는 차 안에서', '한강변에서', '울적할 때', '혼자 있고 싶을 때'와 같이 검색이나 블로그 등 소셜에 남긴 대용량의 사용자 데이터를 기반으로, 각각의 산업이나 카테고리 정황을 중심으로 이루어진 혁신적 분류를 제공하도록 설계되었다.

따라서 A라는 그림은 이제 '어디서 많이 본 듯한 그림', '강렬한 그림'으로 검색하거나 색상, 명도, 채도와 같이 상상 가능한 모든

기존의 분류 체계와 키워드 검색 방식으로는 사람이 말하는 자연어 기반의 검색이 실현되기 어렵다.

시작점으로부터 검색할 수 있도록 데이터화한 분류 체계를 제시했다.

이제 AI 시대다. 앞서 언급했듯이 지구 데이터의 90퍼센트 이상이 최근 3년에 생성되었고 그 대부분이 대중이 남긴 라이프로그다. 더불어 대용량 데이터 수집 및 처리, 머신러닝 등의 다양한 기술이 동반 발전하면서 이제는 우리에게 친숙한 언어(자연어)로 세상을 재분류할 수 있게 되었다. 이 같은 분류 체계는 앞으로 IoT 시대 음성 검색과 큰 연관성이 있다.

취향을 찾는 것은 검색 기능의 최종 목적지라 할 수 있다. 기존키워드 검색은 자연어 검색 수준으로 발전했지만 검색 결과 면에서여러 한계를 안고 있다. 전혀 연관성이 없는 검색 결과가 나오는 것이 다반사인 데다 특히 우리나라 검색엔진은 개인적이고 주관적인의견을 실은 웹페이지나 낚시성 콘텐츠로 연결되어 사용자의 정황에 맞는 충분한 해답을 찾지 못하는 경우가 많다. 이것은 키워드검색의 한계일 뿐 아니라 뉴스를 먼저 결과에 반영하는 등 정책상의 문제도 크며, 검색엔진의 알고리즘과 같은 기술적 문제, 우리나라 미디어의 환경적 문제 등 복잡한 이유들에 기인한다.

그러나 이제는 광고주 관점에서 CF 모델을 찾을 때 '예쁘고 풋풋한 20대 여자 연예인'을 검색하거나 '작품성이 좋은 영화', '편의점에서 산 티 안 나는 와인', '어디서 많은 본 듯한 알록달록한 인물화' 같은 검색들이 가능할 만큼 데이터가 많이 축적되어 있다.

이처럼 빅데이터를 통해 머신이 도출한 정황을 분류하여 선택지로 제공함으로써 사용자의 취향에 비교적 근접한 검색 결과를 보여줄 수 있을 뿐 아니라 마케터 입장에서 가장 반가운 TPO 관점의 검색이 가능해졌다.

마이셀럽스의 서비스를 보면 대중의 언어로 구성된 취향 필터를머신러닝과 인공지능 기반으로 분석하여 대중 기준의 결과 값을큐레이션함으로써 검색 의도를 충족시키는 해답을 내놓고 있다.

[자연어 기반의 정황 및 취향 선택지를 제공하는 마이셀럽스]

내가 좋아하는 스타일(낭만적이고 자유롭고 감성적인)의 연예인을 검색하려고 할 때 마이셀럽스의 필터를 이용하여 대중에 의해 데이터로 축적된 '낭만적인'+'자유로운'+'감성적인' 연예인 순위를 한눈에 알 수 있다.

보고 싶은 영화를 검색할 때도 나의 취향이나 현재 정황에 따라 탄탄한 스토리에 슬프고 철학적인 영화를 검색할 수 있다. 이 검색 결과는 누군가가 임의로 정한 것이 아니라 인공지능이 대중의 데이터를 종합한 것이다.

그림을 검색할 때 화가 이름, 소속된 유파 등을 몰라도 된다. 복잡한 지식이 없어도 내 취향이나 현재 원하는 분위기의 그림을 찾을 수 있다. 심지어는 내가 좋아하는 색채가 잘 반영된 작품만을 따로 검색해서 즐길 수도 있다.

마이셀럽스는 스타, 영화, 방송, 옷, 아트 등 다양한 버티컬별 취향 검색을 제공하고 있다.

모든 데이터 수집-시각화 등 운영이 자동화되어 있어서 인공지능이 운영하는 포털의 효시라고 볼 수 있다.

앞에서 말한 것처럼 디지털 기술의 발전과 AI 시대를 맞아 사람 본연의 자연스러운 감각과 행동에 맞춘 검색이 가능해지고 있다. 이것은 이제 IoT 시대를 맞아 메신저와 음성 기반의 검색만으로 귀결될 것이며, 디렉토리 검색-키워드 검색으로부터의 혁명적 변화를 의미하며 사용자의 달라진 검색 방식에 적합한 새로운 철학을 요구한다. 그렇다면 새로운 검색 철학이란 어떤 것일까?

첫째, 검색은 일방적으로 답을 내놓기보다는 이용자의 취향을 반영한 다양한 선택지를 제공하는 것이다. 앞서 CMR에 대해 이야기하면서 '추천' 방식의 변화를 언급한 것을 상기해보자. 검색 역시 마찬가지다. 고객의 정황과 관계없이 랭킹 방식으로 가장 많이 검색되었거나 가장 많은 광고비를 낸 곳의 결과를 제공해서는 안 된다. 고객이 직접 참여하고 선택하면서 기꺼이 수용할 수 있는 형태의 검색 결과를 내놓아야 한다. 정답 맞추기식 랭킹 방식이 아닌, 검색 결과에 대한 공감을 최대화시키는 추천 철학 네 가지는 앞서 언급되었지만 또 한 번 강조하고 싶다.

① 데이터로부터 추출된 증거 기반으로 '다른 사람들은 이렇다'와 같이 데이터(증거) 기반으로 대중의 생각과 선택을 제시해준다. ② 검색 결과가 산출되는 과정에 이용자를 적극 참여시킨다. 이는 마이셀럽스가 제공하는 대중의 선택을 기반으로 가중치를 직접 조절하고 설정할 수 있게 된 것을 참고할 수 있다. ③ 소수의 취향일

[인공지능 기반의 대화 서비스 사례]

지라도 존중하는 철학, 즉 모든 선택지는 옳고 그름이 없으며 어떤
정황에서는 1위가 될 수도 있는 롱테일 알고리즘 설계를 의미한다.

④ 최신의 경향이 실시간으로 반영되어야 한다. 데이터 시대로 접어들면서 이 원칙들이 실현 가능해졌으며, 이와 같은 네 가지 철학이 반영될 때 고객은 검색 결과를 최소한의 저항으로 받아들이며 참여하고 신뢰하게 된다.

둘째, 검색은 자연스러운 사람의 언어로 이루어진다. 당연한 이야기처럼 들리겠지만 일상의 대화와 검색 간에는 어조 차이가 크다. 인공지능 스피커를 향해 키워드를 외치는 모습은 자연스럽지 않다. 이것은 바뀌어야 하며 또한 바뀌고 있다. 예를 들어 '공부 집중력'이라는 키워드를 입력하거나 스피커에 외치는 대신 평소의 말투 그대로 친구와 대화하듯이 "내일이 시험인데, 효과적으로 공부하는 방법이 없을까?"라고 말하는 식이다. 그러면 음성인식 기술과 방대한 데이터, 인공지능으로 무장한 기기들이 가장 적합하면서도 친근한 방식으로 함께 문제를 해결하듯 여러 선택지를 들려준다. 미래의 검색은 이렇듯 인간다운 자연스러움을 지향하고 있다.

셋째, 새로운 지향을 진정으로 충족시켜줄 기술을 구현하고 발전시켜야 한다. IoT 시대 인공지능을 표방한 스피커들이 다양하게 출시되고 있는데, 이것을 보면 이상과 실제 사이의 큰 간극을 발견하곤 한다. 사람들은 여전히 단답형의 키워드로 묻고, 스피커는 미리 준비한 시나리오에 따라 건조하고 일방적인 답변을 내놓는다. 또는 위키피디아의 해당 항목을 TTSText To Speech(글을 읽어주는 기술)로 단순히 읽어주거나 검색 포털의 검색 결과를 읽어주는 식이다. 키워드로 텍스트를 입력하고 눈으로 결과를 읽던 것이 음성으로 바뀌었을 뿐이다. 이제 이용자와 디바이스 간에 자연스러운 대화와 소통

[IoT 시대 음성 검색 광고의 형태]

검색은 메신저와 음성 검색 두 가지로 귀결될 것이고 사람들은 키워드 대신 그들 본연의 자연어로 검색하고, 인공지능이 이에 답하는 형태가 될 것이다.

이 이루어져야 하며, 그 내용 역시 일방적인 해답 찾기가 아니라 이용자가 자신의 정황과 취향에 따라 여러 선택 사항을 검토하는 방식이어야 한다. 이를 위해 음성인식, 인공지능, 데이터 기술 등이 적극 활용될 필요가 있다. 언제 어디서든 실시간 소통을 원하는 이용자의 니즈에 부응하기 위해 사물인터넷IoT은 자연스러운 방향이 되었다. 현재 가전 중에는 24시간 전원이 켜져 있는 냉장고의 역할이 클 것이라고 보이지만 이는 현재 생태계상의 추측일 뿐이다. IoT 시대에는 모든 사물에 음성인식 모듈이 탑재될 것인데, 이 모든 가전을 포함한 사물들이 각각의 제조사에서 제공하는 각각의 데이터로 답한다면 그야말로 혼돈Chaos의 시대가 되고 말 것이다.

[챗봇의 미래: 인포티콘 사례]

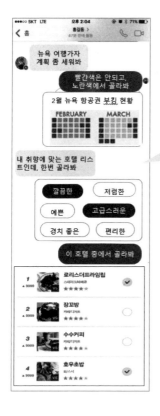

• 실시간 데이터로 연동되는 신개념 커뮤니케이션
• 대화창 이탈 없이 의도에 맞는 시각화된 정보 제공
• 전자상거래 연동으로 편리한 선택 및 구매 가능

• 메신저 검색은 검색창을 이탈하지 않도록 모듈화되어 선택지를 제공하는 형태가 된다.
• 마이셀럽스가 최초로 특허 출원 후 시장에 제시하는 인포티콘은 기존의 포털을 거치지 않고 메신저 내에서만 정보 검색의 해결책을 내놓고 있다.

따라서 IoT 시대에는 DT 산업의 세분화를 주시해야 한다. 예를 들면 데이터 애그리게이터의 등장과 같은 것이다. 이제 검색은 방대한 데이터를 학습하여 딥러닝의 단계로 들어선 인공지능이 고객의 정황과 취향, 요구에 맞게끔 효율적인 시각 자료와 음성 답변을 일관성 있게 제공할 것이다. 이때 최적화된 형태가 메신저와 음성 검색, 이 두 가지가 될 것이다.

이렇듯 검색에 대한 새로운 철학이 기술을 통해 구현됨으로써 미래 검색의 새로운 장이 펼쳐지고 있다. 검색의 혁신적 미래가 이미 우리 눈앞에 있다. 사물인터넷과 인공지능, 데이터 필터링 기술의 발전이 검색의 혁신을 이끌고 있다. 가족과 대화하듯이 자연스럽게 궁금한 것을 질문하면 스마트 기기가 질문의 의도를 해석하고, 사용자의 정황과 취향에 가장 적합한 검색 값을 친근하게 대답하는 장면이 현실로 옮겨지고 있다.

AI 시대, '시대'라는 말을 쓰고 있다. 이 말은 이전의 메커니즘으로 해결할 수 없는 문제들을 전혀 다른 관점에서 해결해야 함을 내포하고 있다.

검색엔진과 리스크 관리

몇 년 전만 하더라도 기업 PR 담당자들로부터 다음과 같은 질문을 수도 없이 받았다.

"사장님이 아침마다 회사명과 브랜드명을 검색해보고 본인이 실린 뉴스를 체크하면서 회사와 자신에 대한 부정적인 내용이 있는지 확인하는데, 어떻게 관리해야 할까요?"

비교적 최근까지도 검색엔진 내에서 부정적인 내용을 없앨 수 있는지에 대해 자문을 구하는 의뢰가 많았다.

기업들이 검색 결과 첫 화면에 민감할 수밖에 없는 이유는 국가별, 산업별, 제품 특성별로 편차가 있지만 약 60~70퍼센트의 소비자가 검색 결과 첫 페이지를 넘겨서 정보를 탐색하지 않기 때문이다. 특히 20~30퍼센트는 상위 다섯 개의 검색 결과만 확인한다.

그뿐만이 아니다. 소비자들은 검색 결과에서 페이지 넘김뿐 아니라 스크롤 다운을 통해 화면 아랫부분에 있는 정보를 읽는 데도 인색하다. 그만큼 검색 결과 페이지 상단에 노출될수록 많은 주목을 받는다.

이런 소비자의 검색 소비 행태 때문에 많은 기업이 그간 검색엔진 상위에 해당 회사에 유리한 내용이나 해당 회사 플랫폼으로 유도하는 링크가 나타날 수 있도록 많은 노력을 기울였다.

검색엔진의 상위 랭킹 알고리듬은 각기 다른 정책을 가지고 있어서 같은 검색어라 하더라도 검색엔진별로 순위가 다를 수 있다. 이는 기업 입장에서는 여간 번거로운 일이 아니다.

검색엔진 상위에 랭크되기 위한 여러 가지 노하우들은 이미 다양한 참고 자료에서 설명하고 있고, 특히 가장 뜨거운 이슈인 모바일 검색 최적화와 모바일 검색 결과 상위 랭크에 대한 내용도 많은 경로를 통해 쉽게 찾을 수 있기 때문에 이 책에서는 생략하기로 한다.

이와 같이 검색 상단에 노출되기 위해 검색엔진 최적화를 비중 있게 다룬다. 이처럼 검색 결과의 첫 페이지 관리는 검색엔진 마케팅의 시작점이자 중요한 사항임이 분명하다.

그러나 많은 기업이 기업명이나 대표 브랜드명의 검색 결과 관리에만 치중하는 경향이 있음을 지적하고 싶다. 무엇보다 제품을 구매하는 데 결정적인 영향을 끼치는 수많은 세부 검색어, 연관 검색어에 대한 관리를 소홀히 해서는 안 된다.

검색엔진이 페이스북, 트위터 등의 소셜 네트워크와 함께 기업 리스크 관리 차원에서 가장 중요하고 우선시되는 채널인 이유는 소비자들이 검색을 통해 다른 채널로 이동하는 경우가 많기 때문이다. 또한 기업이 소셜 네트워크를 통해 포스팅하는 내용을 검색 결과에 반영하는 소셜 검색과 실시간 상승 검색어 같은 서비스를 제공하고 있기 때문에 소셜 네트워크 활용 극대화 측면에서도 검색은 매우 중요한 역할을 한다.

브랜드에 대한 부정적 의견이 확산될 때 트위터나 페이스북 같은 소셜 네트워크는 확산이 빠르다는 위험이 있지만, 지나가면 곧 묻히기 쉽다. 그런데 검색은 정보 탐색의 중간중간에 시작점으로 활용되는 경우가 많다. 그래서 당장은 잠잠해진 내용이라도 언제 이슈화될지 모른다. 잠재적 위험성이 더 큰 것이다. 그러므로 이를 지속적으로 관리하고 COD 플랫폼, 즉 기업의 '홈그라운드'로 연동시켜놓고 계획된 메시지가 전달될 수 있도록 해야 한다.

04

COD 플랫폼과
구전·리스크 관리

집단지성의
힘

마쓰시타 제빵기에 관한 재미있는 이야기가 있다. 마쓰시타는 가정에서 빵을 만들 수 있는 제품을 생산해 내놓았다. 그런데 소비자들이 게시판에 "이걸로 떡 구워 먹어봤나요?", "파스타도 됩니다" 등 생각지도 못했던 사용 후기들을 공유했다. 결국 마쓰시타 측에서 전혀 의도하지 않았던 용도로 새로운 수요가 창출되었던 것이다.

[위키피디아의 가장 많이 수정된 페이지 랭킹]

한때 백과사전의 대명사였던 브리태니커는 위키피디아라는 인터넷 사전이 등장하면서 쇠퇴의 길을 걸었다. 초기에는 텅 빈 사전 플랫폼만 있던 위키피디아는 이제 200개 이상의 언어로 제공되는 명실공히 세계 최대의 백과사전으로 성장했다. 이는 집단지성의 대표 사례로 언급된다.

위키피디아는 원칙과 기준에 맞추면 누구나 사전에 내용을 등록할 수 있고, 누구나 그 내용을 수정Revision할 수 있게 되어 있다. [위키피디아의 가장 많이 수정된 페이지 랭킹]에서 보는 바와 같이 위키피디아에서는 여전히 수정이 일어나고 있다. 위키피디아는 그에 대한 통계까지도 투명하게 공개한다.

가장 많이 수정된 항목의 순위를 보면 재미있게도 위키피디아 자체의 정의가 3위에 올라 있다. 총 3만 번 이상 수정되었는데, 수정이 많다는 것은 그만큼 정의에 대한 반론이 꼬리를 물고 있다는 뜻이다.

예수_{Jesus}와 버락 오바마_{Barack Obama} 대통령도 가장 많이 수정되는 항목이다. 자신에 대한 정의까지도 계속 수정되고 있는 이 플랫폼은 세계적 석학들이 만들어낸 브리태니커 백과사전을 무너뜨릴 만큼 집단지성의 힘을 보여준다. 그런데 집단지성의 힘의 본질은 무엇일까?

브리태니커가 고용한 세계적인 전문가들의 기록에 감히 토를 달 수 있다면 '당사자'와 '목격자'일 것이다. 아무리 위대한 사람이라 할지라도 당사자와 목격자를 당하지 못한다. 수정이 많은 순위 8위에 랭크된 2차 세계대전_{World War II} 경우, 많은 당사자와 직간접 목격자와 그 가족들이 진실을 밝히고 명예를 회복하기 위해 직접 수정에 참여하기 때문에 그 어떤 기록과 문헌보다 정확할 수 있는 것이다.

물론 정치적·종교적으로 여러 가지 편협한 의견이 끝도 없이 올라온다. 이런 구조적 문제 때문에 위키피디아의 본질도 끝없이 논쟁거리가 되고 있다. 그렇지만 위키피디아에 대해 누구도 부인하지 못하는 사실이 있다. 바로 세계에서 가장 많은 소비자와 고객이 선택한 사전이라는 점이다. 결점투성이의 사전이지만 가장 많은 사용자가 인정하고 있는 이 시대의 '사전'이라는 사실에 대해서는 반론의 여지가 없는 것이다.

아무리 공룡이 멸종했다고 백과사전에 나와 있어도 누군가가 실제 공룡을 촬영해서 "여기 살아 있는데요" 하고 사진을 올린다면 누가 반박할 수 있을 것인가? 이것이 바로 집단지성의 힘이자 본질이 아닐까?

구전 모니터링과
대응

앞서 설명했듯이 소비자들은 TV 광고나 신문보다 지인들의 추천과 다른 소비자들의 사용 후기를 더 신뢰하므로 구전WoM, Word-of-Mouth은 매우 중요하다. 마케팅에서 WoM이 현실적으로 막강한 힘을 갖고 있음은 누구나 알고 있다. WoM이 고객 의사결정 과정에서 끼치는 영향력을 성숙시장과 성장시장으로 나누어 살펴보면 소속된 산업이나 판매 제품에 따라 정도의 차이가 있지만, 소비자 구매의 전 과정에서 결정적 영향력을 발휘한다는 사실을 확인할 수 있다. WoM은 기업이 반드시 모니터링하고 적극 활용해야 할 중요한 고객 단서다.

소셜 네트워크의 발달로 소비자들이 직접 데이터 생성에 참여하면서 지난 3년간 생성된 데이터가 현존하는 전체 데이터의 90퍼센트 이상을 차지할 정도다. 그래서 현대를 빅데이터 시대라 부른다. 그중 라이프로그에 대해서는 앞에서 설명했다.

빅테이터는 데이터베이스 마케팅DB Marketing 시대의 고객 및 기업 데이터부터 라이프로그와 같은 팩트Fact 데이터뿐 아니라 소비자들이 생성하는 엄청난 양의 구전을 포함한다. 양도 엄청나지만 소비자들이 자신의 의견을 직접 작성하는 것이기 때문에 신뢰성이 높다. 따라서 기존의 어떤 여론조사보다도 현실적인 VOC라 볼 수 있다.

기업들은 고객의 마음을 읽기에 주력하는 만큼 많은 기업이 구

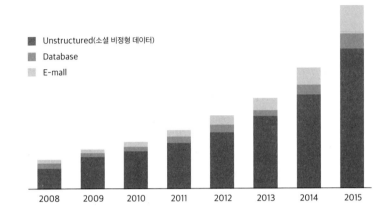

[2008~2015년 데이터의 변동 추이]

- Unstructured(소셜 비정형 데이터)
- Database
- E-mall

2008 2009 2010 2011 2012 2013 2014 2015

최근 3년간 생성된 데이터가 전체 데이터량의 95퍼센트를 차지하며, 소셜 데이터를 포함한 비정형
데이터가 향후 10년 동안 생성되는 데이터의 90퍼센트에 달할 것으로 전망된다.

자료: Enterprise Strategy Group(2010)

전 모니터링 툴을 활용하고 있으며 서비스를 제공하는 업체들
도 기하급수적으로 늘고 있다. 사실 데이터를 긁어오는 크롤링
Crawlering은 그리 어렵지 않다. 그보다는 무엇을 크롤링해서 어떻게
분석하느냐가 문제다.

기업이 구전을 활용하는 방식은 크게 두 가지로 구분된다.

첫째는 기업이 가장 많은 관심을 보이고 있는 브랜드에 대한 위
험 관리다. 이는 소비자들이 각종 채널, 특히 소셜 네트워크상에서
브랜드에 대해 부정적으로 언급하는 것을 어떻게 빨리 포착하고
대응하느냐에 초점을 맞추고 있다.

둘째는 앞에서 언급한 집단지성의 활용이다. 마쓰시타 제빵기 사

[구전 관리를 위한 채널별 효과]

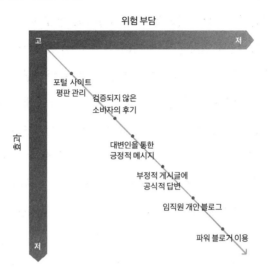

위험 부담
고   저

효과

포털 사이트
평판 관리

검증되지 않은
소비자의 후기

대변인을 통한
긍정적 메시지

부정적 게시글에
공식적 답변

임직원 개인 블로그

파워 블로거 이용

산업별로 다른 양상을 보인다.

레로 돌아가 보자. 내가 마쓰시타의 담당자라면 제빵기로 떡을 구
워 먹고 스파게티를 요리하는 소비자들로부터 얻은 아이디어를 어
떻게 활용할까? 앞으로 새로 출시하는 제빵기 모델의 사용설명서
에 떡을 구워 먹는 법을 포함시키거나 제품 디자인에 스파게티 요
리용 버튼을 만드는 등 다양하게 응용할 수 있을 것이다.

기업들은 이전부터 갤럽이나 TNS 같은 수많은 조사 기관을 통
해 소비자 조사를 해왔다. 모집단을 활용한 직접 조사나 설문 조사
등 여러 조사 방법론이 있는데, 비용이 많이 들뿐더러 요즘처럼 소
셜 네트워크로 인해 급박하게 변하는 상황에서는 소비자의 입맛을
맞추기가 쉽지 않다.

그래서 많은 업체가 구전 모니터링 사업에 뛰어들었지만, 현재까지는 기업의 브랜드 위험을 모니터링하고 통보해주는 수준에서 그치고 있다. 어떤 업체들은 트위터와 일부 블로그 데이터만을 수집해서 마치 전체 소비자의 의견인 양 기업에 컨설팅 수준의 인사이트를 제공한다고 과장하기도 한다. 최근 기사들에서 일부 트위터 데이터만을 크롤링하여 긍·부정에 대해 단언적으로 이야기하는 경우도 자주 볼 수 있는데, 이는 적절하지 못하다. 같은 시간, 같은 브랜드라 하더라도 트위터, 페이스북, 블로그, 커뮤니티, 쇼핑몰 댓글 등의 채널별 내용은 확산도, 콘텐츠의 긍·부정률 등 모든 면에서 편차를 보이고 있다. 그러므로 단순히 트위터와 같은 한 가지 채널만의 내용으로 기업의 리스크를 판단하는 데는 신중할 필요가 있다. 데이터를 수집하는 대상 채널과 분석 방법론 면에서 업체마다 특징과 역량이 크게 다르며, 아직 영세성을 벗어나지 못하는 실정이다.

범람하는 데이터 중 어떤 채널에서 어떤 데이터를 봐야 하는지가 중요하다. 그뿐만 아니라 데이터에서 해당 기업에 대한 시사점 Implication을 유추해내는 과정과 그 내용을 실행으로 옮기는 프로세스가 더욱 필수적이다.

기업은 구전에 대응하기 전에 채널별로 미리 판단의 기준을 세울 필요가 있다. 이는 광고나 캠페인의 채널 전략과도 일맥상통할 것이다. 예를 들어 A라는 전자제품 브랜드가 한국에는 많이 알려졌지만, 미국에서는 생소하다고 가정하면 기업은 어떤 채널에 구전 활동의 우선순위를 두어야 할까?

기업은 디지털 채널의 트래픽과 해당 제품 정보의 전문성 등을 놓고 고민해야 한다. A브랜드의 경우 많이 알려진 한국에서는 당연히 전문 동호회나 커뮤니티처럼 트래픽은 많지 않더라도 소비자들이 많이 참고하는 전문 사이트에 글을 포스팅해야 할 것이다.

반대로 A브랜드가 알려지지 않은 미국에서는 전자제품 전문 사이트도 중요하지만, 우선 브랜드를 알릴 수 있도록 방문자와 트래픽이 많은 포털이나 페이스북 등에서의 활동을 우선시하는 것이 좋다. 말하자면 골프채의 경우 브랜드를 인지시키려면 포털에 디스플레이 광고를 해야 하겠지만, 당장 할인 판매를 하려면 골프 전문 커뮤니티 사이트에 광고하는 쪽이 비용 대비 판매 효과가 높은 것과 같은 이치다.

긍·부정을 구분할 때도 문장 안에 부정적인 단어들이 포함되어 있는지 여부로만 단언할 수는 없다. 물론 기업에서 형태소 분석 등의 기술을 통해 상당 부분 구분하려 노력하고는 있지만, 산업마다 전후 문장의 정황에 따라 확연한 차이를 보이기 때문에 명확히 정의할 수만은 없다. 문장을 분리하고 형태소를 분석하고 각 개체명의 별도 인식을 통한 구문 분석이 사전에 철저히 정의된 후, 정합성을 지속해서 추적하고 보정하는 체크앤밸런스Check and Balance 방식으로 진화시켜나가야 비로소 활용 기업의 정황에 맞는 소비자의 인사이트가 도출된다. 그러므로 기업은 반드시 서비스 업체에서 완성된 리포트를 받기보다 원 데이터Raw Data를 엑셀 파일 등으로 요구해서 내부적으로 전방위 분석을 해야 한다.

WoM 전략을 짤 때 단순히 영향력influence이라는 명목하에 페이

[구전 영향력 대응 관리 전략]

A 성숙시장 WoM 영향력

❶ 최초 고려 대상 포함 요인

1. 광고	31
2. 이전 사용 경험	25
3. WoM	19
4. 인터넷 정보	16
5. 접촉한 업체	5
6. 잡지/후기	2

❷ 적극적 평가 단계 시 고려 대상 포함 요인

1. 인터넷 정보	30
2. WoM	19
3. 매장	18
4. 광고	18
5. 잡지/후기	11
6. 홍보	2
7. 접촉한 업체	1

❸ 구매 시 최종 선정 요인

1. 인터넷 정보	63
2. 매장	21
3. WoM	11
4. 광고	3
5. 접촉한 업체	2

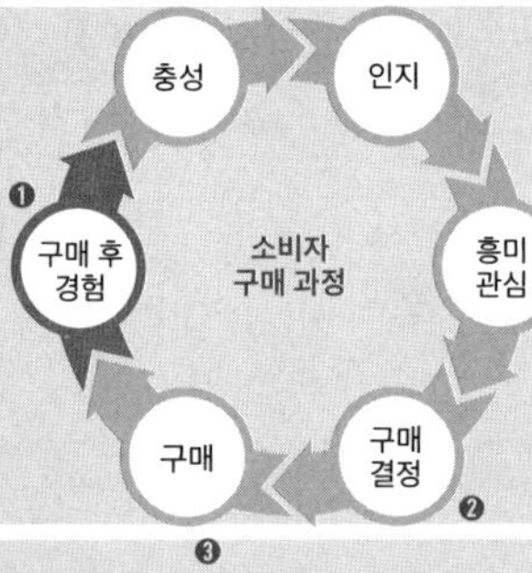

B 성장시장 WoM 영향력

❶ 최초 고려 대상 포함 요인

1. WoM	19
2. 광고	16
3. 이전 사용 경험	14
4. 잡지/후기	12
5. 접촉한 업체	9
6. POS의 추천	5

❷ 적극적 평가 단계 시 고려 대상 포함 요인

1. WoM	30
2. 광고	24
3. 과거 사용 경험	12
4. 잡지/후기	8
5. POS의 추천	8
6. 접촉한 이동사	4

❸ 구매 시 최종 선정 요인

1. WoM	47
2. 광고	39
3. 잡지/후기	10
4. POS의 추천	2
5. 접촉한 이동사	1
6. 과거 사용 경험	1

소비자 구매 과정: 인지 → 흥미 관심 → 구매 결정 → 구매 → 구매 후 경험 → 충성

드 블로그나 BJBroadcasting Jockey를 고용해 콘텐츠를 생성하고 구전을 형성한다는 단순한 접근보다는 예시 그림과 같이 산업별 소비자의 접점과 정황 데이터를 함께 보면서 그 정황에 맞는 내용과 채널에 대입시켜서 활용해야 한다. 어떤 내용은 전문성을 크게 하고 어떤 내용은 재미있게 만들어서 인지를 시켜야 하고, 어떤 내용은

기존 상식을 뒤엎을 만큼 논리가 분명해야 할 경우가 있으므로 각기 다른 채널과 내용과 영향력이 설정되어야 하기 때문이다. 이와 같이 WoM을 성과 측정에 활용하는 방법은 복잡하고 생소하게 들리지만, 의외로 다양한 기술과 툴의 발전으로 간단히 해결할 수 있는 방법이 많다.

통합 VOC 관점에서 구전을 보라

한 국내 대기업 CEO가 자신이 '움직이는 콜센터'임을 자처하며 트위터 활동을 열심히 한 적이 있다. 그는 소비자와의 접점에 직접 나서서 소비자들의 멘션에 일일이 답해주고 바로바로 해결해주곤 했다.

나도 이 기업의 사용자라서 이를 직접 경험했다. A/S를 위해 우리 집에 방문한 직원이 "사장님 트위터에 올리는 게 가장 빠릅니다"라고 팁을 줄 정도였다. 그 회사의 CRM 부서는 CEO의 트위터 계정을 모니터링하기 바빴고, 소비자들의 불만이 폭주해서 급기야는 CEO가 CRM팀으로 업무를 이관한다고 선언함으로써 해프닝은 일단락되었다.

반면 트위터 활동을 지혜롭게 하는 경우도 있다. 딱딱한 중공업 제품을 생산하는 기업의 총수가 소탈한 일상을 위주로 소비자와 소통하면서 그룹의 이미지를 개선하는 데 큰 몫을 하고 있다.

한 글로벌 기업의 자문을 진행하는 과정에서 아르바이트생 한 명이 하루에 1,000개가 넘는 멘션에 일일이 답하는 것을 보고 경악한 적이 있다. 그 기업의 한 달간 멘션을 조사하여 분석해보았더니 간단한 인사부터 가격 문의, 사양 비교처럼 직접 판매와 연결되는 문의, 고객 불만과 같이 위험성을 안고 있는 멘션까지 매우 다양했다.

트위터상의 멘션, 페이스북과 블로그의 댓글 등 다양한 소비자의 반응에 대해 기업은 어떻게 대응해야 할까? 당연히 콜센터와 마찬가지로 모두 고객의 소리로 인정해야 한다. 그리고 기업이 콜센터를 통해 조직적으로 대응하듯이 그와 똑같은 프로세스를 거치는 것이 바람직하다.

앞에서 반복적으로 설명했듯이 같은 소비자가 여러 채널을 불규칙적으로 넘나들며 의견을 남기기도 하고 불만을 표출하기도 하는데, 콜센터를 통하면 관련 부서로 내용이 이관되고 트위터로 하면 아르바이트생이 대응한다는 것은 분명히 옳지 않다.

고객의 소리는 엄연히 기업의 핵심 자산인데 그것을 오너가 아닌 경영자 개인의 계정에 쌓아두고 답한다면 그 경영자가 퇴직한 후 그 계정의 관리도 문제가 된다. 개인이 회사 소셜 네트워크 페이지를 개설했을 때 그 사람이 퇴사해도 그 계정은 회사의 자산이라는 판례가 나온 적이 있기는 하지만, 이런 과정이 그리 유쾌하지는 않다.

대부분의 기업은 오래전부터 콜센터 등을 통해 고객의 다양한 의견을 상품, 품질, 마케팅, 판매 등 카테고리별로 분류하여 접수하

[통합 VOC 체계 예시]

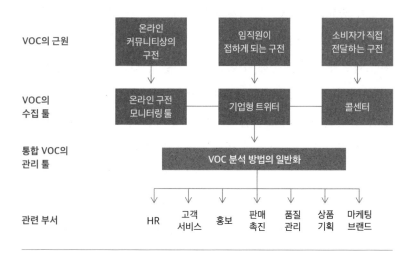

고 이에 관련 부서가 대응하도록 수집부터 전달까지의 전체 시스템과 프로세스를 갖추고 있다. 따라서 디지털상의 다양한 멘션, 댓글도 똑같이 고객의 소리로 취급해서 같은 프로세스에 병합시켜야 조직적이고 정형화하여 대응할 수 있다.

　기업들이 흔히 간과하는 부분이 한 가지 더 있다. 바로 모니터링 이후의 프로세스다. 많은 기업이 소셜 네트워크 관리 프로세스를 만들어놓고 있지만, 내가 직접 글로벌 기업들의 구전 대응 프로세스를 확인해본 결과 모니터링 이후 결과 보고에 그칠 뿐 이후의 대응에 대한 내용은 프로세스에 반영되어 있지 않은 경우가 많았다. 세계 유수의 PR 에이전시에 상당한 비용을 지불하고 방대한 양의 구전 모니터링 체계를 수립하고도, 아직 부정적 구전에 대한 모니터링 프로세스에만 집중하는 것이다.

정작 중요한 'How', 즉 어떻게 부정적인 구전을 빨리 모니터링하고 사실 관계를 확인한 후 대응할 것인지의 체계가 부족한 셈이다. 프로세스와 구전을 통해 수집된 소비자들의 집단지성을 어떻게 관련 부서에 전달하고 이를 경영에 반영할지, 엔드-투-엔드end-to-end 활용 방안을 구성하고 이를 조직에 반영하는 경우는 좀처럼 볼 수 없었던 것이다. 프로세스와 방법을 정의했다 하더라도 실제에서는 우왕좌왕하는 경우도 많다. 한 국내 대기업은 부정적 구전이 확산된 적이 있었는데, 정작 PR팀은 속수무책이었다. 대행사에서 만들어준 정책과 대응 방안만으로는 실제 상황에 적용하기가 부족했던 것이다.

소셜 네트워크와 같은 디지털 채널을 통한 고객의 소리가 기존의 콜센터 시대의 VOC 프로세스와 확연하게 다른 점은 확산 속도다. 그러므로 기업들은 기존과 다른 실시간 모니터링 체계와 모니터링 이후 대응 프로세스까지도 명확히 해두어야 한다. 그런 의미에서도 앞에서 언급한 COD 플랫폼이 구성되어야 한다. 실시간 검색어를 홈그라운드인 COD 플랫폼으로 바로 연동하여 계획된 메시지를 즉시 전달할 수 있는 체계를 갖추어야 실시간으로 대응할 수 있는 역량이 생기는 것이다. 이와 같은 체계하에서는 관련 부서들끼리 서로 현안을 미루며 우왕좌왕하거나, 상부의 지시가 내려올 때까지 기다리면서 시간을 허비하거나, 지시가 떨어졌다 하더라도 언론이나 블로거에 의지하며 시간을 지체하는 일 없이 유연하게 협의하고 대처할 수 있다.

구전 속에
경영 전략의 힌트가 있다

나는 기업 자문을 하면서 클라이언트에게 구전 분석을 통해 '업業의 개념'이 바뀌고 있다는 것을 알려주곤 한다. 이 과정은 매우 중요하다. 경영자들은 자신의 오랜 경험에 비추어 의사결정을 내릴 때가 많아서 각각의 산업이나 서비스에 대한 소비자의 인식이나 이해도가 바뀐 것을 간과하는 경우가 많기 때문이다.

이전에는 이를 파악하기 위해 소수의 표본 집단을 대상으로 설문 등을 진행했다. 그러나 앞서 언급한 구전을 포함한 빅데이터 분석을 통하면 5억 명, 10억 명 또는 블로그 2,000만 건 등 충분한 모집단을 확보할 수 있다. 그래서 좀 더 심층적으로 소비자의 인식도를 조사해볼 수 있게 되었다.

최근 한 생명보험사가 콜센터 상담사들의 퇴사가 급격히 늘고 있다며 콜센터 직원 교육 및 인센티브 방안에 대한 고민을 의뢰한 적이 있다. 그런데 실제 당사자들의 인터뷰와 내외부 진단을 통해 얻은 결론은 콜센터 직원을 교육시키고 인센티브 정책을 개편한다고 해서 해결될 문제가 아니라는 것이었다.

콜센터 직원들이 떠나는 가장 큰 이유는 당연히 그들이 받는 성공 보수가 줄고 있었기 때문이다. 즉 계약 성사율이 떨어져서였다. 고객들은 기존의 보험 상품에 더는 큰 관심을 보이지 않았고, 그 때문에 콜센터 상담사들이 고객의 반응을 잘 이끌어내지 못하고 있었다.

그래서 가장 먼저 소비자들이 보험에 대해 어떤 생각을 하고 있고, 그 생각이 어떻게 변하고 있는지 간단히 살펴보기로 했다. 이를 위해 2008년부터 최근까지 보험 관련 연관 검색어와 소비자들이 게시판과 블로그 등에서 보험과 관련해 함께 언급하는 비중이 높은 단어들을 추출해서 분석해보았다. 그 결과 재미있는 사실이 발견되었다. 2008년 이전부터 소비자들이 보험을 검색하거나 게시판, 블로그 등에서 글을 남길 때 꾸준히 언급한 내용은 보험료, 보장성, 연금 등과 관련된 키워드였다. 이는 현재까지도 검색량과 언급량 상위에 랭크되어 있다. 그러나 순위 변동이 큰 몇 가지 키워드도 있었다.

2008년 이전에 소비자들이 보험을 검색하거나 언급할 때 자주 등장한 변액보험, 수익성, 펀드 등의 빈도수가 현격하게 줄어들었거나 아예 순위에서 사라졌다. 그 대신 의료실비, 손해보상, 치과 실비보험 등과 같은 단어들이 상위로 진입했다.

이는 일부 보험회사들이 암보험이나 연금보험 등의 상품보다 의료실비보험, 고혈압보험 등 실비를 보전해주는 보험들을 지속적으로 시장에 내놓고 소비자와 고객을 설득해온 노력이 반영되었다고 해석할 수 있다.

동시에 소비자들이 보험을 고려하는 기준이 바뀐 것이다. 저축상품과 같이 보험을 통해 이윤을 얻거나 매달 일정 금액의 연금을 받으려는 목적, 사후 보장을 통해 가족들의 안위에 대비하려는 의도가 변화한 것이다. 소위 '100세 시대'가 도래하면서 퇴직 이후의 병원비나 간병비, 지병에 대한 치료비 등 실질적인 비용에 대한 부담을 갖고 이에 대비하려는 경향이 강해졌다.

결국 이 보험회사의 콜센터 상담사들은 대부분 신생 경쟁 보험사로 이직하기 위해 퇴직한 것이었다. 이 보험사가 심각하게 생각해야 할 문제는 콜센터 직원들의 교육과 인센티브 제도가 아니라 보험이라는 개념에 대한 소비자들의 니즈 변화에 대응하는 상품을 출시해내지 못한 상품 경쟁력 부족이었다.

상품 경쟁력이 떨어지다 보니 계약 성사율도 떨어지고 상담사들의 인센티브 또한 감소되는 악순환이 발생했다. 이것이 상담사 퇴직의 원인이었다. 결국 소비자들의 인사이트를 제대로 상품에 반영하지 못한 것이 시장 주도권을 내주는 결과를 가져온 것이다.

경쟁 보험사 상담사들의 인센티브가 훨씬 많아진 이유는 상품 경쟁력뿐만이 아니었다. 경쟁사의 COD 플랫폼 구성을 보면 콜센터를 허브로 두고 기업 웹사이트와 TV 홈쇼핑만을 운영하는 식이어서 매우 단순하지만 역할 분담이 잘 되어 있었다.

TV 홈쇼핑에서도 신뢰도 높은 출연자가 보험 상품의 차별화 포인트를 명쾌하게 설명하고 연신 콜센터 전화번호를 외치며 콜센터로 소비자 유입을 유도하는 역할을 하고 있었다.

출연자가 설명하는 차별화 포인트 또한 기업 입장이 아니라 철저히 소비자 입장에서 우려하는 질문을 통해 제시된다. 즉 "나이가 들어서도 보험 가입을 받아줄까?", "치료 병력이 있는데도 가능할까?"와 같은 질문들에 대한 답을 제시하여 소비자가 추가 정보를 얻고 싶도록 유도하고 콜센터로 전화하라고 적절히 토스Toss해주고 있다.

기업 웹사이트를 봐도 매우 단순하게 핵심 정보로만 구성하고 추가 설명은 콜센터에서 상세하게 듣도록 강조했다. 이렇게 소비자와 고객을 리드하여 콜센터로 유입시키는 플랫폼 구조를 갖고 있다 보니 콜센터 상담원을 통한 계약 성사율이 자연스럽게 높아질 수밖에 없었다.

콜센터 상담원의 멘트 또한 실제 소비자들이 보험 상품을 검색하거나 블로그에서 언급할 때 주로 사용하는 키워드로 구성했다. 소비자와 고객이 가장 궁금해하는 '그들의 단어'를 활용하여 상담해주는 것이다.

이처럼 소비자가 직접 언급하거나 검색하는 구전 분석을 통해 '업의 개념'이 바뀌는 사례는 여러 산업에서 찾아볼 수 있다.

세계적으로 경제 상황이 나빠지면서 재테크에 대한 생각의 변화도 눈에 띈다. 구글의 구글 트렌드Google Trends나 네이버가 서비스하고 있는 키워드 추천 서비스 등 다양한 데이터 소스를 잘 조합해서 모니터링해보면 소비자들의 의식 변화를 확실히 감지할 수 있다. 2011~2012년 1년간 재테크와 관련된 연관 검색어의 검색 결과를 보면 재테크, 재무설계, 자산관리, 재무관리, 노후준비 순으로 검색량이 차이를 보이고 있었다.

또한 각종 게시판과 뉴스 그리고 연관 검색어 변화를 종합해서 보면 2008년 이전에는 재테크를 검색할 때 부동산과 이자 등에 대한 검색량과 언급이 현저히 많았지만, 이후에는 이 키워드에 대한 연관 검색률이 현저히 떨어지는 것을 볼 수 있다. 반면 전문가, 포트폴리오, 재무설계 같은 단어들이 검색 순위와 게시판 언급 등에서 강세를 보였다. 즉 사람들이 예전에는 부동산과 금융 상품의 이자를 재테크의 핵심 수단으로 생각했지만, 부동산 경기 및 은행 이자율의 하락 등으로 지금은 전문가를 통해 재무설계를 하는 것으로 재테크에 대한 인식을 바꾸었다는 사실을 알 수 있다.

앞선 보험 업계 사례와 같이 관련 회사는 소비자와 고객이 재테크를 할 때 어떤 것을 궁금해하고, 또 어떤 부분을 우려하고 있는지 소비자 분석을 통해 알아내야 한다. 그리고 상품 개발부터 광고, 판매 등에 활용할 방안을 각 담당 부서에서 고민해야 한다.

요식 업계를 분석해본 적도 있는데, 예전에는 식당의 선택 기준이 맛, 접근성 등이었다면 현재는 이전에는 존재하지 않았던 '분위기' 같은 단어들이 등장했음을 발견했다. 소셜 네트워크의 발달로 포스팅하기 위해 사진을 찍었을 때 분위기 있게 나오는 것이 중요하기 때문이다.

그뿐만이 아니다. 소셜 네트워크와 지도 애플리케이션의 발달로 레스토랑은 비싼 임대료를 내고 굳이 대로변에 위치할 필요가 없다. 소비자들이 알아서 찾아오기 때문에 간판도 달지 않고 번화가를 벗어난 지역에 위치한 레스토랑도 늘어나기 시작했다.

식당의 메뉴 구성을 하는 데에도 연관 검색어를 활용할 수 있다. 예를 들어 부대찌개의 검색어 연관도를 보면 감자탕과 냉면이 나온다. 이 말은 소비자들이 부대찌개를 검색할 때 그 앞이나 뒤에 감자탕과 냉면을 함께 비교·검색해본다는 의미인데, 그만큼 메뉴 선택을 할 때 이 세 가지를 두고 고민하는 경우가 많다고 해석할 수 있다. 따라서 부대찌개집에서 감자탕과 냉면을 함께 메뉴화하

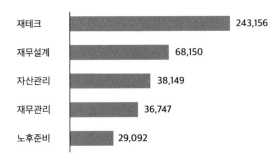

[재테크 관련 핵심 키워드 검색량]

재테크	243,156
재무설계	68,150
자산관리	38,149
재무관리	36,747
노후준비	29,092

자료: 네이버 광고주 센터(2012년 7월~2013년 6월)

는 것을 고려해볼 수 있다.

이와 같이 기업은 소비자와 고객이 생산해내는 라이프로그, 즉 빅데이터를 통해 소비자와 고객이 누구인지를 명확히 정의하고(고객을 파악하는 것은 매우 쉬운 일인 것 같지만 의외로 기업 활동은 고객을 향해 있지 않은 경우가 많다), 그들의 생각을 통해 내가 속한 산업의 근본 변화를 감지한 다음, 시사점을 도출하여 어떤 일을 할지 파악하는 것을 중요한 시작점으로 삼아야 한다.

구전 분석을 통한
기업 혁신

소비자와 고객이 블로그, 소셜 네트워크 등을 통해 직접 참여해서 만들어내는 엄청난 양의 집단지성은 기업의 어느 부서에서든 활용될 수 있다. 마케팅뿐 아니라 인사HR, 신제품 개발, 구매 등까지 기업 활동의 모든 면에서 고객의 소리는 활용 가치가 높다.

콜센터와 같이 오프라인 채널만 운영할 때는 소비자들이 자발적으로 전화해서 의견을 개진하는 경우가 드물었기 때문에 변별력을 가질 만큼 충분한 양의 소비자 의견을 수집하는 것 자체가 어려웠다. 그러려면 설문조사 업체에 의뢰해야 하는 등 시간과 비용이 많이 투입되었다.

그러나 디지털 시대인 지금은 소비자 의견들을 수집할 때 수집 방법과 시점의 문제일 뿐이지, 소비자 의견의 양이 모자라는 경우는 없다. 그만큼 소비자들이 의견을 개진할 수 있는 환경이 조성된 것이다. 어떤 소비자는 자신들의 의견을 다른 소비자와 공유하고 공감을 이끌어내기 위해 노력하기도 한다.

빅데이터가 유행처럼 번지면서 많은 에이전시나 서비스 업체들이 빅데이터를 통해 고객의 마음을 확인하려 하지만, 대부분 이해 당사자이기 때문에 자신의 기업이 서비스하는 수준 내에서의 제한적인 활용 방식을 제시하는 경우가 많다. 그러나 고객의 라이프로그에 기반을 둔 집단지성은 활용 범위가 훨씬 넓고 기업 혁신의 핵심 방법론으로 활용하기에 충분하다.

그간 기업 혁신의 방법으로 6시그마, PIProcess Innovation, BPRBusiness Process Reengineering, Lean, EAEnterprise Architecture 등 많은 개념과 방법론이 활용되었다.

이 같은 방법론들은 프로세스 개선을 통한 내부 효율성 강화와 함께 전략과 IT의 일원화Alignment 등을 다양한 방법으로 지향하고 있지만, 결국은 소비자와 고객에게 경쟁사와 차별적인 제품과 서비스를 공급하고 그에 대한 대가를 받기 위한 것이다.

같은 맥락에서 소비자와 고객들이 직접 표출해내는 구전, 라이프 프로그, 검색 데이터 등을 통한 소비자들의 집단지성을 함께 활용한다면 좀 더 실질적이고 고객지향적인 결론에 도달하는 데 큰 도움을 받을 수 있다.

그렇다면 집단지성을 어떤 방법으로 활용할 수 있을까? 업Business의 개념을 재검증해보는 것으로부터 경쟁사와의 브랜드 이미지 비교 분석, 제품에 대한 소비자의 긍·부정 반응을 분석한 후 부정적 이슈에 대응하는 일, 광고 효과에 대한 분석 등 그 활용 범위는 무한대다.

그러나 소비자 인사이트의 중요성이 커지면서 구전을 수집해주는 업체가 생겨났고, 동시에 섣부른 분석을 통해 기업을 잘못된 방향으로 이끄는 경우도 많다. 예를 들어 롯데그룹 이미지를 조사하기 위해 롯데가 들어간 게시판이나 블로그 언급을 수집해보면 프로야구단인 롯데 자이언츠에 대한 언급이 겹치는 경우가 많고, 백설햄이라는 브랜드 관련 구전을 분석하다 보면 백설공주에 대한 언급이 동시에 투영되는 경우가 많다.

물론 이 정도의 변별은 어렵지 않다. 국내의 관련 서비스 기업들도 문장 맥락을 분석해내는 텍소노미 룰Texonomy Rule을 잘 정의해서 데이터의 정합성을 높이고 있지만, 여전히 착시를 유발하는 경우가 많다. 예를 들면 "iPhone5 is hot(아이폰5 최고다)"이라는 문장이 블로그에 들어 있다면 구전 수집 툴은 이 문장 전체를 긍정적인 문장이라고 분석할 것이다. 그러나 "The battery part of iPhone5 is hot(아이폰5의 배터리 부분이 뜨겁다)"이라는 문장은 'iPhone'과 'hot'이라는 단어가 문장에 포함되어 있는데도 부정적인 내용이다. 이때는 관련 회사에서 iPhone, hot이 포함된 문장에 battery라는 단어가 포함되어 있으면 부정적인 문장이라는 식의 긍·부정 분석에 대한 규칙을 세부적으로 설정해놓아야 한다.

이처럼 구전을 통해 브랜드를 분석할 때 산업별, 제품별, 언어별로 세심하게 규칙을 정의하는 작업이 선행되어야 하며, 꾸준히 모니터링하고 보정하는 노력이 수반될 때 정합도가 높아진다.

기업은 이전처럼 구전 분석 서비스 업체에 비싼 비용을 지불하고 한두 번의 리포트만 받아보아서는 안 되고, 반드시 원 데이터를 엑셀 등을 통해 직접 분석하고 담당자들이 함께 검증과 보정에 참여해야만 한다. 이와 같은 업무들은 기존에는 여론조사 업체에 외주를 주어서 리포트만 받아보던 형태에서 이제는 기업이 직접 챙기는 영역으로 바뀌어야 할 것이다.

이와 같이 디지털 시대가 되면서 필요 없어진 업무에 기업의 자원이 낭비되는 경우도 있지만, 기존에 에이전시가 하던 일들을 기업이 직접 수행해야 하는 부분도 생겼다. 그러므로 디지털 시대에 맞게 부서별 중복 업무, 불필요한 업무들을 재정비해볼 필요가 있다.

요컨대 기업의 제품 개발, 구매, 품질관리, AS, 판매, 홍보 등 각 부문별로 온라인 WoM 볼륨, 경쟁사 대비 긍·부정률, 검색어 및 연관어 분석을 하는 채널과 범위를 지정해놓고 지속적인 모니터링을 통해 소비자와 고객의 반응에 발 빠르게 대응하는 체계를 갖추는 것이 중요하다.

모니터링에만 그칠 것이 아니라 반영할 수 있는 것들은 즉시 반영하고, 그 반영 내용을 COD 플랫폼을 통해 소비자들에게 알려야 한다. 또한 반영이 불가능한 부분은 그 이유를 설명하고, 필요할 때는 기업이 사과하는 등 끊임없고 진정성 있게 소통해야 한다.

제품 출시 직후라면 경쟁사와 비교하여 구전 볼륨을 체크해보고 그 속의 긍·부정률을 제품의 핵심 속성Attribute별로 세부적으로 살펴볼 필요가 있다. 전자제품이라면 디자인, 기능, 전력 소모 등이 될 수 있고, 화장품이라면 성분, 향기 등이 여기에 해당한다. 이처럼 다양한 제품의 속성별로 긍·부정 요인을 분석하면 빠르게 대응할 수 있다.

심지어는 광고 모델에 대한 사전 이미지 분석도 가능하다. 나는 두 명의 광고 모델에 대한 비교 문의를 받고 분석해준 경험이 있는데, 각 광고 모델의 수년간의 이미지 변화와 함께 감성어별로 누가 우세한지가 명확히 드러났다. 광고 모델 A는 다정하고 깨끗한 이미지에서 광고 모델 B를 15퍼센트 앞서는 반면, 매력적이고 솔직한 이미지에서는 70퍼센트 뒤지고 있다는 결론이 나왔다. 디지털이기 때문에 이렇게 명확한 수치로 표현되는 것이다.

광고하고 6개월 후 그 광고 모델이 가진 속성(깨끗하다, 다정하다)들이 브랜드나 제품 속성과 병합되었는지도 명확하게 확인할 수 있었다. "광고 모델 A를 썼을 때 소비자들이 우리 제품을 이야기할 때 '깨끗하다'고 언급하는 비중이 45퍼센트 늘었다" 등의 분석이 가능한 것이다.

이 같은 접근은 단지 소비자 접점에서 직접 판매하는 산업에만 국한되는 것은 아니다. 디지털로 인해 B2B, B2C라는 채널 기준의 경계가 허물어지고 있다. 어떤 기업이든 디지털화해야 하는 터치 포인트를 명확히 구분하고, 그 대응책을 성실히 마련하고 진중하게 소통할 때 진정한 '고객 중심'의 기업으로 거듭나는 기업 혁신을 전개할 수 있다.

리스크 관리, 게재 관리에서 확산 대응으로 중점 이동

기업은 대개 홍보PR 부서에서 리스크 관리를 맡아왔다. 초기에는 주로 게재 관리였다. 기업에 부정적인 내용의 게재를 사전에 관리했고 언론사와의 평소 관계 관리, 가판 관리 또한 중요했었다. 그러나 이제 특정 사항 보도 시 이를 동시에 보도하는 매체와 기사가 수천 건을 넘어가기도 하고, 신생 매체의 범람과 개인의 영향력 확대, 게다가 소셜 채널의 확산력 급증에 따라 기존 리스크 관리 방식이야말로 위험한 상황에 놓이게 되었다.

신문 가판 제도가 없어지고 데이터 실시간 수집이 가능해지면서 기업은 기업과 관련된 부정 뉴스들이 게재된 것을 실시간으로 감지할 수 있게 되었다. 그러나 대응책에 대해서는 여전히 기존의 방식에서 벗어나지 못하고 있고, 브랜드 리스크 관리 또한 마찬가

[채널별 확산 사례: MAMA]

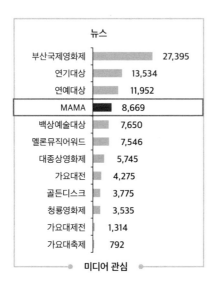

뉴스	
부산국제영화제	27,395
연기대상	13,534
연예대상	11,952
MAMA	**8,669**
백상예술대상	7,650
멜론뮤직어워드	7,546
대종상영화제	5,745
가요대전	4,275
골든디스크	3,775
청룡영화제	3,535
가요대제전	1,314
가요대축제	792

● 미디어 관심 ●

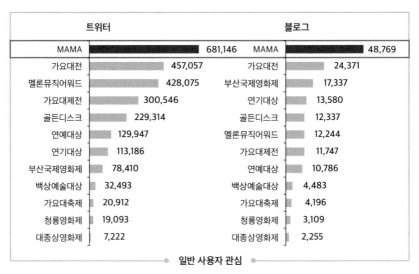

트위터		블로그	
MAMA	**681,146**	**MAMA**	**48,769**
가요대전	457,057	가요대전	24,371
멜론뮤직어워드	428,075	부산국제영화제	17,337
가요대제전	300,546	연기대상	13,580
골든디스크	229,314	골든디스크	12,337
연예대상	129,947	멜론뮤직어워드	12,244
연기대상	113,186	가요대제전	11,747
부산국제영화제	78,410	연예대상	10,786
백상예술대상	32,493	백상예술대상	4,483
가요대축제	20,912	가요대축제	4,196
청룡영화제	19,093	청룡영화제	3,109
대종상영화제	7,222	대종상영화제	2,255

● 일반 사용자 관심 ●

자료: 네이버 블로그 / 트위터 31.7억 건, 네이버 뉴스 검색(2012년 12월 1일~2013년 11월 30일)

지 수준이다. 그뿐만 아니라 리스크 조기 감지가 가능해지면서 부정적 뉴스 게재 시 내부 직원들끼리 먼저 공유하며 오히려 내부 직원들이 초기 클릭을 몰아주는 역할을 하는 셈이 되어 실시간 검색 순위를 높이거나, 많이 본 뉴스에 오르는 해프닝이 비일비재한 상황이다.

이제 기업 리스크 관리는 기존의 게재 관리에만 집중하던 방식에서 벗어나 확산에 대한 대응을 어떻게 할 것인지에 집중하는 쪽으로 방향을 전환해야 한다. 기업에서는 전통적으로 매체에 부정적인 기사가 언급되는 것을 가장 큰 리스크 요인으로 생각해왔다. 그러나 실제로는 검색, 페이스북, 블로그 등과 같은 사용자 채널에서의 확산과 관심도를 관리하는 것이 훨씬 더 중요한 경우가 많다. [채널별 확산 사례: MAMA]를 통해 주요 행사 및 시상식 언급량에 대해 기존 매체인 뉴스와 사용자 채널인 트위터, 블로그로 나누어 비교한 사례를 살펴보자.

엠넷아시아뮤직어워드(일명 MAMA)라는 시상식은 여타 대표 시상식이나 행사에 비해 뉴스 커버는 적으나 사용자 채널에서 압도적인 공유가 되고 있음을 확인할 수 있다. 시상식의 성격과 타깃팅에 따라 다르겠지만 상식적으로 생각해도 이 같은 경우에는 개인 및 소셜 채널에서의 확산도가 뉴스 게재보다 훨씬 유효하며 광고주 입장에서도 가치가 있다고 할 수 있다. 이제는 광고비나 후원비 책정 등과 같이 행사의 상업적 가치 판단 기준을 잡을 때 사용자 채널의 중요성을 반영해야 합리적이다. 그뿐 아니라 그만큼 리스크에 노출될 수 있다는 부분도 공존한다.

이처럼 기업이 자체 보유한 행사 하나가 큰 매체 이상의 영향력을 가질 수도 있게 되었다. 이제 "모든 기업이 미디어 회사다Every company is media company"라고 해도 과언이 아니다. 모든 기업이 미디어 회사가 되어야 한다는 말은 기존 매체와 소셜 매체, 그리고 기업이 보유한 매체까지 통틀어서 전략적 활용을 해야 한다는 의미와 무엇보다 이를 통해 기업이 콘텐츠 게재 및 확산에 대한 통제 용이성을 늘려간다는 전략적 의미도 크다. 동시에 마케팅과 PR의 경계가 허물어진다는 의미도 포함되어 있다. 기업들이 보유한 자체 채널뿐만 아니라 전 옴니 채널을 통해 고객과 소통함으로써 리스크 확산 또한 효과적으로 대처할 수 있다.

한 예로 삼성 그룹 블로그의 '그건 이렇습니다'라는 메뉴는 관심도가 높은 고객에게 적극적으로 사안을 해명하고 회사 입장의 정보를 제공함으로써 부정적 이미지의 확산을 회사 입장에서 방어하기 위한 중요한 사례가 되기도 했다.

옴니 채널 시대가 되면서 '리스크'라는 것에 대응하기가 무척이나 까다로워졌다. 이제 채널별 리스크에 대한 충분한 이해를 바탕으로 리스크 관리가 기획·실행되어야 한다. 리스크가 크고 관리 효과가 높은 것이 선행되며 리스크가 낮고 관리의 잠재적 효과가 낮은 것은 우선순위가 낮다. 이를 위해 가장 먼저 관계자들끼리 모여서 다음 예시와 같이 리스크의 접점별 형태와 관리 포인트에 대한 부분부터 정의해야 한다.

아울러 효과적인 리스크 관리를 위해 Who(누가 영향력이 있는가), Where(어떤 채널이나 미디어가 중요한가), What(어떤 활동을 해야 하는가)

[이슈 접점에 따른 관리 포인트 및 잠재적 효과]

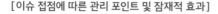

	이슈 접점별 관리 포인트	잠재적 효과	● 효과 낮음 ● 효과 높음

High risk

- 주요 검색 엔진상의 평판 관리

- 검열되지 않은 소비자의 경험 수기 및 비판 논조의 의견

- 애드버킷(Advocate) 통한 긍정적 메시지 확산

- 부정적 게시글에 대한 공식 답변

- 임직원 개인 블로그

- 파워 블로깅(Paid blogging)

Low risk

의 세 가지 차원을 중심으로 한 치밀한 계획과 실행이 필요하다.

대기업의 PR팀에서 대형 PR 에이전시와 단체 메신저방에서 리스크 대응을 논의하는 내용을 보고 놀란 적이 있다. 전부 개개인의 경험치에만 의존해 의사결정을 하는 것이었다. 기업의 리스크는 하나의 팀이나 담당자만의 일이 아니다. 기업의 규모가 크고 다양한 사업을 할수록 각 부서의 입장이 상충되고 조율이 필요할 때가 많다. 그럴수록 필요한 것이 원칙이고 방법론이다. 유관 부서들이 같은 판을 놓고 함께 대응 전략을 짜기 위해 다음과 같이 방법론을 제시하고자 한다.

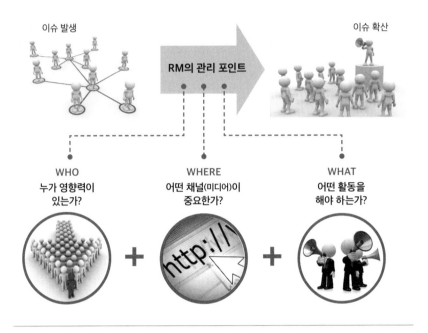

다양한 방법론 중 하나로 채널별 리스크 관리를 계획할 때는 이슈의 확산도와 통제 가능성을 주된 지표로 삼아 브랜드 리스크 모니터링과 전략적 대응 체계를 구축해볼 수 있다. 예를 들어 검색 키워드는 집중 관리 대상이다. 이슈로부터 파생되는 키워드를 모니터링하고 검색엔진 알고리즘의 이해를 통한 전략적 키워드 관리를 해야 한다.

또한 이슈 확산도가 가장 크고, 통제 용이성이 가장 낮은 채널이 페이스북이면 그 채널에서는 집중 모니터링을 통해 확산되는 양상을 살펴야 하고, 반박을 할지 사과를 할지 판단하여 빠른 대응을

[부정적 구전의 전략적 관리 사례]

WoM 분류	세부 설명
즉시 개선이 불가능한 품질 이슈	• 즉각적 개선이 불가능한 품질에 대한 부정적 WoM(예: 엔진, 소음) • 부정적 WoM의 추세 모니터링 및 품질 재검토 • 제품이 원인인 경우와 그렇지 않은 경우를 나누어 대응
즉시 개선이 가능한 품질 이슈	• 상대적으로 빠른 개선이 가능한 품질에 대한 부정적 WOM(예: 콘솔, 라이트) • 부정적 WoM의 추세 모니터링 및 품질 재검토 • 개선 조치 이행할 경우 고객과 커뮤니케이션 실시
서비스 이유	• 서비스에 관련한 부정적 WoM • 추세를 모니터링하고 선제적인 공식 입장 발표 고려 • 문제 원인 파악 및 재발 방지를 위한 전략 논의

자료: 예시

XX 모델 온라인 WoM 분석 결과

엔진
출력 29%
31% 시동
기타 40%

시동도 안 걸리고 갑자기 시동 꺼지는 차를 어떻게 타고 다니라는 건지…(2010-05-15, XX-Club)

이거 XX도 대규모 엔진 꺼짐 리콜 들어가야 하는 거 아닌지…(2010-07-12, XX MANIA CLUB)

라이트
기타 26%
61% 라이트
13%
전조등

웰컴 기능 시 라이트 및 사이드 미러에 불이 안 들어옴
(2010-07-26, XX MANIA CLUB)

그리고 웰컴 기능에서 가까이 가면 도어 손잡이 쪽 램프가 어떻게 하면 켜지는지 어제 암만 해봐도 도어 쪽 불이 안 켜지던데요(2010-07-07, 클럽 XX)

딜러
서비스 19% 탁송
55%
12% 영업 사원 응대 태도
정비 서비스 14%
기타

영맨 태도나 서비스가 마음에 들지 않아 다른 곳에서 계약을 하려고 합니다.(2010-09-18 XX MANIA CLUB)

차량이 좋아서 XX 선택했지만 영맨 분들의 마인드는 정말 큰 실망입니다…(2010-06-14, XX MANIA CLUB)

자료: 보배드림, 다음 엔진, XX 매니아 등 자동차 관련 게시판 게시글 분석 예시

해야 한다. 통제 용이성이 가장 높은 채널은 당연히 기업 보유 채널이고, 이곳을 통해서는 적극적 해명 등의 타이밍을 살펴야 한다. 이와 같이 옴니 채널하에서는 수많은 데이터를 기반으로 기존 게재 관리에서 확산 관리를 하는 것이 더욱 중요하다.

기업은 고객들로부터 가장 빈번하게 언급되는 부정적인 이슈와 그 세부 내용을 파악하여 관련 부서별 대응 방안을 수립해야 한다. 우선 기업이나 브랜드에 부정적인 내용이나 단어가 포함된 문서들은 쉽게 수집할 수 있다. 데이터 수집을 전문으로 하는 회사도 많고 비용도 크지 않으니 규모가 있는 기업이라면 외부 역량을 활용하는 것도 나쁘지 않다. 이처럼 수집은 큰 이슈가 아니다. 무엇을 왜 모니터링할지 정확한 목적에 따라 데이터 수집 소스를 적절히 정의하면 된다. 수집된 데이터와 관련된 문서를 즉시 개선이 가능한 이슈와 즉시 개선이 불가능한 영역, 서비스 영역 등 목적별로 나누어서 볼 필요가 있다.

[부정적 구전의 전략적 관리 사례]는 자동차 기업이 자동차 모델에 관한 부정적 이슈를 WoM 분류하고 분석한 예시다. 문제가 무엇인지 명확히 알게 되는 순간, 이미 50퍼센트는 해결된 것이라고 해도 과언이 아니다. 부정적 이슈를 실시간으로 파악하고 즉시 효과적인 대응책을 세워서 차근차근 해결해나갈 수 있다.

chapter 3

디지털 시대
마케팅의 미래

01

디지털이 주도하는
새로운 환경에 주목하라

| 새로운 가치 전쟁과
| 디지털 시대의 생산관리 MDM

디지털로 인해 우리가 살아가는 많은 부분에서 기존의 틀을 깬 파괴적 혁신Disruptive Innovation이 일어나고 있다. 기업의 경우, 기존의 이윤 추구 방식으로는 차별화를 실현할 수 없는 부분이 생기기 시작했다. 특히 디지털이 비즈니스의 모든 부분에 스며들기 시작하면서 이런 현상은 더욱 가속화되고 있다.

그루폰Groupon, 리빙 소셜Living Social 등 소셜 쇼핑Social Shopping 업

체들이 돌풍을 일으켰다. 소비자들의 구매에서 소셜 의존도가 높아지면서 기존 전자상거래 사이트에 대한 충성도가 줄어들고 있다.

이에 대해 소비자들이 실질적인 가치에 기반을 둔 구매Value Based Buying를 하기 시작했다고 표현하기보다는 디지털로 인해 그것이 가능한 환경이 조성되었다고 말하는 것이 타당하다. 즉 소비자들이 구매 의사결정에 있어서 단일 채널이 아니라 여러 채널을 활용하는 추세가 늘고 있는 것이다.

특히 소셜 큐레이션 서비스가 발달하면서 디지털상에서 제품을 세부적으로 비교할 수 있고, 소비자들은 세부 검색을 통해 필요한 비교를 할 수 있게 되어 매장을 방문하고 점원이 설명한 내용을 즉석에서 모바일로 체크해볼 수 있기 때문에 이제 '장사 수완'만으로는 통하지 않는 시대가 된 것이다.

이와 같이 검색을 통해 관련 제품들의 일대일 비교가 실시간으로 가능해져서 패션 잡화, 전자제품, 스포츠용품 등 다양한 전자상거래 카테고리 중 일대일 비교가 쉽지 않은 패션 카테고리를 제외하고는 판매자가 기존처럼 이윤을 내기가 힘들어졌다.

[특정 사이트 구매 이유 예시]는 특정 사이트에서 구매를 고집하는 이유에 대한 소비자들의 응답의 변화 양상이다. 예전에는 저렴한 가격뿐 아니라 제품 구색, 서비스, 배송, 반품 용이성 등 다양한 이유가 제시되었다. 그러나 시간이 지날수록 저렴한 가격 외에 다른 이유의 비중은 줄어들고 있음을 볼 수 있다.

이런 현상을 두고 소비자들이 더는 배송이나 서비스를 중요하게 생각하지 않는다고 해석하면 곤란하다. 이제 익일 배송이나 편리한

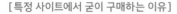

[특정 사이트에서 굳이 구매하는 이유]

응답한 온라인 쇼핑객 중 비중 %

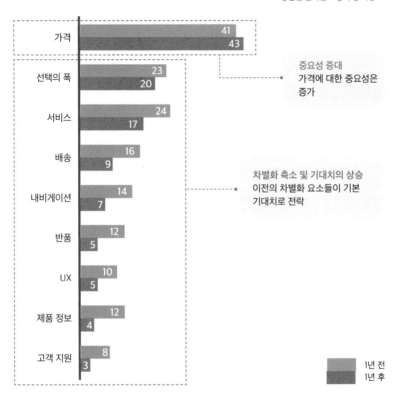

반품, 사이트 내 내비게이션 편의성 등은 당연히 구비되어야 하는 '기본'이 되었다는 의미로 받아들여야 한다.

디지털이 사업 전반에 적용되기 시작한 지 10년 이상의 시간이 흘렀다. 이제 기능이 '있다-없다'는 사실은 더는 차별화 포인트가 되지 못한다.

디지털의 발달로 인해 과거에 우수하고 좋은 것들로 인정되던 것이 소비자와 고객에게 중요한 가치로 받아들여지지 않고 당연하고 정상Normal적인 것으로 간주되는 '뉴노멀New-normal'이 생성된 것이다.

뉴노멀 시대에는 기존의 차별화된 가치로 여겨지던 것들이 무시되거나 당연시되고, 이에 따라 기업들이 새로운 차별화된 가치를 찾아야 하는 '새로운 가치 전쟁Another Value War'이 일어난다. 즉 기업이 기존에 차별화 포인트로 삼던 것들이 평준화되면서 소비자에게 기존에 제공하던 가치 이외의 또 다른 차별화된 가치Another Value를 만들어내는 것이 기업 생존과 직결되기 시작한 것이다.

세계 최대 전자상거래 기업인 아마존이 책 한 권을 판매하기 위해 제공하는 정보만 봐도 기존에 소비자가 이 책 한 권을 구매하기 위해 필요로 하던 정보 이외에 얼마나 많은 새로운 가치를 제공하고 있는지 확연하게 알 수 있다.

아마존은 이미 알려진 바와 같이 이 책을 선택한 사람이 선택한 다른 책을 추천해주기도 하고 각종 연관 정보를 결부시켜 추천해주는데, 그 정합성은 이미 정평이 나 있다. 이 같은 기본 추천 서비스 외에도 복잡한 단어의 개수가 몇이나 되는지, 1달러당 글자 수가 몇 자인지, 심지어는 1온스(무게)당 글자 수가 몇 자인지와 같이 불필요해 보이는 정보까지도 제공하고 있다.

베스트셀러인 경우, 아마존이 그 책을 소비자에게 무료 공급한다고 해도 그 페이지 안에 뜨는 추천, 연관 제품 광고 등의 부가 수익으로 인해 적자가 나지 않을 정도다. 이처럼 기존에 존재하지 않던 수익 모델을 실현하고 이와 함께 연결 구매Connected Consumption를

[아마존이 테이터를 활용하여 제공하는 다양한 정보: 젝 웰치의 『Winning』]

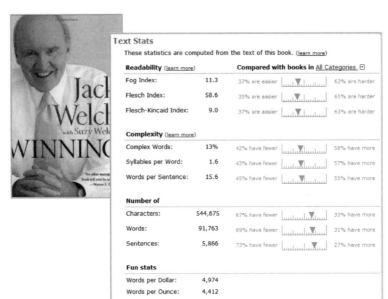

유발하고 있다.

소비자들이 대체 1온스당 몇 글자가 들어 있는지와 같은 데이터 까지 궁금해할까 하는 의문이 들기도 한다. 그러나 아마존은 특정 한 취향과 요구 사항, 롱테일 니즈를 가진 고객들의 요구까지도 구 매로 연결시키고 있다. 예를 들어 장거리 여행을 떠나면서 두 권 중 한 권을 선택해야 할 상황인 고객이라면 이렇게 생각할 수 있다. '좋은 내용이면서 짐의 무게를 줄일 수 있는 책을 선택해야지.' 이 런 고객에게는 무게당 단어 수 같은 지표가 구매에 결정적인 영향

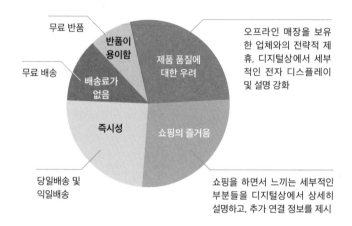

무료 반품

반품이
용이함

무료 배송

배송료가
없음

제품 품질에
대한 우려

오프라인 매장을 보유
한 업체와의 전략적 제
휴, 디지털상에서 세부
적인 전자 디스플레이
및 설명 강화

즉시성

쇼핑의 즐거움

당일배송 및
익일배송

쇼핑을 하면서 느끼는 세부적인
부분들을 디지털상에서 상세히
설명하고, 추가 연결 정보를 제시

자료: 미국 내 13세 이상의 인터넷 사용자(2011년 11월), eMarketer

을 끼칠 수 있다.

10년에 몇 명은 무게와 관련된 데이터를 중요한 구매 요인으로 활용한다는 사실에 근거하여 소비자들의 다양한 롱테일 니즈를 촘촘히 충족시키겠다는 아마존의 의지를 읽을 수 있다. 그렇다면 1온스당 4,412글자라는 정보를 국내에서 제공하려면 어떻게 해야 할까? 하나하나 책의 무게를 달아서 어떤 시점에, 어떤 식으로(이메일이나 팩스를 통해) 통보해야 하는지 생각만 해도 복잡한 절차를 거쳐야 한다.

그런데 아마존의 방식은 마스터 데이터 관리MDM로 설명할 수 있다. 간략히 설명하자면 복잡한 생산 관련 데이터를 더 분해할 수 없는 마스터 데이터Master Data 속성 값으로 쪼개어 기업이 그 데이터들을 다양한 모델링Data Modeling 을 통해 활용하는 것을 말한다. MDM을 잘할수록 제품 검색, 정보 제공 등 매우 다양한 곳에서 효율을 높일 수 있기 때문에 많은 기업에서 활용하고 있다.

경영학에서 오랫동안 연구돼온 생산관리Production Management가 디지털로 확장된 형태 가운데 하나의 모듈이 바로 MDM이라고 볼 수도 있다.

아마존이 제공하는 1온스당 4,412글자라는 정보는 이 회사의 SCMSupply Chain Management 역량에서 나온 산출물이라고 해석할 수도 있다. 무게라는 마스터 데이터는 책이 입고될 때 컨베이어벨트의 센서가 자동으로 파악하여 아마존의 데이터센터에 저장되고, 글자 수는 표준화Standardization를 통해 표준 글씨 크기와 비교함으로써 산출된다. 그래서 온스당 몇 글자인지 자동적으로 알 수 있다.

이처럼 표준화와 공급망 관리의 디지털화를 통해 소비자들의 다양한 니즈에 맞는 데이터 값을 생산해내는 근간이 MDM이다. 그리고 이를 통해 소비자와 고객에게 제품에 대한 다양한 정보를 공급해주는 것이 기업의 차별적 가치가 될 수 있다.

[소비자들이 오프라인에서 구매하기를 고집하는 이유 및 전자상거래 업계의 대응 방안]과 같이 소비자들이 오프라인 매장 구매를 고집하는 근본적인 이유들을 하나하나 해결해나가려는 노력을 펼치고, 이와 함께 오프라인에서 얻을 수 없는 추가적인 가치를 발굴하고 차별화해서 제공하는 것이 전자상거래 기업의 '어나더 밸류'

가 된다.

인터넷 서점에서 책을 사는 소비자들은 책을 직접 읽어보고 살 수 있는 오프라인 서점의 장점을 가장 아쉬워한다. 그런데 아마존은 이를 보완하기 위해 빈도가 높은 100대 단어를 나열한 후 그 단어가 들어간 문장을 일목요연하게 볼 수 있게 했다. 오프라인 서점에서 직접 보는 것보다 더 차별화된 가치를 제공한 것이다.

이처럼 디지털 시대의 기업은 기존의 비즈니스 방식을 보완하는 것뿐 아니라 차별화되는 가치를 창출해야 하는 무거운 과제를 짊어지게 되었다.

시맨틱 웹 시대

알파고와 이세돌이 벌인 세기의 바둑 대결 이후 인공지능에 대한 관심이 뜨겁다. 나아가 인공지능은 대중적 흥미의 차원을 넘어서 대안적 미래 기술로 꼽히고 있다. 그렇다면 인공지능은 마케팅과는 관련이 없는 산업 기술의 영역인가? 그렇지 않다. 인공지능은 마케팅과 밀접한 연관이 있다. 인공지능으로 인해 고객의 삶이 바뀌고 있고 정보 습득 방식, 특히 추천 방식에 큰 변화를 몰고 올 것이기 때문이다. 따라서 마케터는 인공지능이 몰고 올 고객 변화에 대해 민감하게 관심을 가져야 한다.

가장 빠르게는 검색하는 방식이 챗봇, 음성인식 기술과 인공지능이 융합되고 있으며 고객의 정보 습득, 행동반경 등에 다양한 변화가 진행되고 있다. 인공신경망, 머신러닝, 인공지능 등의 기술들이 마케팅에 주는 의미는 고객의 정황 인식, 즉 '시맨틱'을 가능하게 한다는 것이다.

많은 인터넷 포털 기업이 수년 전부터 시맨틱이라는 단어를 부르짖고 있다. 나 역시도 앞으로의 디지털 세상은 시맨틱과 3D 프린팅DDM, Direct Digital Manufacturing의 시대라고 주장하는데, 그만큼 시맨틱을 이해하는 것이 중요한 차별화 포인트가 될 수 있다.

시맨틱semantic은 '정황 인식'이라는 뜻의 영단어다. 한 가지 예를 들어보자. 여럿이 모인 장소에서 박지성 사진을 놓고 한 사람씩 생각나는 대로 이야기하라고 하면 '축구', '히딩크', '아나운서' 등의 단어가 나온다. 이때 누군가는 불쑥 '유해진'이라고 한다. 그러면 주위 사람들이 웃는다. 내가 동의하든 그렇지 않든 그 사람이 왜 '유해진'이라고 말했는지 알 것 같다. 나도 모르게 '닮았으니까 그랬겠다'는 생각이 든다.

류현진 선수의 사진을 보여주고 참석자 한 명씩 연상되는 단어들을 말해보라고 하면 보통 야구선수, 운동선수, 국가대표, LA다저스, 한화, 싸이Psy 등을 언급한다. 그런데 가수 싸이를 언급하면 이해하지 못하는 사람도 있다. 혹은 두 사람의 외모가 비슷하다거나, 두 사람이 다저스 구장에서 만난 사실을 떠올리기도 한다. 류현진이 싸이와 닮았다고 생각하지 않더라도 왜 싸이를 언급했는지에 대한 정황을 인식하는 것이다.

이런 것이 바로 사람만이 할 수 있다는 정황 인식Context Aware, 즉

시맨틱이다. 시맨틱 분석은 단순한 데이터를 처리하는 수준을 넘어 데이터의 조합이 내포한 속뜻을 알아차리며 논리적 추론도 해내는, 사람의 영역에 가까이 가기 위한 시작점이다. 마케팅에서 시맨틱은 결국 소비자가 남긴 무수한 데이터의 의미, 데이터 간의 연관 관계와 맥락을 파악하여 정황에 맞는 커뮤니케이션을 하기 위한 방법이라 할 수 있다.

　기업들은 시맨틱 분석을 위해 데이터를 조합해야 하고 방대한 데이터를 모아 모델링을 해야 한다. 먼저 '이 사람이 이 검색어를 통해 들어와서 이 페이지에 있는 이유는 이걸 사려고 들어왔다가 이걸 보려는 것이다' 등과 같이 정황을 인식한다. 즉 다양한 케이스를 '러닝'한다. 이것이 '머신러닝'이다. 그리고 머신이 그간 학습한 정황 인식을 바탕으로 이와 유사한 케이스에서는 이렇게 했는데, 이 케이스 역시 이렇게 할 것이라고 예측하며 새로운 알고리즘을 만들어내는 것이 마케팅에서 간단히 활용되는 딥러닝이라 할 수 있다. 이처럼 기업 마케팅은 데이터 과학과 인공지능 기술을 기반으로 새로운 차원으로 접어들고 있다.

마케터는 머신러닝, 딥러닝, 인공지능의 기술적 부분과 현상에 어려운 접근을 하려고 욕심 내기보다는 이로 인해 바뀌는 소비자 행동과 그들의 정황을 파악하는 데 집중해야 한다. 이 정도로도 큰 차이를 낼 수 있다.

간단한 예를 들어보자. '피자'라는 검색어가 오전 11시 40분에 사무실 건물 IP 주소로부터 검색 포털로 유입되었다면 사무실에서 점심을 먹기 위해 피자를 시키는 것이라 예측할 수 있고, 샐러드를 함께 추천해주면 구입할 확률이 높다.

반면 똑같은 '피자'라는 검색어가 새벽 2시 아파트에서 검색 포털로 유입되었다면 밤참일 확률이 높다. 따라서 샐러드보다는 맥주를 추천하면 구입할 가능성이 더 높게 나타날 것이다.

피자 검색어 사례에는 검색어와 IP 주소 정보, 시간 정보만 활용되었다. 그러나 스마트폰 시대가 되면서 개인 로그인 정보, 위치 정보, 기존 구매 정보 등 수많은 정보가 추가로 개인 동의하에 제공된다. 그러므로 기업이 고객이 자기 자신에 대해 알고 있는 것보다 더 많은 정보를 보유하게 될 날도 머지않았다.

예를 들어 아마존과 페이스북이 제휴한다고 가정해보자. 나도 잊어버린 내용들을 아마존과 페이스북은 샅샅이 기억하고 있을 것이다. 내가 과거에 제품을 보고 '좋아요'를 클릭했던 정보를 아마존이 기억하고 있다가 추천하거나, 구매하는 시점에 지인들의 리뷰를 보여주기도 할 것이다.

이외에도 개인정보 문제가 해결되면 개인이 처한 정황에 대한 기업들의 인식 정도는 무서울 정도로 정확해질 것이고, 이를 기반으로 좀 더 실제 정황에 맞는 타깃팅을 하기 위해 노력할 것이다. 기술적인 준비는 거의 완성되어 있다. 현재 기업이 개인정보를 활용할 때 해당 개인에게 어떠한 인센티브도 제공하지 않는데, 이에 대해 개인과 기업 사이의 합의점을 찾는다면 문제는 쉽게 해결될 것이라 생각한다.

스마트폰 첫 화면에 구글의 안드로이드가 제공하는 광고판을 설치해놓고, 광고판 환경 설정에서 기업에 대가를 받고 제공할 수 있는 다양한 정보를 선택한다. 그러면 내 정보를 필요로 하는 기업들이 그에 맞게끔 타깃팅된 광고를 내 스마트폰으로 쏴준다. 그 대신 구글은 광고비 일부를 스마트폰 주인인 나와 나누게 된다. 이런 방식이라면 많은 소비자가 기쁜 마음으로 광고를 받아들이게 될 것이다. 관련 업계에서는 이미 이에 대해 많은 준비를 하고 있는 상황이다.

지금은 정황 인식률이 다소 떨어지긴 한다. 내가 롯데 자이언츠의 경기 결과를 알고 싶어서 롯데를 검색하는 순간 롯데제과의 과자가 추천될 수도 있고, 새벽에 불필요한 추천이 삑삑 소리를 내며 날아올 수도 있다.

하지만 이 모든 것이 점점 데이터 축적과 환경 설정을 통해 정교해지면 소비자들은 휴대폰 사용료를 광고 구독료만으로 충당할 수도 있을 것이다. 확실한 가치를 제공받을 수 있다면 소비자들이 기꺼이 광고를 구독Subscribe하는 시대가 오리라는 예측도 가능하다. 이것이 바로 시맨틱 웹이 지향하는 세상이고, 그 확장성은 상상을 초월할 것이다.

세상을 바꿀 House OS(Home OS)

IoT 시대를 맞아 가전 및 통신 업계의 많은 기업이 앞서 언급한 인공지능 스피커를 비롯한 IoT 제품들을 앞다투어 출시했거나 출시를 앞두고 있다. 가전제품 중에서는 스피커 다음으로 시도되는 IoT 제품의 대표 주자로 언급되는 것이 냉장고다. 24시간 켜져on 있기도 하지만, 요리 레시피를 알려주는 삼성의 냉장고처럼 활동 연

[OS 발전 단계]

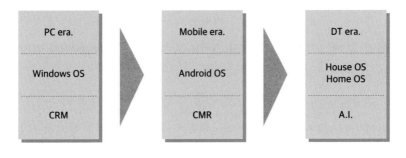

관성 또한 가장 근접해 있기 때문이다.

이와 같이 각 가정의 가전, 도어락, 전등 등 모든 기기가 IoT로 연결되기 시작하면 모든 기기에 하나의 운영체제가 필요해진다. 그렇지 못하면 예를 들어 '심심해'라는 질문에 냉장고, 에어컨, TV 등이 각각의 제안을 하게 될 것이다. 냉장고도 각 브랜드가 제공하는 데이터 세트set와 오퍼링 세트가 뒤엉켜 혼란이 빚어질 것이다.

나는 'House OSHome OS'라는 새로운 개념을 소개하고자 한다. 앞서 기존 마이크로소프트의 윈도우를 대체하는 구글의 안드로이드와 애플의 iOS를 설명했었다. 이에 따라 데이터 애그리게이터가 부상하고 대중의 데이터 취향과 TPO를 반영하여 분류하는 것과 연결 지어 설명하고자 하는 것이 바로 이 'House OSHome OS' 개념이다.

[House OS(Home OS) 개념도]처럼 이제 각 가정에서는 평소 말하듯이 자연어로 명령을 할 수 있을 것이고 이에 하나의 통일된, 예를 들면 데이터 애그리게이터나 DMPData Management Platform가 선택되어야 할 것이다. 그래야만 모든 IoT 기기가 통합적으로 제어될 것이고, 서로 충돌 없이 일관적이고consistent 일상적인 추천들이 가능해질 것이다.

현재는 음성인식이 키워드 기반으로 이뤄지고 있지만 원래 사람들이 말하는 방식, 즉 자연어 기반으로 명령하고 그 기반하에 다양한 추천과 실행이 이뤄질 것이다.

모바일 시대가 되면서 OS의 대표 주자가 바뀌고 세계 판도가 뒤집혔듯이 AI 시대에는 이 'House OSHome OS'를 누가 장악하느냐가 상상 이상의 파급을 일으킬 것이다.

[House OS(Home OS) 개념도]

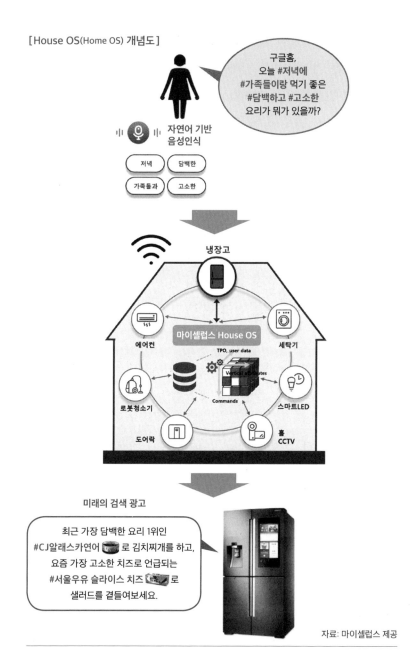

자료: 마이셀럽스 제공

따라서 이의 바탕이 되는 데이터 애그리게이터들이 급부상하는 것이며, 많은 거성이 "IoT 시대에는 데이터를 많이 가진 자가 승자가 된다"고 말하고 있는 것이다.

황제의 귀환, 스마트 TV와 크롬캐스트

기업 마케터가 앞으로 주목해서 보아야 할 중요한 매체 중 하나가 스마트 TV다. 그간 스마트폰에 밀려 자존심을 구긴 매체의 제왕 TV가 IOT 시대 본격화를 맞아 엄청난 지각 변동을 앞두고 있는 것이다.

물론 지금 출시되고 있는 스마트 TV의 확장성은 기능적인 확장 수준에 머무르고 있다. 음성인식, 행동인식Motion Recognition 등의 다양한 센서를 통해 UIUser Interface가 확장되어 소통을 통해 소비자들이 편하게 작동할 수 있게 하고, TV를 보면서 검색할 수 있는 등의 편익이 제공되고 있다. 그렇지만 관련 업계의 준비 정도와 주변 기술의 발전에 따라 스마트 TV가 엄청난 잠재력을 지니고 있다는 데이의를 제기할 사람은 없을 것이다.

앞으로 TV를 보면서 검색하거나 정보를 탐색하는 일이 매우 편리해질 것이다. 또한 방송과 소셜 네트워크의 통합으로 이미 시도되고 있는 다양한 시청자 참여가 더욱 안정화될 것이다. 심지어는 은행이나 증권업의 PBPrivate Banking, VVIP 뱅킹 서비스를 점포에 방문하지 않고도 자연스럽게 누릴 수 있게 될 것이다.

그뿐 아니라 아마존 같은 전자상거래 기업들이 스마트 TV를 겨냥하여 영상 콘텐츠를 생성하면 홈쇼핑 업계는 물론, 기존의 백화점 같은 오프라인 기반의 유통 업체들도 전면적인 도전을 받게 될 것이다.

이 밖에도 화상회의와 교육, 스포츠 트레이닝 등 다양한 생활이 스마트 TV를 통해 집에서 이루어질 가능성이 높아질 것이다. 특히 스마트 TV가 홈 오토메이션의 허브로서 각종 기기를 원격 제어하는 등 기존에 시도된 수많은 아이디어가 상용화될 시점이 멀지 않았다.

마케터 입장에서는 지금부터라도 산업 및 브랜드에 스마트 TV 시대가 주는 다양한 시사점을 분석해서 그 대응 방안을 고민해야 한다. 특히 기업의 COD 플랫폼 내에서 가장 영향력이 있고 오프라인과 디지털의 융합도가 매우 뛰어난 스마트 TV를 허브로 둘 것인지, 아니면 다른 역할을 부여하고 활용할 것인지 등에 대해 판단하고 철저히 준비하는 과정이 필요하다.

그런데 이 같은 스마트 TV의 미래에 대한 장밋빛 예측을 뒤흔들 만한 재미있는 제품이 구글에서 출시되었다. 크롬캐스트라는 제품으로, 많은 전문가가 스마트 TV의 미래를 염려할 만큼 이 작은 35달러짜리 전자장치 하나가 큰 반향을 일으키고 있다.

크롬캐스트는 스마트폰이나 태블릿, 노트북 내에 있는 콘텐츠를 TV로 볼 수 있게 해주는 스트리밍 장치로, 세계 최대 DVD 대여 및 스트리밍 업체인 넷플릭스와 연동하여 무서운 속도로 미국 시장을 장악했다.

많은 사람이 크롬캐스트가 마치 스마트폰으로 할 수 있는 모든 것을 PC 모니터처럼 미러링Mirroring(데이터를 하나 이상의 장치에 중복 저장 또는 시현하는 것을 말한다)해주리라 기대했지만 첫 출시 모델에서 크롬캐스트가 재생할 수 있는 콘텐츠는 유튜브, 넷플릭스, 구글 뮤직, 판도라, 구글플러스가 전부였다.

그러나 현재 스마트 TV에 대한 소비자들의 기대 수준이 이 같은 스트리밍 콘텐츠 시청에서 크게 벗어나지 않고 있는 점을 감안한다면 소비자들이 아쉬워하는 부분만을 확실하게 충족시키는 저렴한 장치를 구글이 적기에 출시한 것으로 해석할 수 있다.

애플도 그간 애플 TV와 연동하는 에어플레이를 출시했고, 사실 국내 텔레콤 회사들도 이와 비슷한 서비스들을 출시했다. 구글의 크롬캐스트 출시를 통해 앞으로 TV라는 핵심 플랫폼의 운영과 제어 시스템을 선점하기 위한 거대한 전쟁이 수면 위로 모습을 드러낸 것이다.

국내 2,500만 가구의 3분의 2를 점하고 있는 케이블 TV 협회의 최대 행사에서 '디지털 시대의 스마트 TV'라는 주제로 기조연설을 한 적이 있다. 이 발표를 준비하는 과정에서 관련 산업의 많은 사람과 인터뷰할 기회가 있었다. 디지털 TV 시장은 기존의 케이블 TV 업계와 거대 자본의 텔레콤 IPTV, 삼성, LG 같은 스마트 TV 제조사들 사이에 치열한 경쟁(TV 제조사는 다른 회사들과 협력도 하겠지만)이 벌어지고 있다.

특히 케이블 TV 업계는 몇 개 권역을 제외하고는 서비스 권역을 철저히 나누어 과당 경쟁을 방지하고 있다. 따라서 마케팅 비용을 들여 고객을 획득해도 그 고객이 이사하면 자동으로 관할 업체가 바뀌는 경우가 많다. 이와 같이 고객 획득 비용은 높은데 평생 고객 가치Life Time Value가 텔레콤 회사들의 IPTV 사업에 비해 현저히 낮은 구조다. 케이블 TV 업계는 이런 환경을 극복하며 마케팅을 해야 하는 상황에 처해 있다.

이에 대해 나는 업계가 기술과 유행에 따라 지금과 같이 모든 스크린에 투자하는 형태의 N스크린 전략을 취하는 것은 천천히 죽어가는 길Slow Death이라 설명했다. 업계는 디지털 TV 시대 시청자들의 미디어 소비 및 커뮤니케이션 방식의 새로운 기준, 즉 뉴노멀을 이해해야 한다. 이는 디지털 시대를 맞이해서 시청자의 새로운 온디맨드 커뮤니케이션 방식과 미디어 소비의 소셜 의존도 증대와 같이 기존에 없던 새롭게 생성된 기본 가치 이해가 우선되어야 한다는 말이다.

세상에 나와 있는 새롭고 편리한 모든 기능을 많은 비용을 들여 한꺼번에 TV에 구현하려는 전략은 시간과 비용이 많이 들고 차별성을 확보하기 어렵다. 현재 소비자들은 스마트 TV로 게임을 한다거나 웹서핑, 소셜 네트워크 서비스를 즐기려는 수요가 크지 않다. 대신 방송 콘텐츠에 더 편하게 접근할 수 있는 방법을 찾는다.

향후에는 소비자들이 다양한 니즈를 스마트 TV를 통해 충족시키려 하겠지만, 현재로서는 구글의 크롬캐스트와 같이 소비자가 명확히 필요로 하는 부분을 확실하게 충족시키는 서비스를 통해 디지털 TV 시장을 선점하려는 미국 넷플릭스와 같은 전략이 절실히

[미디어 소비의 소셜 의존도 증가]

소비자들이 본 방송을 시청하지 않고 해당 프로그램의 SNS 팬페이지나 피키캐스트와 같은 '소셜 큐레이션' 서비스를 통해 하이라이트나 핵심 부분만 시청하는 비중이 증가하고 있다.

자료: 페이스북 팬페이지

필요한 시점이다.

시청자와 광고주의 뉴노멀에 대응하기 위해서는 효과적으로 타 채널과 연동하고 스크린별 역할이 명확히 분배된 협업적 플랫폼 설계가 꼭 뒷받침되어야 한다. 그리고 고객 이탈 방지를 위해 시청자의 라이프로그를 잘 활용한 차별화된 플랫폼을 운영하고 신규 고객 유치를 위한 검색 정교화 등에 대한 전략이 세밀하게 준비되어야 하는 것은 미디어 업계라 할지라도 크게 다르지 않다. 결국 기업은 이윤을 창출해야 생존할 수 있다. 스마트 TV 시대에도 시청자와 광고주가 기꺼이 지갑을 열 수 있도록 '윌링 투 페이Willing to Pay'를 이끌어낼 만한 차별화된 전략이 있어야 한다.

공간의 디지털화와
디지테리어

지금까지 디지털이 공간 개념으로 확장된다고 하면 LCD 패널을 활용한 화려한 디지털 쇼나 디지털 사이니지Signage, 디지털 키오스크Kiosk 같은 기존의 광고판이나 정보판들의 디지털화를 먼저 떠올렸다. 대부분의 광고주가 광고하는 방식이다. 즉 기존의 오프라인 광고판들이 디지털화되어 설치될 뿐, 현재까지는 광고주와 고객 모두를 충족시킬 만한 성과를 낳지는 못했다. 물론 참신한 아이디어가 나오기는 했지만 큰 반향을 일으키지는 못했다.

현재 공간 디지털화 사업의 주체들이 대부분 광고주를 상대하는 광고기획사들이다 보니 기존의 방식에서 크게 벗어나지 못하는 경우가 많다. 과거의 마케팅 방식대로 단순히 기존 광고판과 키오스크들을 디지털화함으로써 다수의 잠재 고객에게 브랜드 노출을 유도하는 식의 편협한 활용은 차별화가 되지 않는다.

그런데 디지털의 공간 확장을 지원하는 흥미로운 기술들이 많이 소개되고 또 상용화되고 있다. 예를 들어 CNN에 소개되었던 페이스딜Facedeal의 경우, 점포로 들어오는 고객의 얼굴을 인식Face Recognition하고 이를 페이스북과 연동시킨다. 그리고 페이스북의 고객 정보를 기준으로 메뉴를 구성하고 제품을 추천하는 등 다양한 맞춤 서비스를 제공한다.

또한 'The Future of Shopping'이라는 제목으로 유튜브에 소개된 영상에서는 패션 매장들이 LCD 패널을 활용하는 모습을 담고

[공간의 디지털화, 디지테리어 예시]

The Future of Shopping
유튜브 동영상
www.youtube.com/watch?v=xyBXjjZa9qE

Facedeal
유튜브 동영상
www.youtube.com/watch?v=GnNh_5VYVn8

있다. 고객들은 직접 LCD 화면 앞에서 다양한 옷을 입어볼 수 있고, 재고를 보유하고 있지 않은 색상의 옷을 가상으로 입어보는 등 점원의 조언을 받으며 다양하게 연출할 수 있다.

나는 이것을 디지털Digital과 인테리어Interior를 합성한 디지테리어Digiterior라고 부른다. 다양한 디지털 기술이 융합되어 인테리어처럼 건물이나 상점의 구석구석에서 소비자와 고객의 움직임을 인지하고 그들의 구매 활동을 지원활 수 있게 된다는 의미다.

스마트폰이 활성화되고 소위 '원격 행위'의 범위가 넓어지면서 이 같은 디지털의 시공간 확장의 잠재력은 마케팅적으로도 재검토해볼 만한 가치를 갖게 되었다. 예를 들어 건축설계 회사나 인테리어 회사가 디지털을 기존의 건축설계에 연동하면 더욱 디지털을 확장하여 활용할 수 있다.

대형 쇼핑센터가 스마트 빌딩으로 리뉴얼한다고 가정해보자. 건물주는 세입자들을 모집해 임대료를 받거나 백화점처럼 매출의 일정 부분을 입주 수수료로 받아가는 기존의 방식을 뛰어넘어 다양한 아이디어와 제휴를 활용할 수 있다. 즉 건물주는 세입자에게 임대료 외에도 다양한 옵션을 제시하여 이익을 낼 수 있다. 앞서 설명한 매장별 LCD 패널을 설치해주고 고객별 맞춤 서비스를 하게 해준다거나, 페이스딜 같은 다양한 서비스에 대한 메뉴를 구비해놓고 세입자들에게 고객의 정보와 연동된 다양한 서비스를 해주는 일이 가능하다.

기존에 존재하던 공간에 디지털 기술을 통해 창의적 아이디어를 입히는 것만이 디지털의 공간 확장은 아니다. 보여주기 위한 광고판이나 디지털 창작물 쇼가 아니라 실제 소비자와 고객이 생활하는 과정에서 만들어내는 데이터들을 수집하고 이를 마케팅에 활용할 수 있는 수준으로 가공할 수 있어야 실질적인 공간의 디지털화라고 할 수 있다. 예를 들어 기존의 건물주와 세입자의 계약 관행을 뒤엎고 건물주가 세입자에게 공간을 저가로 공급하고, 플래그십 스토어Flagship Store를 설치한 광고주나 세입자에게 고객의 라이프로그와 다양한 쇼핑 행태 등을 분석해서 리포트를 제시해줄 수도 있다.

구글이나 페이스북 또는 스마트폰 사업자와 건물주가 제휴하여 건물에 들어설 때 스마트폰을 통해 개인 인증을 한 방문자에게 할인을 해줄 수도 있고, 구글 글래스와 호환될 수 있는 환경을 조성할 수도 있다. 이때 마케팅하려는 기업들은 그 방문자가 그간 디지털상에서 남긴 다양한 소셜 네트워크 활동, 방문 기록, 검색 기록,

개인정보 등을 활용하여 타깃팅된 메시지를 줄 수 있다.

그리고 페이스북 친구들에게 구글 글래스를 통해 현재 방문 중인 숍을 보여주고, 무슨 옷을 입어보고 있는지 등 내가 쇼핑하고 있는 제품들을 친구들에게 생중계해준다거나, 무엇을 사 먹었는지 등의 활동들을 실시간으로 포스팅할 수도 있을 것이다.

이런 경우 세입자는 다양한 데이터를 제공받기 위해 페이스딜 같은 서비스나 고객이 다양하게 스타일링을 해볼 수 있는 소프트웨어가 깔려 있는 LCD 패널 등에 대한 월 사용료를 건물주에게 지불하면 된다.

건물주는 방문자 증가나 체류 시간, 매출 증대에 따른 인센티브를 받는 등의 방식으로 기존 세입자와 건물주 관계의 다양한 고정관념을 재구성Resuffling함으로써 새로운 윈-윈 비즈니스 모델을 만들어낼 수도 있다.

이처럼 건물주들은 디지털을 활용해 건물 내에서 제공할 수 있는 수많은 서비스를 어떤 식으로 개발하고 어떻게 수익 모델화시킬지 다양하게 고민해보아야 할 것이다.

공간의 확장은 비단 백화점이나 대형 쇼핑몰뿐 아니라 은행, 자동차 판매 대리점, 증권사 객장 등 다양한 산업에 무제한으로 적용될 수 있다. 아이디어는 많지만 투자를 결정할 때는 신중해야 한다. 특히 투자 대비 수익을 높이려면 지금처럼 광고판을 늘리는 개념으로 접근해서는 안 된다.

대형 마트의 경우도 지금까지와 같이 RFID 칩을 제품마다 부착하거나 카트에 위치 추적기를 다는 1차원적인 아이디어에서 탈피해야 한다. 기존의 쇼핑 메커니즘을 넘어 소비자에게 어떤 추가 가치를 제공하고 어떻게 수익을 증가시킬지 그 방법을 고민함으로써 업의 개념까지 바꿀 수 있다는 관점으로 접근해야 차별성을 만들어낼 수 있다. 즉 마트에 방문한 소비자가 식재료 코너를 지나갈 때 해당 소비자가 소셜 네트워크를 통해 '좋아요'를 눌렀거나 최근 검색해보았던 요리 식재료에 대한 할인 정보를 레시피와 함께 제공해줄 수도 있다.

이런 과정은 소비자가 마트에 들어서는 동시에 페이스북이나 구글과 연동된 정보가 기업에 전송되고, 식재료 코너의 점원은 모니터를 통해 관련 소비자에게 제공될 서비스를 확인한 후 요리의 레시피 정보를 모니터를 보며 친절하게 설명해주는 방식으로 이뤄질 수도 있다.

기업의 디지털라이제이션은 단순히 기존의 광고나 캠페인, 이벤트 방식을 벗어나 소비자 라이프로그 데이터를 활용한 개인화를 추구해야 한다. 이것은 앞서 언급한 추가적인 새로운 가치 창출 전쟁의 연장선상에 있다.

일상생활 속에서 평소의 시선으로, 웨어러블 디바이스

마케터가 마케팅 면에서 아직은 그리 중요하지 않아 보이는 디지테리어를 주목해야 할 이유가 무엇일까?

바로 구글 글래스를 필두로 하는 웨어러블 디바이스Wearable Device
의 비약적인 성장 때문이다. 마케팅은 소비자와 고객의 관점을 떠
날 수 없다. 웨어러블의 핵심 역시 소비자와 고객의 변화에서 찾을
수 있다. 웨어러블 디바이스의 등장으로 소비자는 스마트폰으로 내
려다보던 것을 '일상생활 속에서 평소의 시선'으로 보는 중대한 변
화를 경험하게 되었다.

구글의 창립자 세르게이 브린Sergey Brin은 구글 글래스 발매에 즈
음하여 테드TED 영상을 통해 "사람들이 자신의 폰을 내려다보는
것은 그들이 바라는 정보 습득 방식이 아니다"라며 구글 글래스
개발 계기를 설명했다.

웨어러블 디바이스의 본격화는 "스마트폰의 종말"이라고까지 표
현될 만큼 급격한 변화를 이끌 것이라 예상된다. 이는 손바닥만 한
스마트폰 내의 앱이라는 생태계가 만들어낸 다양한 정보 제공 방
식들이 위기를 맞을 것이라는 의미이기도 하다.

웨어러블 디바이스는 현실화 단계에 접어들었다. 영화 〈마이너리
티 리포트〉에서 주인공이 선보였듯 손을 마우스처럼 쓰는 기술은
이미 상용화되어 사전 판매가 시작되었다. 마이오MYO라는 제품은
근육이 움직임으로써 생기는 전류와 손가락의 움직임을 감지해서
블루투스로 컴퓨터에 전송하는 기술을 기반으로 기존의 마우스를
대체할 것이라 평가받고 있다.

너무 일찍 시장에 출시되는 바람에 잠시 동안 반향을 일으켰던
증강현실 기술도 스마트폰 액정을 넘어 일상생활 곳곳에 스며들게
될 것이다.

[웨어러블 디바이스 사례]

 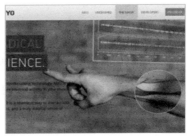

자료: 〈마이너리티 리포트〉(2002) 자료: www.thalmic.com/myo/

소비자들이 구글 글래스를 쓰고 마트에 들어가면서 공간에 떠 있는 가상의 할인 티켓을 손으로 넘기면서 선택해 사용할 날이 그리 머지않았다.

그러나 웨어러블 중심의 생태계가 조성되려면 넘어야 할 산이 많다. 현재의 구글 글래스도 눈을 치켜뜨고 봐야 하는 등의 불편함이 있다. 그러므로 동반 기술이 함께 발전되어야 하며 개인정보보호 문제도 해결해야 할 과제다.

이런 문제를 넘어서기 위해 업계가 적극 나서고 있다. 애플은 '아이워치iWatch'라는 웨어러블 디바이스 개발을 위해 100여 명의 디자이너, 마케터, 엔지니어로 구성된 전담팀을 구성해 연구개발을 추진하고 있다. 삼성과 소니, 마이크로소프트 등의 기업들 또한 관련 제품과 기술의 개발에 적극적이다. 웨어러블 디바이스가 펼칠 새로운 세계는 마케팅 환경에도 큰 변화를 가져올 것이다.

마케팅의 또 다른 혁명,
3D 프린팅

디지털의 공간으로의 확장을 빠른 속도로 실현시켜줄 또 하나의 거대한 흐름Stream이 있다. 바로 3D 프린팅이다.

프린팅이라는 단어 때문에 우리가 흔히 사용하는 컴퓨터용 프린터를 연상하는 독자들이 있을 것이다. 그렇게 생각해도 무리는 없다. 다만 기존의 프린터가 잉크나 토너를 분사해 평면의 종이에 물체를 그린다면, 3D 프린터는 컴퓨터에 전달된 지침을 따라 손으로 만질 수 있는 3차원의 물체를 찍어내는 것을 말한다.

3D 프린팅은 새로운 기술이 아니다. 지난 수십 년 동안 다양한 제조 현장에서 실제로 응용되었다. 3D 프린팅을 통해 티타늄과 세라믹 무릎 관절이 생산되어 의료 현장에서 광범위하게 사용되고 있고, 보잉사의 항공기 787 드림라이너에도 3D 프린팅으로 생산된 부품이 쓰였다. 그리고 소재와 디지털 기술의 발전에 힘입어 급속한 발전을 이루었다.

3D 프린팅은 3차 산업혁명이라고 불릴 정도로 많은 변화를 예고하고 있으며, 이미 상상도 할 수 없었던 일들을 일으키고 있다. 컨티넘 패션Continuum Fashion의 제나 피젤과 메리 후앙은 3D 프린팅을 이용해 비키니 수영복을 디자인하고 찍어냈다. 워싱턴대학교 솔하임연구소는 버려진 플라스틱 우유병을 갈아서 만든 분말을 재료로 보트를 3D 프린팅했고, 연구소 산하 단체의 학생들이 이 보트를 타고 시애틀에서 열린 보트 경주대회에서 2위를 차지하기도

했다. 심지어 해블루Haveblue라는 이름의 온라인 총기상은 3D 프린팅된 플라스틱 부품을 사용하여 총기를 제작하는 데 성공했다. 이 총은 실제로 작동했다. 국내에서는 업계 최초로 공룡의 화석을 간단하게 재현해내서 화젯거리가 되기도 했다.

이처럼 3D 프린팅은 소재 산업부터 전자상거래까지 대변혁을 가져올 것으로 예측된다. 기업의 마케팅 방식에 있어서도 큰 변화가 일어날 것이다. 개인들은 3D 프린터를 소장하고 카페에서 마음에 드는 컵을 스마트폰으로 스캔한 후에 원하는 소재를 이용하여 3D 프린터로 바로 생산해낼 수 있다. 전자상거래 사이트에서 구입을 누르면 배송할 필요 없이 제품 데이터가 전송되어 집에서 바로 3D 프린터로 생산해서 사용할 수 있게 된다. 물론 다양한 산업에서 현실화되기까지 시간이 걸리겠지만, 앞서 언급한 대로 결코 먼 이야기는 아닐 것이다.

기업 입장에서는 멋진 디자인을 만들어놓아도 개인들이 3D 스캐너를 통해 집에서 소재를 바꾸어가며 생산할 수 있기 때문에 저작권에 더 주의를 기울여야 할 것이다. 그래서 DRMDigital Right Management 산업이 매우 중요해질 것이고, 실용신안이나 디자인을 위주로 마케팅해야 할 제품들도 많이 생길 것이다.

가트너는 2015년에는 3D 프린터를 고성능 PC보다 싸게 살 수 있을 것이라고 발표했다. 이는 제품 생산 방식뿐 아니라 소비자와 고객의 제품 소비 방식의 큰 변혁이기 때문에 마케터가 큰 관심을 가지고 대비해야 할 영역이다.

02

대한민국 디지털 생태계와
AI 트랜스포메이션

마케팅 에이전시에서
SSC로

디지털 시대를 넘어 이제 DT(데이터 테크) 시대까지 '시대era'라는 단어가 두 번이나 바뀌고 데이터들이 모여 AI 시대로 진화하는 동안 마케팅 에이전시 생태계는 많은 변화를 겪었다. 예를 들면 디지털 전문 에이전시가 생긴다거나 페이스북 페이지 운영사, 블로그 포스팅 에이전시, 검색 대행사 같은 채널 대응 형태로 새로운 조직이 조직된다거나 하는 정도다.

[현재 국내 광고시장의 구조적 문제점과 개선 요구 영역]

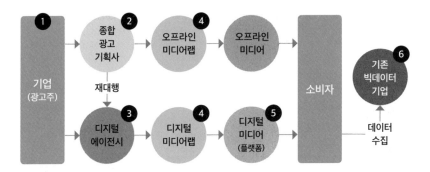

	채널 및 에이전시의 복잡성 증대	• 검색, SNS, 웹사이트, 오프라인 매장 등 채널이 다양화되고 매체 수가 증가함에 따른 에이전시 세분화로 기업의 관리 접점 급증
❶		
❷	종합 광고기획사의 시장 장악력 쇠락	• 기존 매체(방송·인쇄 매체)에 편중된 예산 집행 • 디지털 부문 재대행으로 디지털 채널 마케팅 역량 결여 • 기존 AE들의 통합 마케팅 역량 한계
❸	중소 에이전시의 수익구조 악화	• 재대행으로 인한 수익구조 악화와 이탈 • SNS·검색 등 일부 기능에 치중된 마케팅 수행으로 통합적 마케팅 및 성과 분석 한계
❹	미디어랩 경쟁력 하락	• 미디어 구매 대행에 한정된 모델로 통합적 마케팅과 성과 측정에 한계
❺	검색 포털 의존적인 미디어 환경	• 네이버, 다음 등 검색 포털 의존적인 미디어 환경으로 버티컬 산업별 특화된 서비스 개발 환경 제한적 및 콘텐츠 생성 한계 • 기존의 시청률, 구독 수, 방문자 수 등 단순 지표로는 디지털 미디어의 실질적 성과 검증이 제한적
❻	수익성 및 확장성의 한계	• 데이터 수급 제한적, 네이버·트위터 등 제한적 플랫폼에 의존한 데이터 수집에 치중 • 마케팅 전문성 부족, 데이터 수집 이후, 통합적 분석 역량 부족 및 실질적 문제 해결 방법 제시 한계 • 시장 경쟁력 하락, 닐슨·엠브레인 등 기존 리서치 기업과 경쟁하며 제한적 성장 • 기업별 독립적 빅데이터 센터 구축으로 빅데이터 사업 수주 위축 • 특정 분야에 한정 소셜 데이터, 검색, 로그 분석 등 특정 분야에 국한된 데이터 수집과 데이터 마이닝으로 통합적 분석에 한계

[DSCM 개념도]

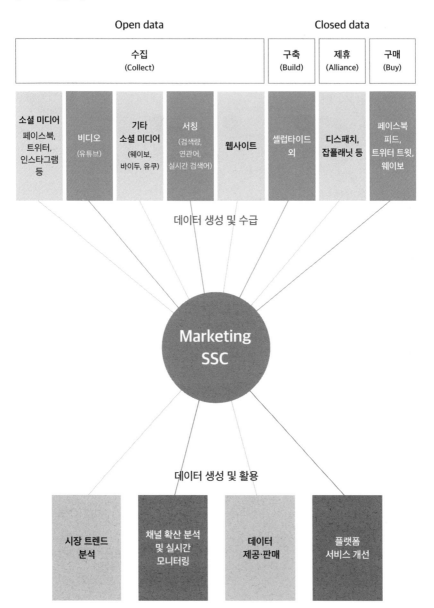

Open data

Closed data

| 수집
(Collect) | 구축
(Build) | 제휴
(Alliance) | 구매
(Buy) |

소셜 미디어
페이스북,
트위터,
인스타그램
등

비디오
(유튜브)

기타
소셜 미디어
(웨이보,
바이두, 유쿠)

서칭
(검색량,
연관어,
실시간 검색어)

웹사이트

셀럽타이드
외

디스패치,
잡플래닛 등

페이스북
피드,
트위터 트윗,
웨이보

데이터 생성 및 수급

Marketing
SSC

데이터 생성 및 활용

시장 트렌드
분석

채널 확산 분석
및 실시간
모니터링

데이터
제공·판매

플랫폼
서비스 개선

앞서 언급했듯이 '시대'라는 표현을 쓸 정도로 소비자 세계는 극심한 변화가 일어났는데도 기존 마케팅 에이전시들은 '틀'을 바꾸거나, 에이전시 생태계 자체를 재편한다거나 하는 과감한 개혁을 이뤄내지는 못했다. 이제 마케팅 에이전시 생태계 자체가 큰 위기를 맞고 있다.

특히 미디어랩 회사 같은 경우는 광고 구매 대행 외 어떤 가치를 주느냐에 대해 큰 도전을 받고 있으며, 검색 광고 또한 검색 포털이나 엔진들이 광고주에게 직접 자동화된 틀을 제공함으로써 기존에 키워드 입찰을 대행해주고 수수료를 수취하는 서비스들이 더는 환영받지 못하는 실정이다.

한국 광고시장은 연간 11조 원 이상 규모다. 이와 같이 디지털 개념 이전에 생성된 대형 광고기획사와 미디어랩 등의 시장 장악력과 기능이 약화되면서 전체 시장의 구조적 문제가 심화되고 있다. 틀이 바뀌어야 하는데도 틀을 그대로 두고 곁가지를 손질하는 방식으로는 생존이 어려워졌다. 큰 틀에서 변화가 요구되는 시기다.

디지털과 데이터 시대 마케팅에서 새롭게 '정상'으로 여겨지는 '뉴노멀'은 에이전시들이 변모해야 할 방향성이기도 하다. 특히 데이터와 관련된, 그리고 이를 활용하는 수많은 새로운 부분은 모든 광고주가 관련 기술이나 인력을 갖출 수 없다. 에이전시는 이 부분에 주목해야 한다.

IT 시대 초기를 생각해보자. 각 기업들이 모든 분야를 IT화하면서 동시에 수많은 새로운 영역이 생겨났지만, 모든 기업이 이런 기

[What is Data Aggregator?]

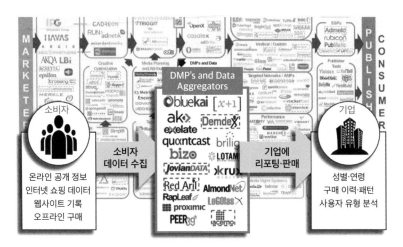

자료: Forrester Ad Technology(Data Management Platforms) Forecast, 2016 To 2021(《US 리포트》)

능들을 갖추기가 어려워졌다. 당시 IBM, CNS 같은 글로벌 기업들이 생겨났고 국내에도 IT 부분만을 통합적으로 서비스하는 삼성 SDS, LG CNS, 현대정보기술, SK C&C 등 대기업들이 소위 IT SSCShared Service Center를 설립했다. 이제 마케팅 에이전시도 이 같은 SSC 개념의 기능을 갖출 필요가 있다.

모든 광고주가 데이터 사이언티스트, 빅데이터 수집, 라이프로그 분석, 데이터 기반 UX 분석, 데이터 기반 메시지 추출 등과 같은 새로운 기능을 조직 내에 갖출 수가 없기 때문이다.

나는 글로벌 기업 및 국내 메이저 그룹을 대상으로 그룹의 마케팅 SSC 설립을 컨설팅하거나 직접 그룹에서 설립하여 수행해본 경

[주요 데이터 애그리게이터 사업자]

업체명	특징
어도미트리 adometry by Google	• TV 광고 모니터링 및 분석 정보 제공 • 2014년 구글에 인수, 구글 애널리틱스 연계 광고 성과 측정
엡실론 EPSILON	• 《포춘》 1,000대 기업의 고객 데이터 확보 • 2016년 73.4억 달러 매출
블루카이 bluekai	• 웹/오프라인/모바일 디바이스에서 고객 데이터 수집 • 수억 개의 고객 프로파일 확보 • 2014년 오라클에 인수(4억 달러 추정)
액시엄 acxiom.	• 마케팅 캠페인, 부정사용 탐지를 위한 고객 데이터 분석 서비스 제공 • 전 세계 7억 명의 소비자 정보가 담긴 데이터베이스 보유
데이터로직스 datalogix	• 거의 모든 미국 소비자의 마케팅 데이터를 제공 • 2012년 페이스북 이용자의 소셜 사이트 상품 광고 조회와 오프라인 상점의 구매 관련성 측정 • 2014년 오라클에 인수
ID 애널리틱스 id:analytic	• 7,000억 건의 데이터와 14억 건의 소비자 거래 데이터 보유

자료: Forrester Ad Technology (Data Management Platforms) Forecast, 2016 To 2021(《US 리포트》)

험이 있다. 기업들은 대부분 비슷한 고민은 넘어 AI가 마케팅에서 어떻게 활용될 것인지 기업의 AI 트랜스포메이션(AI화)에 대한 해결책에 목말라 있는 실정이다. 많은 새로운 화두와 해결 방식들이 생기겠지만, 분명한 것은 많은 마케팅 에이전시가 과거 방식에 머물러 있다는 점이다. 심지어 아직도 ATL, BTL로 조직이 나뉘어 있거나 디지털 조직이 따로 있거나 공유 서비스Shared Service를 통해 수주 경쟁력을 강화시켜야 할 데이터 조직도 단독으로 매출을 강요받고 있기도 하다. 이제 마케팅 에이전시도 빅데이터를 활용하여

[마케팅 SSC의 주요 기능]

산업별 버티컬 플랫폼 데이터 수급

데이터 사이언티스트 그룹
- 메가데이터 모델링·분석 기반의 시장 인사이트 도출 및 활용
- 국내 GURU급 최고 데이터 전문가 그룹
- 컨설턴트급 데이터 분석가 보유 및 육성

디지털 플랫폼 통합 운영 및 RM(리스크관리)센터
- 광고주 및 기업의 다양한 디지털 플랫폼 생성·운영·소멸의 체계적 관리 지원
- 플랫폼 진단 및 개선 실행
- 브랜드 RM(디지털 평판 클린징) 및 재발 방지 체계 구축

외부 데이터 수집

애널리틱스/UX 센터
- 업종별·기업별 맞춤형 성과 지표 관리
- 애널리틱스 기반의 UI/UX 최적화 지원

개발 부문
- 메가데이터 전문가 및 개발자 그룹
- 데이터 엔지니어

빅데이터 통합 관제 센터

데이터 흐름 및 성과 지표 모니터링을 위한 아시아 빅데이터 통합 관제 센터를 구축·운영한다.

업종법 니즈에 맞는 인사이트 및 차별화된 서비스를 제공하는 마케팅 SSC 사업이 가능해졌다. 이에 따라 기존 에이전시의 언번들 Unbundle 현상이 가속화되고 있으며, 마케팅 SSC를 갖추고 여기서 제공하는 가치를 주무기로 하는 에이전시들이 급성장하게 될 것이다.

소비자가 주도하는 환경에서는 데이터의 중요성이 커진다. 프로그래매틱 광고Programmatic Advertising가 큰 화두이듯, 광고시장의 판도 역시 데이터를 중심으로 변화하고 있다. [What is Data Aggregator?]는 마케터들이 많이 참고하는 루마스케이프 Lumascape다. 전체 광고시장 현황을 한눈에 보여준다.

여기서 '데이터 애그리게이터Data Aggregator'의 존재가 눈에 띈다. 이들은 오로지 데이터만 보유한다. 빅데이터 시대가 되면서 기업이 어떤 데이터를 수집하고 인사이트를 도출해내는 방법이 상당히 복잡해졌다. 따라서 필요한 데이터를 수집해서 기업 니즈에 맞게 데이터를 모델링하고 제공하는 기업들이 각광받게 되었다. 마케팅에서 대표 데이터 기업인 엑스페리언Experian의 직원은 1만 6,000명, 액시엄의 직원은 1만 명에 이를 정도로 데이터만으로도 큰 기업을 구성할 수 있을 만큼 시장이 커지고 있다.

이제 고객을 예측하고 움직이려는 CRM 대신 고객이 주도적으로 생산한 데이터에 민감해져야 한다. 그런 점에서 빅데이터 산업을 기반으로 머신러닝(기계학습)이 가미된 인공지능AI 기반의 추천이 훨씬 정교해질 것이며, 다양한 데이터의 결합으로 소비자의 정황과 취향에 매우 근접한 추천이 가능해질 것이다.

데이터 공급망 관리, 즉 DSCM Data Supply Chain Management은 데이터 시대를 개척할 마케팅 에이전시의 혁신적 존재 방식이다. 그뿐 아니라 기존 기업들도 이 문제에 대해 깊은 고민이 필요하다. 기존 산업에서 SCM(생산관리, 공급망 관계 관리)은 기업 매출의 60~90퍼센트를 좌우할 만큼 큰 분야였다. 이제 AI 시대가 되었으므로 데이터도 공급망 관리가 매우 중요하게 취급되어야 한다. 따라서 단순히 마케팅 에이전시뿐 아니라 AI 시대를 생존해나가야 하는 모든 기업에게 DSCM이라는 화두를 제시하고자 한다. 이 부분에 대해서는 상당히 많은 분량의 설명이 필요하지만, 간략히 개념과 화두만 제시하려 한다.

DSCM은 오픈 데이터 수집, 자체 데이터 생성·제휴를 통한 데이터 수급 등 다양한 방법을 통해 데이터를 생성·수급하고, 이를 통해 데이터를 통한 실질적 가치를 창출하는 비즈니스 모델을 구축해나가는 방법론이다. 기업은 DT 시대를 맞아 데이터 공급망을 세 가지 방향성, 즉 구축Build하거나 제휴Alliance하거나 구매Buy하는 방식을 통해 공급망 관리를 해야 하며, 이를 통해 에이전시뿐 아니라 모든 기업이 어떤 형태이든 각자의 생존 체계를 갖추는 것이 중요하다.

DSCM의 목적은 결국 0과 1밖에 인지하지 못하는 디지털이라는 것에게 소비자 빅데이터를 학습시켜 좀 더 소비자의 정황을 인지한 추천을 하기 위함이다.

핵심 플랫폼들의
지각변동에 주목하라

디지털 세상에서는 기업이 무엇인가를 함으로써 소비자를 움직이기는 쉽지 않다. 소비자가 어떻게 바뀌는지에 따라 기업을 변화시켜야 한다. 그러려면 소비자의 변화, 특히 소비자가 익숙하고 즐겨 쓰는 다양한 서비스 플랫폼의 변화에 민감할 필요가 있다.

영국의 EU 탈퇴인 브렉시트Brexit에서 보듯 기존 경제 블록Economic Block이 언번들링Unbundling(분리)되고 있다. 이제는 한 달에 지구 인구의 절반 이상이 활동하는 페이스북, 구글, 인스타그램, 유튜브 등의 기업이 주도하는 경제 블록이 기존 경제 블록을 대체하고 있다는 표현이 적합하다.

요즘 여러 플랫폼이 전쟁에 가까운 혈투를 벌이고 있다. 구글겟돈이니, 페이스북겟돈이니 하는 말들이 등장하고 있다. 이런 현상을 마케팅의 관점에서 해석하는 것이 중요하다.

2015년을 기준으로 페이스북이 유튜브 트래픽의 70퍼센트 정도를 발생시켰다. 유튜브는 구글 소유다. 이후 페이스북은 유튜브를 링크한 게시물의 페이스북 타임라인 노출률을 떨어뜨리겠다고 발표했다. 동영상의 중요도가 커지면서 페이스북이 구글 소유의 유튜브에 정면 도전한 셈이다. 반면 구글과 애플은 운영체제인 안드로이드와 iOS를 소유하고 있다. 페이스북 입장에서 패치 업데이트를 통해 다양한 전략과 전술을 실행하고 싶어도 스마트폰의 운영체제 자체를 소유하고 관할하는 구글의 안드로이드와 애플의 iOS가 이를 재가해주어야 서비스로 활성화된다. 이 재가 과정에서 페이스북의 전략이 사전 노출되거나 패치의 재가가 반려되는 일도 빈번해졌다. 그래서 페이스북은 이에 맞서 아예 각각의 스마트폰 제조사인 삼성, 애플, LG 등과의 협상을 통해 스마트폰 각각에 번들로 제공하는 전략을 선택하기도 했다. 이와 같이 대형 플랫폼들이 서로 물고 물리며 견제하는 형국이다. 그러면서 모바일 세계의 주도권을 쥐기 위한 헤게모니 싸움을 치열하게 벌이고 있다.

페이스북겟돈도 이런 관점에서 이해할 수 있다. 페이스북은 그간 기업들이 운영했던 팬페이지의 '좋아요'나 '댓글' 같은 유도로 많은 타임라인 노출을 허용했으나 알고리즘 변경을 통해 기업 팬페이지보다는 친구가 직접 올린 게시물을 더 많이 보여주는 방식으로 변모했다. 이것은 뉴스 서비스 진출을 선언한 페이스북이 간접 노출 방식으로 트래픽을 올려온 언론사들을 견제하는 효과가 있었다. 그리고 페이스북이 광고를 붙여야 노출을 늘려주겠다는 페이드 미디어로의 변화를 선언한 것이라고 받아들여지기도 했다.

이런 상황에서 우리는 네이버, 라인, 카카오톡 등을 거론하며 인터넷 강국임을 내세우지만, 이들이 국제 경쟁력을 가지지 못하면서 우리나라는 점점 갈라파고스군도와 같이 고립된 인터넷 국가가 되어가고 있다.

페이스북, 구글, 아마존 같은 기업 주도의 거대한 경제 블록이 진영 싸움을 펼침과 동시에 플랫폼 내의 '통치 철학', 즉 알고리즘(마케터 입장에서의 해석)을 지속적으로 진화시키고 있다. 페이스북, 구글, 아마존 같은 곳은 이미 그들이 가진 역량의 반의반도 쓰지 않고 있다고 해도 과언이 아닐 만큼 진화된 기술과 데이터를 발전시키고 있다.

다음 그림은 페이스북의 주요 정책 및 알고리즘 변화를 정리한 것이다. 아직도 페이스북 팬페이지 '좋아요' 늘리기에만 급급한 기업들이 많다. 이미 페이스북이 정책적으로 초기 70퍼센트 이상의 노출 비율을 3퍼센트 이하로 떨어뜨린 지 오래인데 말이다. 마케터는 새로운 거대 경제 블록으로 부상한 기업 주도의 플랫폼이 그들의 질서를 바꾸어가는 변화에 민감하게 대응해야 한다. 그들의 알고리즘을 통해 기업이 고객에게 가치 제안을 해야 하고, 그들이 만드는 새로운 룰이 고객을 향한 새로운 가치 제안 방식이자 법이 되고 있기 때문이다.

다양한 옴니 채널 대응뿐 아니라 각각의 플랫폼 질서 변화 대응, 롱테일 취향의 고객에게 또 다른 가치 제안을 가능하게 하는 것이 바로 '데이터'다. 즉 마케터에게 데이터는 이런 어려운 가치 제안 상황에서 고객의 니즈를 파악할 수 있게 하는 단비 같은 단서다.

데이터 공급망 관리의 구축Build, 제휴Alliance, 구매Buy, 이 세 가지 방법론 중 데이터 제휴의 가장 대표 방법이 바로 API를 통한 데이터 연동이다. 많은 기업이 API 형태로 그들이 수집한 데이터를 제공하는 협업 방식을 택하고, 이를 통해 그들의 생태계를 확장하고 상대의 데이터 또한 수집해가고 있다. 최근 마케팅에서의 화두는 역시 페이스북과의 연동connect이다. 아마존 등 선도적 온라인 쇼핑몰에서는 이미 수년 전부터 페이스북 커넥트Facebook Connect(페이스

[페이스북의 주요 정책 및 알고리즘 변동]

왼쪽	오른쪽
2013년 8월 • 엣지랭크가 버려지고 새로운 알고리즘 변화 • 스토리 범핑 기술 도입	**2013년 8월** • 고품질 콘텐츠 기준에 대한 알고리즘 반영
2014년 1월 • 단순 텍스트보다 시각적 콘텐츠의 도달률 증가	**2013년 12월** • 고품질 뉴스 콘텐츠에 가중치 부여
2014년 2월 • 다른 페이지 태그를 걸 경우 도달률 향상	**2014년 4월** • 좋아요 구걸 및 스팸성 포스트 제재
2014년 6월 • 페이스북 동영상 확대(아이스버킷 챌린지)	**2014년 5월** • 앱 자동 포스팅 리액션 축소 결정
2014년 8월 • 페이스북의 공식 링크 포맷 권고	**2014년 8월** • 클릭 유고들에 제재
2014년 11월 • 유기적 도달률 하락으로 인한 광고 확대	**2014년 9월** • 시의성 콘텐츠 가중치 부여
2015년 1월 • '잘못된 정보' 콘텐츠 신고 기능 추가	**2015년 4월** • 페이스북 페이지 소식보다 친구 소식 먼저
2015년 6월 • 동영상 재생 시 측정 지표 추가	**2015년 6월** • 소비 시간 지표 강화
2015년 7월 • 사용자의 뉴스피드 선택권 강화	**2015년 7월** • 습관적으로 숨기기를 좋아하는 계정은 무시
2015년 10월 • 모든 감정 표현은 '좋아요'와 동일하게 인식	**2015년 10월** • 저속 인터넷 기기를 위한 콘텐츠 조정
2016년 4월 • 페이스북 메신저에 기업이 챗봇 구현할 수 있는 API 공개	**2016년 5월** • 페이스북 생방송 시스템 개편-생방송 시간 90분을 무제한 확대
Next??	**2016년 8월** • 페이스북 검색 기능 강화

북과 로그인 연동 등을 통해 데이터가 연동되는 것)가 되어 다양한 가치 제안의 시너지를 내기 시작했다.

여러 개의 서비스를 이용할 수 있게 해주는 싱글 사인 온Single Sign-On을 통해 쇼핑몰과 페이스북이 연결되고 데이터를 공유하여 고객의 쇼핑에 활용하는 것이 시작점이었다. 페이스북이 제공하는 다양한 API를 활용해 플랫폼 간 다양한 가치 제안이 가능해졌다. 예를 들어 "당신이 좋아하는 것을 당신 친구도 좋아한다. 그런데 당신 친구가 오늘 생일이다. 20퍼센트 할인 혜택을 줄 테니 선물하겠는가?"라고 메시지를 던질 수 있게 되었다.

티켓 예매 사이트에서 공연장 좌석을 예약해놓고 그것을 친구들에게 공유할 수 있게 해주는 것이 베타 서비스되기도 했다. "아무개 님이 혼자 이 자리를 예약했습니다"라는 메시지가 페이스북에 공유되면서 '옆자리 예약하기' 버튼이 붙을 수도 있다. 특정 제품을 '살까 말까' 버튼을 통해 페이스북으로 공유하면서 '사라', '사지 마라', '네가 사줘라(친구 소환 기능)' 등의 설문 형태 공유 기능을 통해 메시지를 자동 확산시키는 방식도 플랫폼 간, 그리고 소비자 간 가치를 주고받는 방식이 될 수 있다. 구글 같은 검색 플랫폼들에 비용을 들이지 않고 그들의 알고리즘에 따라 고객에게 노출을 시켜주는 검색엔진 최적화가 있다면, 페이스북은 페이스북 커넥트가 있다고 이해하면 된다.

엄청난 비용을 들여서 소셜 미디어 채널을 늘리거나 광고를 쏟아붓는 것만이 능사는 아니다. 효율적으로 대형 플랫폼 데이터와 연동함으로써 효과적인 비용으로 고객에게 또 다른 가치를 제안할

[페이스북과 데이터 연동을 통한 다양한 가치 제안 사례]

아마존 - 페이스북 친구에게 선물 보내기

페이스북 친구 중 생일을 맞은 친구를 알려주고 기프트카드를 선물할 수 있는 서비스 제공

아마존 - 페이스북 계정 연동하고 5달러 할인코드 제공

아마존 계정과 페이스북 계정 연동을 통해 25달러 이상 구매 시 5달러 할인 프로모션을 진행하여 연동 회원 확산 유도

티켓마스터 - 페이스북 친구의 좌석 위치를 공유

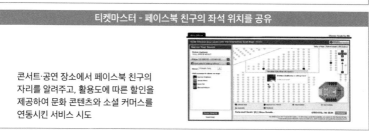

콘서트·공연 장소에서 페이스북 친구의 자리를 알려주고, 활용도에 따른 할인을 제공하여 문화 콘텐츠와 소셜 커머스를 연동시킨 서비스 시도

기존 쇼핑몰의 소셜 연동: 살까 말까 버튼(예시)

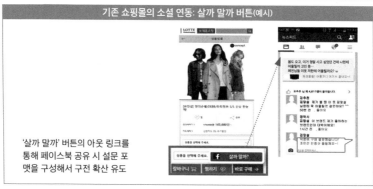

'살까 말까' 버튼의 아웃 링크를 통해 페이스북 공유 시 설문 포맷을 구성해서 구전 확산 유도

수 있다. 그럼에도 많은 기업이나 에이전시는 아직도 기존의 방식에 머물러 있다.

갈라파고스와
공존의 생태계

최근 세계 경제에서 주목할 만한 현상이 있다면 기존의 EU, NAFTA 같은 지역 중심의 경제 블록이 구글이나 애플, 페이스북 같은 기업 주도 경제 생태계로 이동하고 있다는 사실이다.

그 생태계 안을 잠시 들여다보자. 전 세계적으로 하루 10억여 명이 페이스북을 직접 방문하고, 구글에서 28억 번을 검색하고, 150만 개의 앱을 다운 받아서 쓰는 실로 거대한 세계가 눈에 들어온다. 이런 기업 주도 생태계의 특징은 세 가지로 요약된다.

첫째, 기업이 핵심 기술을 개방함으로써 애플 아이튠즈와 같은 장(이것 또한 플랫폼이라고 부르기도 한다)을 제공한다.

둘째, UCC 동영상의 경우처럼 소비자와 중소기업의 참여를 유도한다. 그래서 소비자들이 단순히 '소비'만 하는 게 아니라 아이디어 제공부터 생산 활동까지 모든 기업 활동에 참여함으로써 소위 공동 창조Co-creation를 하고 그에 따른 이익을 나눈다.

셋째, 이 생태계의 소비자는 TV나 신문 광고보다 자신의 네트워크 안에 있는 다른 소비자의 추천을 더 신뢰하며, 서로의 입소문에 따라 꼬리에 꼬리를 물고 소비가 연결되는 현상, 즉 연결된 소비를 일으킨다.

우리나라는 스스로를 IT 강국, 인터넷 강국으로 칭하고 있다. 그런데 우리나라는 인터넷 강국이 아니고 독특한 시장Unique Market일 뿐이라고 비판하면 대대적인 비난에 휩싸이게 될지도 모르겠다. 하지만 나를 포함한 수많은 업계 종사자와 국내외 전문가들이 이렇게 생각하는 이유에 대해 함께 고민해볼 필요가 있다.

야후가 세계 시장 최초로 철수한 나라가 대한민국이다. 또한 중국이나 일본처럼 구글의 시장점유율이 하위권이다. 과연 우리가 인터넷 강국이기 때문에 벌어진 일일까? 그리고 우리가 중국이나 일본 같은 폐쇄적인 시장 환경 기조를 유지하는 것이 옳을까?

경제 논리로만 보자. 구글은 시가총액 1,000조 원 가까이 되는 회사다. 주 수익원은 광고 수익인데, 대한민국 광고시장 전체는 약 11조 원 정도이고 이 중 약 30퍼센트인 3조 5,000억 원 내외가 디지털 광고에서 생겨난다. 그런데 광고시장의 점유율을 높이기 위해 야후와 비슷한 시가총액까지 육박했던 네이버를 인수한다거나 한국만의 독특한 검색 광고시장에 맞추기 위해 많은 투자를 쏟아붓는 게 구글의 입장에서 합리적일까?

우리나라는 중국이나 일본과 달리 OECD 중에서 글로벌 의존도 1위 국가다. 자원이 생산되는 나라도 아니다. 그런데 우리가 설득하고 재화나 용역을 팔아서 이윤을 내야 할 대상인 글로벌 고객들이 활용하는 인터넷 생태계와 갈수록 괴리가 커지고 있다. 예를 들어 우리나라만의 독특한 모바일 표준인 WIPIWireless Internet Platform for Interoperability 때문에 전 세계 선진국보다 1년여 늦게서야 애플의 아이폰을 사용할 수 있었다. 액티브X라는 애물단지도 스마트폰 시대에 우리나라 디지털 발전의 발목을 잡고 있다.

그뿐만이 아니다. 주로 쓰는 소프트웨어와 사이트가 세계적 흐름과 달라서 혼란을 겪는 일이 자주 발생한다. 나의 첫 직장은 현대종합상사로, 그곳에서 수출 업무를 담당했다. 그 당시 우리나라에서는 워드프로세스로 아래아한글과 보석글을 주로 쓰고 있었는데, 그 결과 워드MS WORD를 사용하는 외국 바이어들과 문서 호환이나 변환이 되지 않아서 불편을 꽤 겪었다.

기업에서는 직원들이 세계인들이 가장 많이 쓰는 구글에 익숙하지 않아서 해외 검색 마케팅을 하는 데 상당한 애로를 겪고 있다. 한국 기업의 마케터들은 어릴 때부터 써오던 네이버의 검색 메커니즘과 별도로 외국 시장 마케팅을 위해 구글 검색 메커니즘을 공부해야 한다. 국내에서는 마땅한 에이전시조차 찾기 힘들 정도다. 지금은 페이스북이 국내 소셜 네트워크 점유율 1위이지만, 한때 우리나라에서는 싸이월드를 주로 썼다. 그 결과 대기업에서 페이스북에 익숙한 소셜 네트워크 담당자를 구하기가 어려웠다.

물론 이 같은 국내 기업들이 존재하지 말았어야 한다는 이야기는 아니다. 우리나라 IT 발전에 많은 공로가 있음은 분명하다. 그러나 중국이나 일본처럼 내수시장이 큰 것도 아닌데 우리나라에 마케팅하기 위해 외국 유수 인터넷 기업들이 우리의 표준에 맞춰 서비스를 할 리가 없다.

우리나라 디지털 산업은 상당 부분이 세계 표준과 어긋난다. 검색 광고 종류가 세계에서 가장 많은 나라이기도 하다. 외국 전문가들은 한국의 검색엔진을 '알바 베이스Alba-based'라고 비아냥거렸고 추천 엔진 또한 CRM 수준에 머물러 있으며 AI화되지 못하고 있다. 구글 같은 검색엔진은 수많은 검색 알고리듬에 기반을 두고 검색 순위를 운영해왔고 이것이 데이터가 쌓이면서 자연스럽게 AI 트랜스포메이션으로 진화했다. 그러나 우리나라 검색 결과치는 많은 부분을 아르바이트 직원들의 데이터 클린징이나 정리에 의존하거나 사람이 결정하는 영역이 많아서 이후 AI화에 있어서도 글로벌 표준에서 뒤처진 형상이다.

한국의 디지털에 왜 이런 추세가 생긴 것일까? 외람되지만, 우리 산업이 발전해온 역사를 한번 되돌아볼 필요가 있다. 나의 첫 업무는 선박 수출이었다. 그 당시 한국의 현대, 대우, 삼성 등 중공업 3사가 시장점유율 1위이던 일본을 막 앞지르기 시작했다.

당시 일본은 생산 효율성을 바탕으로 표준화된 사양Standard Specification하에 선박 형태를 찍어내듯 생산했고, 한국 조선소들은 표준화된 사양이 있긴 해도 선박을 구매하려는 선주Ship Owner의 세부 요구 조건을 상당 부분 수렴해서 커스터마이제이션해주는 전략을 구사하여 큰 성공을 거두었다.

조선 산업뿐 아니라 대부분의 제조업이 패스트-팔로잉Fast-following 전략을 구사했다. 값싼 노동력과 특유의 부지런함을 바탕으로 고객의 추가 요구 조건들을 대폭 수용해주는 식의 전략은 그 당시 상황에서는 불가피한 선택이었고 주효했다.

이는 유통에서도 마찬가지다. 세계 1위 하이퍼마켓인 월마트가 우리나라에서 철수했고, 세계 2위인 까르푸 또한 한국 시장에서 철수했다고 해서 우리나라를 유통 강국이라 보아도 될까? 우리의 경쟁력이 강해서 세계 유수의 회사들과의 경쟁에서 이긴 것이라면 우리나라의 이마트, 롯데마트 등이 외국에 진출해서 성공을 거두어야 했다. 그러나 실상은 그렇지 않다.

월마트나 까르푸 같은 하이퍼마켓이 생긴 이유는 백화점과 달리 최소의 인력을 효율적으로 운영함으로써 소비자들이 직접 물건을 찾아 다량Bulk 단위로 싸게 구매하게 하기 위해서였다. 그런데 우리나라 하이퍼마켓은 어떤가? 백화점급의 서비스가 이뤄진다. 곳곳에 직원들이 배치되어 있고, 창고에 쌓아두는 식이 아니고 백화점에 버금가게 서비스하고 있다.

월마트와 까르푸는 그들의 통합적인 프로세스와 관습을 깨고 한국만을 위한 새로운 구매 관습과 높은 서비스 수준을 맞추면서까지 경쟁할 필요가 없다고 느꼈을 것이다. 이와 같이 표준화를 지향하지 않고 고객의 기대치와 편의성에 과다하리만큼 맞추는 기조는 IT 산업으로까지 이어졌다.

이 같은 사례는 국내 산업 곳곳에서 찾아볼 수 있다. 국내 대기업 대부분은 세계 양대 ERPEnterprise Resource Planning인 오라클과 SAP을 사용하고 있다. 일전에 오라클과 컨소시엄을 이루어 국내 대기업 ERP 프로젝트 제안을 검토한 적이 있다. 당시 그 기업은 이미 오라클을 쓰고 있었고 새로운 버전의 업그레이드를 위한 제안을 받으려는 상황이었다. 그러나 나는 그 기업의 ERP를 들여다보고는 깜짝 놀랐다. 뼈대만 오라클이지, 커스터마이제이션하느라 내부 소스를 심하게 많이 고쳐서 '넝마'가 되어 있었다. 오라클 직원들도 "이건 무늬만 오라클이다"라고 할 정도였다. 국제 회계 기준을 따른 오라클 솔루션에 우리의 프로세스를 맞춘 게 아니라 우리나라의 회계 프로세스에 맞게 오라클을 바꿔서 쓰고 있었던 것이다.

이 같은 기조가 디지털 산업으로 쭉 이어져오면서 우리나라 디지털 생태계는 점점 갈라파고스군도와 같이 독립적인 생태계로 진화되고 있다. 검색, 소셜 네트워크, 소프트웨어, 기업의 각종 프로세스까지도 한국식으로 발전하는 바람에 한국인들은 편리하지만 글로벌 스탠더드에 맞지 않는 수많은 서비스를 접하게 되었다. 그래서 한국의 디지털 벤처와 중소기업들은 국내시장에서 엄청난 경쟁 끝에 얻은 노하우와 지식을 외국에서는 전혀 써먹을 수 없는 악순환에 빠졌다. 그래서 '경쟁은 많이 하는데 그것이 경쟁력으로 연결되지 않는 현상'이 일어나는 것이다.

국내 경쟁에서 월마트와 까르푸를 물리친 이마트와 롯데마트가 국내 경쟁력을 바탕으로 외국에서 큰 성공을 거둔다면 많은 중소 공급사들 역시 덩달아 외국 진출을 할 기회가 커질 것이다. 그러나 현실은 그렇지 못하다. 만약 국내시장에서 월마트와 까르푸를 정착시키고 그들의 표준화된 프로세스와 공급 방식을 국내의 많은 중소기업이 익혔다면 세계 대부분의 시장에 이미 진출해 있는 거대기업을 통해 많은 기회를 창출했을지도 모른다.

지금은 '약육강식의 생태계'가 아니라 바로 '공존의 생태계'다. 즉 한 기업이 모든 일을 혼자 다 하는 게 아니라 때로는 그 생태계에 뛰어들어서 과감한 M&A와 제휴를 통해 자신만의 역할과 존재감을 확보하고, 그 안에서 우리 중소기업들에 장을 열어주면서 공존하는 방법을 찾아야 한다. 그 과정이 1등이 되는 아이러니한 사업 생태계가 조성되었다.

국내 대기업에 납품하는 많은 공급 업체에는 그 대기업에만 공급할 수 있는 제품들이 아주 많다. 이렇게 표준화되지 않은 제품을 가지고는 외국에서 전혀 승산이 없다. 중소기업도 마찬가지다. 오랜 기간 대기업 하청만 하다 보니 호환성이 떨어지고 경쟁력이 약화되어 있다.

우리나라 벤처에 대한 글로벌의 평가는 냉혹하다. 보기에는 화려하지만, 실제 가려운 곳을 긁어주는 꼭 필요한 제품Pain-killing Item 은 찾아보기가 어렵다. 한국 벤처기업들은 세계 최초라는 말을 많이 한다. 그런데 그것이 꼭 의미가 있을까? 예를 들어 바닥에 정사각형 모양의 구멍이 뚫린 유리컵이 있다면 세계 최초로 밑바닥에 정사각형의 구멍이 뚫린 컵이 될 것이다. 그런데 그 제품이 과연 시장에서 필요할까? 우리는 정작 세계 시장의 니즈가 없는 곳에 많은 경쟁력을 낭비하고 있고, 아이디어 단계부터 세계 시장과 조율할 수 있는 생태계가 조성되어 있지 않다.

어차피 이 글로벌 생태계에서 경쟁해야 할 운명이라면, 스스로 디지털 강국임을 외치며 강력한 규제와 서비스 고도화를 통해 안방에서만 경쟁할 것이 아니라 우리나라를 갈라파고스로 만드는 '한국식 성공 방정식'에서 벗어나야 한다. 그리고 이 거대한 생태계의 진화된 특성에 맞게 전략을 수정해야 한다.

소비자들도 마찬가지다. 공존과 상생에는 소비자들의 노력도 포함된다. 우리도 서비스에 대한 기대치를 국제 표준으로 낮추어야 한다. 영민한 소비자만 이득을 보면 그 부담은 당연히 다수의 일반 소비자로 전가되는 것이 일반적인 원리임을 간과해서는 안 된다.

외국산 솔루션이나 서비스 업체를 국내에 생존시키는 것을 '독도는 우리 땅'과 같은 애국심과 연결해서는 안 된다.

다시 말하지만 우리는 중국이나 일본과 달리 OECD에서 외국 의존도 1위 국가다. 즉 그들의 방식에 따라 그들과 경쟁하는 법을 배워서 그들의 돈을 벌어야 살 수 있는 나라임을 잊어서는 안 된다.

성공하는 기업들을 보면, 상품만 파는 게 아니라 그 기업의 철학과 스토리 또한 함께 전달하고 있다. 이는 기존에 이익과 성장만을 추구하던 것에서 대기업, 중소기업, 소비자, 주주의 상생을 추구하는 소위 말하는 '소셜 밸류(사회적 가치)' 지향으로 바뀌었음을 의미한다.

기업이 소셜 밸류를 지향한다는 것은 봉사 활동이나 총수의 사재 출연 또는 많이 번 대기업이 나눠주라는 식의 강요가 아니다. 그런데도 국내 기업들은 사회적 책임 경영CSR을 마케팅 이벤트하듯이 하는 경우가 많다. 정치권도 재벌은 돈을 많이 벌었으니 나눠주라는 식의 노블레스 오블리주Noblesse Oblige로 CSRCorporate Social Responsibility을 해석하는 경우가 많다.

기업의 사회적 책임은 상품 개발, 회계, 영업, 채용 등 기업의 A to Z 프로세스에서 상생과 공존의 가치, 즉 소셜 밸류를 추구하느냐 하는 CSVCreating Shared Value가 잣대이지, 이것이 마케팅의 일환이 되어서는 안 된다. 경영 철학을 바꾸고 생태계를 재편성하는 것은 상당히 어려운 일이지만, 이제는 국내 기업이 소셜 밸류를 진정성 있게 실행해나가는 과정이 바로 기업의 핵심 성공 요인이자 생존 방정식임을 염두에 두어야 한다.

국가, 기업, 국민 모두가 성공한 기업과 일류 제품을 만들어내는 것뿐 아니라 이 생태계 조성이 얼마나 중요한지 인식하고 새롭게 '공공의 선'을 정착시킬 필요가 있다.

이스라엘 벤처 생태계와 우리의 정책 방향성

요즘 이스라엘 벤처에 대한 분석 글들이 창조 경제라는 화두와 함께 유행처럼 뉴스와 소셜 네트워크 타임라인을 채우고 있다.

이스라엘과 우리나라의 GDP, 경제성장률 등 여러 가지 수치를 비교하거나 이스라엘 벤처 정책의 핵심인 요즈마 펀드와 우리 펀드의 규모를 비교하기도 하며, 현지 투자로 바라보는 경우도 있다. 대부분이 수치를 통한 비교인데, 이를 바탕으로 우리나라 벤처 육성 방식과 맞다, 안 맞다 하며 갑론을박이 벌어지고 있다.

여러 가지 관련 글을 읽다 보니 몇 가지 잘못된 가정이 눈에 띈다.

첫째, 이스라엘을 국지적으로 보고 우리와 '애플 투 애플Apple to apple' 식으로 비교하는 것은 적절하지 않다.

특히 미국의 자본시장을 잠식하고 있는 유대인 자본('앵글로색슨'이 마지막 보루로 사수하고 있는 정치권을 제외하고는 대부분의 영역을 유대인 자본이 잠식하고 있다)은 이스라엘 안에 있든 밖에 있든 이스라엘 자본으로 봐야 한다. 이스라엘은 다소 버추얼Virtual한 통합적 국가의 개념이라고 봐야 하므로 국지적인 영토 내의 수치들과 비교하는 것은 맞지 않다.

그러므로 요즈마 펀드만을 두고 우리 펀드보다 규모가 작다고 비교하는 식의 논리는 가정부터가 잘못된 것이다. 미국의 거대 벤처 펀드부터 나스닥 상장 과정까지 수많은 유대인 의사결정자들이 있고, 그들은 조국, 곧 이스라엘을 위해 일하고 있다. 이스라엘의 벤처 생태계가 그들의 최종 목적지 중 하나인 나스닥과의 연결성이 뛰어난 것은 보이지 않는 이유에 기인하는 바가 크다.

그러므로 우리 국민이 글로벌 벤처 생태계 내에 어떤 식으로든 진출하고, 그 안에서 존재감을 형성하고 영향력을 발휘할 방법을 찾는 것이 새로운 펀드를 조성하고 키우는 것보다 더 중요하다고 할 수 있다.

그런 이유에서 소버린 펀드Sovereign Fund와 같은 국가 펀드가 조성되어 미국 핵심 펀드들과 조인트Joint하는 등 핵심 시장에서 우리의 존재감과 영향력을 확보하는 방식이 절실하게 필요하다. 그런데도 자꾸 우리만의 독립된 거대 펀드를 조성하자는 등 또 하나의 새로운 갈라파고스 벤처 생태계를 만들려는 것은 엄청나게 큰 오산이다.

둘째, 다소 인문학적인 접근이 필요하다. 유대인들이 왜 창의력이 뛰어나고 유대 관계와 애국심이 높을까 하는 질문을 던지곤 한다. 닷컴 버블이 한창이던 시절, 나는 당시 국내 최대 그룹사에서 인터넷 사업을 총괄한 적이 있다. 그때 만난 수많은 기업(보칼텍, 넷투폰 같은 VOIP 기업부터 휴대폰 요소 기술을 갖춘 기업들까지)을 보며 이러한 차이가 어디에서 오는 것일까 고민하곤 했다. 그리고 국내 모바일폰 제조사 인수와 관련해 당시 이스라엘 최대 은행과 벤처캐 피털을 소유한 그룹 회장단과 수차례 업무 협의를 할 기회를 갖게 되었다.

그때 나는 "이스라엘의 핵심 역량은 대체 무엇인가요?"라는 질 문을 던졌다. 그 그룹 회장은 두 가지라고 답했는데, 그 말이 지금 까지도 잊히지 않는다.

"첫째, 유대인들은 자녀가 학교에서 돌아오면 '오늘 학교에서 뭐 배웠니?'라고 질문하지 않고 '오늘 학교에서 뭘 질문했니?'라고 묻 는다. 주입식으로 배운다는 자세보다는 뭔가 질문할 거리를 준비 하며 많은 고민을 한다.

둘째, 사바스Sabbath(안식일)다. 우리는 이 하루(금요일 해 질 녘부터 토요일 해 질 녘까지) 동안 문명의 이기인 전등도, TV도 모두 끄고 깜 깜한 집에서 온 가족이 모두 모여 있다. 칠흑 같은 어둠 속에서 아 무것도 할 일이 없다 보니 가족끼리 많은 대화를 하게 되고 많은 상상을 하게 되어 상상력이 커진다. 이때 가족 간의 유대감도 무척 이나 강해진다."

이 두 가지는 나에게 매우 충격적으로 다가왔다. 우리는 태어날 때부터 엄청난 '경쟁'을 하고 있지만, 그 경쟁이 '경쟁력'으로 이어지 지 않는다는 말을 많이 한다. 창조 경제, 벤처, 디지털, ICT 모두 실 용적인 단어들이지만, 이런 발전의 근본 원인을 인문학적으로 접근하여 성찰해보아야 할 필요가 있다고 생각한다. 갑자기 펀드를 조성하고 벤처 생태계만 만든다고 될 일은 아니지 않은가?

정권이 바뀌면 항상 디지털, ICT, 벤처 분야의 정책 수립에 대해 갑론을박이 벌어진다. 바뀐 정권이 새로운 화두를 내세우려는 것은 이해하지만, 중장기적 관점에서 엔드-투-엔드end-to-end의 벤처 생태계를 조성해야 한다. 그런데도 임기 내에 '가시적' 결과물을 내겠다고 과욕을 부리면 국내 벤처 생태계가 제자리를 벗어나지 못하는 원인이 된다.

최종 목적지에 대한 전체의 공감대를 이끌고 인프라를 다지는 것만 해도 정책의 큰 성과가 될 수 있다. 또한 "현재 최종 목적지로 가는 데 있어서 성공적인 과정을 진행 중이다"라고 평가를 인정받을 수도 있다. 그래서 이러한 지표 추출과 제반 역량이 더없이 아쉽다. 예를 들어 "이번 정권에서 '학교에서 질문하기'를 정착시켰습니다"라고 국민을 설득시킬 자신과 논리가 있어야 한다는 것이다.

국가와 기업에 디지털최고책임자가 필요하다

유튜브에 흥미로운 동영상이 하나 게재된 적이 있다. 바로 CNN이 뉴욕시의 CDO와 인터뷰하는 20분짜리 동영상이다. 내용을 들어보면 뉴욕시 지하철에 와이파이를 까는 등의 계획으로 크게 놀랄 만한 내용은 없다. 그렇지만 지역 전체의 디지털화Digitalization,

Digital Transformation를 책임지는 컨트롤 타워Control Tower로서 CDO라는 직책의 중요성을 인정한다는 사실, 그것을 세계 최고의 도시 중 하나인 뉴욕시가 먼저 실행에 옮겼다는 사실이 경이로웠다.

CDO는 디지털 비즈니스 기획, 디지털 고객 경험을 책임지는 직책이다. 스타벅스, 하버드대학교, 버버리, 테스코, 뉴욕시, 뉴욕증권거래소 등의 글로벌 기업이나 기관들이 이 직책을 도입하고 있다. 그런데 우리는 어떠한가? 국내 한 도시에서 공무원 승진 평가에 소셜 네트워크 활용 점수를 반영했다는 기사를 보고 너털웃음을 지은 적이 있다. 승진하기 위해 트위터 트윗 수와 페이스북 활동 지수 등에 신경을 써야 하는 상황은 디지털화와 소통의 본질에서 한참 어긋난 것이 아닐까?

예전에 국내 메이저 일간지의 오너를 포함한 경영진 대상의 워크숍을 진행한 적이 있다. 디지털 시대에 신문이 생존하기 위한 방향성이 주된 내용이었다.

그 자리에서 '데이터 저널리즘Data Journalism' 이야기를 하며《뉴욕타임스》의 빅데이터 활용 및 [고로케닷넷]과 같이《뉴욕타임스》에 실린 오바마 대통령의 재선 취임식 사진 한 장을 살펴보았다. 단순하게 보이는 사진이지만 각 참석자 모습 위로 마우스를 갖다 대면 Mouse Over 그 사람의 이름이 뜨고, 때로는 그의 소셜 네트워크나 다양한 정보로 직접 연동되기도 한다. 또 일반 지도 서비스와 같이 확대와 축소도 가능했다.

그리고 지금은 없어졌지만, 국내 일간지들이 독자들을 낚기 위해 헤드라인에 감탄사를 남발하는 현상을 모니터링해서 비판하고 있

[《뉴욕타임스》의 빅데이터 활용 및 고로케닷넷]

《뉴욕타임스》
(오바마 재임 연설 사진)

고로케닷넷

는 고로케닷넷http://hot.coroke.net/을 보여주었다.

우리 일간지들이 "충격", "경악", "결국", "멘붕", "발칵", "헉", "이럴 수가" 등의 감탄사 남발을 통해 플랫폼으로의 유입을 늘리는 경쟁에만 몰두하는 현실이 고스란히 드러났다. 참석자 모두 말 그대로 경악을 금치 못했다.

《뉴욕타임스》에 이 사진 한 장이 실리기 위해 당시 해당 신문사가 무슨 일들을 해야 할지에 대해 많은 의견을 나누었다. 플랫폼만 잘 만들고 자극적인 단어로 유입시키는 것이 아니라 실제 독자가 궁금해하는 내용을 구전 분석을 통해 파악하고, 취임식 참석자들의 데이터 하나하나를 파악하여 그들의 소셜 네트워크 데이터와 연동시키고, 디지털 기술을 접목해야 한다. 사진 한 장에 이토록 많은 시간을 투여해야 하느냐가 자연스럽게 논쟁거리로 떠올랐다.

그리고 현재의 조직 구조와 업무 프로세스로는 이런 사진 한 장도 제대로 만들어내기 힘들다는 사실에 직면했다. 앞서 설명했던 바와 같이 가장 먼저 COD 플랫폼을 구성하고, 채널별 역할을 구성하고, 다양한 툴을 신문사에 맞게 설계하여 데이터와 연동시켜야 하며, 그 안에서 독자들의 라이프로그를 모니터링할 수 있는 전반적인 인프라 구조를 갖추어야 한다는 것과 그 데이터로부터 나오는 다양한 인사이트를 어떤 식으로 독자에게 보여줄 것인지 고민하는 업무가 신문사의 핵심 프로세스 속에 녹아야 한다고 제안했다.

이를 위해서는 인프라 구조뿐 아니라 그것을 제대로 운영할 거버넌스도 재구성해야 한다. 기존의 조직원들에게 새로운 일만 추가하는 게 아니라 현재 하는 업무 중 없어지거나 효율화해야 할 업무와 중복 업무를 찾아내는 과정도 필요하다. 거의 기존의 기업들이 하던 6시그마나 PI와 비슷한 과정을 거쳐야 한다는 말이다.

이처럼 기업의 디지털화는 단순히 소통의 의미를 넘어 기업 생존의 이슈로서 다양한 전사적 과제 실행을 통해 장기적인 변화 관리를 이루어내는 것이다. 그런 만큼 디지털화를 진두지휘할 경험 많은 컨트롤 타워로서 CDO를 지정하고 단계적인 변화Step Change를 꾀할 것을 제안했다.

[기업 소셜 네트워크 서비스 담당자의 뇌 구조]

자료: CJ그룹 페이스북

나는 디지털 마케팅에 종사하는 후배들로부터 "지금 회사에서 페이스북을 담당하면 나중에 매니저가 되어서 2~3개 채널을 맡아서 운영하게 될 것이고, 이후 팀장이 된 이후에는 무엇을 할 수 있을까요?"라는 사회인으로서의 개인의 비전과 커리어에 관한 질문을 많이 받는다.

실제로 많은 소셜 네트워크 담당자와 미팅을 하면 그들이 항상 어떤 콘텐츠를 올릴지에 대해서만 고민하고 있음을 알 수 있다. 예를 들면 "오늘 첫눈이 온다면 이 상황을 어떻게 표현해서 콘텐츠로 올릴까?" 등의 생각뿐이다. [기업 소셜 네트워크 서비스 담당자의 뇌 구조]는 국내의 한 그룹의 페이스북팀에서 페이스북 담당자의 두뇌 구조를 재미있게 표현한 것이다. 머릿속이 어떤 콘텐츠를 올릴까 하는 고민으로 가득 차 있다. 그러나 이것은 실제 소비자를 중심으로 채널 간 연동을 통해 연결 소비를 일으키는 기업 고유 마케팅 활동과는 동떨어진 고민이다.

상황이 이렇다 보니 기업에서는 소셜 네트워크를 둘러싼 웃지 못할 풍속도가 연출되고 있다. 예를 들어 국내 한 통신 기업은 소셜 네트워크팀을 따로 두고 15명의 직원이 팬페이지, 블로그, 트위터를 운영하고, 그들은 모두 그날 올릴 콘텐츠에만 몰두하고 있다.

1990년대 정보기술이 각광받기 시작하면서 공과대학으로 사람들이 몰렸고, 기업에 최고정보책임자CIO, Chief Information Officer라는 직책이 활성화된 지도 10년 정도밖에 되지 않았다. 그러나 그간 CIO 출신이 기업 경영자가 되는 경우도 거의 없었고, 또 'IT 하는 샐러리맨은 많이 올라가봐야 개발팀장밖에 안 된다', '우리나라는 개발자의 무덤이다' 등의 부정적인 생각들이 팽배했다.

결국 디지털을 기반으로 하는 많은 후배가 디지털을 공부하면 단순히 소셜 네트워크 담당자가 되어 매일 무슨 콘텐츠를 올릴지 고민하는 단계를 넘어설 수 있도록 이 업계의 미래에 대한 비전이 제시되어야 한다고 생각한다. 이공계 기피 현상과 같이 디지털 관련 직무도 기피 대상이 되기 전에 말이다.

결국 디지털, 빅데이터, AI는 모두 소비자와 경영 환경의 변화다. 소비자의 변화는 곧 기업 경영의 최대 화두다. 따라서 디지털로 인해 변화된 고객의 커뮤니케이션 방식을 잘 이해하는 것이 경영자의 중요한 역량이 되어야 하는데도 '소통'이라는 명목하에 디지털 채널에 기업이 하고 싶은 말만 계속 포스팅하고 있지는 않은지 반성해야 한다.

이 같은 변화를 좀 더 전략적인 관점에서 조망하고, 뉴욕시처럼 CDO라는 직책을 활성화시키며, 각 기업뿐 아니라 국가 경영의 요직에 디지털을 제대로 이해하는 인재들을 등용하는 것 등은 앞으로 우리나라가 디지털 강국이 되기 위한 중요한 비전이라 할 것이다. 결국 디지털, AI 시대에도 사람을 육성하는 것이 정답이기 때문이다.

AI 시대 마케팅의 재구성

1판 1쇄 인쇄 2019년 7월 5일
1판 1쇄 발행 2019년 7월 12일

지은이 도준웅

펴낸이 최준석
펴낸곳 한스컨텐츠
주소 경기도 고양시 일산동구 정발산로 24. 웨스턴돔1 5층. T1-510호
전화 031-927-9279 팩스 02-2179-8103
출판신고번호 제2019-000060호 신고일자 2019년 4월 15일

ISBN 979-11-966920-3-2 03320

이 도서의 국립중앙도서관 출판예정도서목록(CIP)은 서지정보유통지원시스템 홈페이지
(http://seoji.nl.go.kr)와 국가자료공동목록시스템(http://www.nl.go.kr/kolisnet)에서
이용하실 수 있습니다. (CIP제어번호 : CIP2019025822)